Ouvrage publié avec le concours du Conseil
Régional Provence-Alpes-Côte d'Azur
Office Régional de la Culture

Texte intégral

Crédit couverture : D. R.

ISBN : 2-86930-367-X
Titre original : *The Condor and the Cows*
(Methuen & Co. Ltd.)
© 1949, Christopher Isherwood
© 1990, Editions Rivages pour la traduction française
27, rue de Fleurus - 75006 Paris
10, rue Fortia - 13001 Marseille

Le Condor

Christopher Isherwood est né en Angleterre en 1904. Après des études faites à Cambridge, Isherwood rencontre, dans le sillage de Forster, deux poètes qui seront ses meilleurs amis, Stephen Spender et Wystan Hugh Auden. C'est avec eux qu'il passe les années 20 en Allemagne, à Berlin, et cette expérience a inspiré certains de ses livres les plus célèbres comme Adieu à Berlin *(1939) ou* Mr Norris change de train *(1935). Installé en Californie depuis les années 40, à Los Angeles puis à Santa Monica (où il est mort le 4 janvier 1986), Isherwood a laissé une œuvre inspirée par le modernisme, où le réalisme de la narration est celui d'une distance froide, objective et presque indifférente à son objet. Isherwood a utilisé les mêmes techniques, pour faire des livres ouvertement autobiographiques, comme* Christopher et son monde *(1977). Son art objectif et ironique, quasi tchékhovien, n'excluait pas la méditation intérieure ou la poésie. Traducteur des* Journaux intimes *de Baudelaire et de la* Baghavad Gita, *Isherwood incarnait dans sa révolte tranquille contre le puritanisme une forme de spiritualité moderne.*

Christopher Isherwood

Le Condor
Journal de voyage

Traduit de l'anglais
par Brice Matthieussent

Rivages

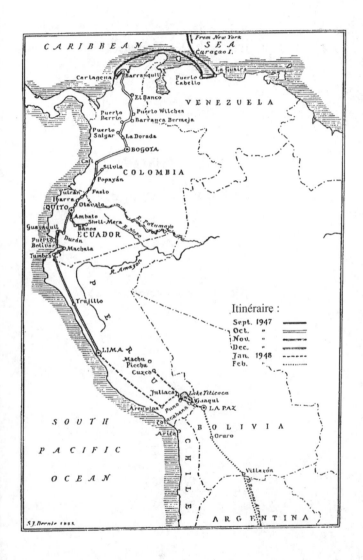

Itinéraire :

Sept. 1947	
Oct. "	
Nov. "	
Dec. "	
Jan. 1948	
Feb. "	

Au lecteur

Ce livre est basé sur un journal que j'ai tenu au jour le jour pendant notre voyage. Lors de sa réécriture, j'ai modifié trois ou quatre noms et caché les sources de bon nombre d'informations afin de ne pas nuire à des individus assez généreux pour nous avoir parlé avec franchise et parfois indiscrétion. Comme je ne désire pas tirer parti du temps qui s'est écoulé depuis mon voyage, j'ai reproduit toutes mes notes originales concernant le docteur Jorge Eliecer Gaitan. J'espère néanmoins qu'elles ne paraîtront ni déplacées ni blessantes, compte tenu de son tragique assassinat survenu le 9 avril dernier à Bogota, et des terribles actes de violence qui ont suivi. Beaucoup de choses se sont passées depuis que nous avons quitté l'Amérique du Sud — Romulo Gallegos a été élu président du Venezuela, puis chassé par une junte militaire ; le président Bustamante a déclaré illégal le parti Apra, puis lui-même a été contraint de s'exiler en Argentine, tandis que Haya de la Tore s'est réfugié à l'ambassade colombienne de Lima ; il y a eu une autre tentative de renversement du gouvernement bolivien ; en Argentine, on aurait découvert un complot pour assassiner les Peron,

7

Miguel Miranda a perdu tout pouvoir, et mon ami Rolf Katz, dont la plume demeure plus aiguisée que jamais, a failli affronter en duel le directeur de la Bourse de Buenos Aires. Je ne doute pas que d'autres événements, tout aussi sensationnels, auront eu lieu lorsque ce livre sera publié.

Le sens de son titre — *The Condor and the Cows, Le Condor et les Vaches* — devrait être évident, mais autant préciser que le condor est l'emblème des Andes et de leurs Républiques montagneuses, tandis que les vaches représentent les grandes plaines couvertes de bétail, et, plus spécifiquement mais sans la moindre allusion péjorative, l'Argentine...

1. En voyage.

20 septembre 1947. Première matinée en mer, quelque part au large des côtes du New Jersey. Première matinée de soleil limpide et d'air non pollué après l'été étouffant de Manhattan. La cabine propre et fraîche, la couchette si confortable, la progression aisée et puissante du navire, la plomberie bien rodée et ces douches que l'on prend à n'importe quelle heure. Un petit déjeuner splendide est servi dans la salle à manger : céréales, café, œufs, toasts, fruits et crème. Ensuite, piscine et solarium jusqu'au déjeuner. L'Amérique du Sud est encore à cinq jours de traversée.

C'est l'heure de réveiller Bill Caskey. Il dort sur la couchette supérieure, la tête enfouie dans l'oreiller ; ses lèvres émettent un ronflement furieux et saccadé. Caskey se vautre dans le sommeil comme dans un bain chaud, et il se réveille lentement, le visage bouffi, rougeaud, mécontent.

Cet Irlandais originaire du Kentucky a vingt-six ans. J'imagine que le docteur Sheldon le qualifierait de mésomorphe viscérotonique bénin. Ses amis le comparent souvent, sans méchanceté aucune, à un cochon. Inutile que j'ajoute une épithète de mon cru. Il est photographe de profession, et il m'accompagne pour prendre les clichés qui illustreront ce livre. Il parle aussi mal l'espagnol que moi, et n'a voyagé qu'une seule fois à l'étranger, pour un bref séjour à Mexico.

Nous partageons une table avec un couple marié habitant New York. Ce sont des *passagers de croisière*, qui font le circuit complet — Curaçao, La Guaira, Puerto Cabello, Carthagène, et retour à New York. Lui, la trentaine, est avocat et footballeur amateur ; un juif râblé, diplômé, assez bel homme, qui paraît s'excuser de grossir. Elle est d'origine hispano-irlandaise, et encore très séduisante.

Mariés depuis une dizaine d'années, ils ont des enfants et semblent heureux. C'est leur premier long voyage à deux depuis leur lune de miel. Cette croisière a très certainement été son idée à elle. Mais il est vaguement réticent. Il ne réussit pas à se détendre. Pour lui, comme pour tant d'Américains de son espèce, un voyage d'agrément est un investissement comme un autre —un placement sûr, sans doute, mais qu'il faut surveiller de près. Avec sa mine renfrognée d'étudiant soucieux, il essaie perpétuellement d'estimer toute l'entreprise en termes de valeur et de services. Non qu'il soit pingre — car c'est un homme généreux —, mais il est bien décidé à ne pas se faire avoir. Il inspecte le navire, sa cabine, le contenu des plats, les stewards, l'orchestre, les distractions organisées — et se demande : « Notre argent n'aurait-il pu nous procurer mieux que cela ? » Je crois pourtant que jusqu'ici il est assez satisfait.

Elle affiche une détermination égale — à s'amuser, et à tout faire pour que lui aussi s'amuse. L'énergie qu'elle déploie dans ce but est vraiment magnifique et touchante. Sans cesse — qu'ils soient à la piscine, boivent un verre de vin ou dansent ensemble —, les sourires et les gestes de la jeune femme incitent son compagnon à remonter dans le temps avec elle pour l'aider à recréer l'atmosphère de leurs premières amours. Et pour l'instant, il réagit favorablement. Il est timide et content. Brusquement, ils paraissent tous deux très jeunes. Puis il retrouve son expression soucieuse et renfrognée : le voilà absorbé dans un autre calcul.

Sans doute elle-même n'est-elle pas entièrement consciente de la signification de leur croisière. Un voyage de ce type est le test, et peut-être la justification de toute une liaison. Après des années de routine acceptée — le travail de bureau, les enfants à élever, les courses et la cuisine à faire —, vous arrachez votre mariage à son petit cadre banlieusard pour le confronter au décor impressionnant et classique de l'océan, des montagnes et des étoiles. Tient-il le coup ? Est-il solide, profond, brillant et compact comme un Vermeer ? Ou bien ressemble-t-il à une croûte absurde, bâclée par un amateur ?

Que pouvons-nous faire pour les aider ? Car nous sommes bien sûr un atout décisif pour tout voyage organisé. Nous appartenons à cette classe indispensable des « Gens Intéressants Rencontrés à Bord du Bateau ». Nous sommes comme des « Ruines » ou les « Petits Restaurants Pittoresques ». Aucun voyage n'est complet sans nous. De retour chez soi, on évoquera notre nom et on fera notre description aux parents et aux amis.

Ainsi, notre devoir est de rester étranges. Pas

11

trop bizarres, cependant ; cela pourrait leur faire peur. Pas trop indépendants non plus ; cela éveillerait leur envie et leur ferait regretter les limites de leur propre existence. Il faut que je raconte des anecdotes sur la Chine, l'Angleterre, l'Allemagne, Hollywood ; sur les nazis, les missionnaires et les vedettes de cinéma. Il faut que j'aie l'air artiste, facétieux, heureux de vivre. Mais je dois aussi rassurer en laissant entendre discrètement que je suis las des voyages, que je désire me fixer, créer un foyer. Et je dois signifier très clairement, surtout pour lui, que je respecte sincèrement l'argent, et que j'en gagne, d'ailleurs.

Pendant ce temps, la serveuse nous observe. Son visage fatigué arbore un sourire doux et indulgent. Elle apprécie particulièrement la ponctualité aux heures des repas. Comme toutes les femmes travaillant sur les paquebots, elle ressemble à une infirmière d'hôpital. Pour l'instant, nous ne sommes qu'en observation ; plus tard, certains d'entre nous risquent de tomber gravement malades. Lors du dernier voyage de retour, ils ont traversé la queue d'un ouragan, et presque toute la vaisselle du salon a été brisée.

Mais actuellement le temps est idéal. Le navire avance régulièrement avec la nouveauté de chaque matinée scintillante ; l'Atlantique, plus étincelant et vivant que tout autre paysage, possède déjà ces taches sombres et bleu-vert qui rappellent les tableaux du Gulf Stream par Winslow Homer. La piscine est un vivier plein d'enfants hurleurs. Les adultes, avec ou sans grâce, s'affichent en peignoirs criards et en maillots de bain osés. Tous ont un livre à la main, mais peu lisent plus d'une minute d'affilée, car la concentration se transforme trop facilement en un plaisir animal. Apaisés et excités, nous sommes emportés, nos désirs tendus vers notre destination, confortablement livrés à l'énergie des machines. Sur la terre ferme, nos vies nous attendent ; soigneusement remisées dans nos caves ou éparpillées çà et là chez nos amis. Nous reprendrons le fil de leur destinée en temps voulu. Mais pour l'heure nous sommes tous décédés — en bon ordre ou dans la confusion, selon notre nature —, et nous reposons entre la mort et la renaissance dans ce paradis inférieur. Nous bavardons et agissons en irresponsables, comme des immortels.

Après la chaleur de la mi-journée, le déjeuner et la sieste, la fin d'après-midi est majestueuse et calme. Les cumulus s'amassent au-dessus de l'horizon, tels des monuments grecs qui s'effondrent. L'océan, dirait-on, est d'une vieillesse immémoriale — ce qu'il est en effet. C'est l'heure de la méditation, de la philosophie et des platitudes que seule l'émotion justifie. L'esprit, resté oisif toute la journée, commence à s'ébrouer. On se sent presque désincarné —à contempler le passé sans regret et l'avenir sans peur ni désir. Maintenant, il ne serait guère difficile de renoncer à tous les biens de ce monde — sauf, peut-être, au cocktail que vous êtes en train de boire.

La plupart des passagers se mettent en tenue de soirée pour le dîner et le bal. Les jeunes Latino-Américaines, surtout, affichent une élégance extrêmement luxueuse. Elles arborent davantage de maquillage et de bijoux qu'il n'est d'usage à New York. A neuf heures et demie, le salon ressemble à une boîte de nuit. Mais le luxe manque de chic sur un bateau à classe unique. Pour créer un contraste saisissant, la Première classe a besoin d'une Deuxième et d'une Troisième classes. Il y a neuf ans, lorsque Auden et moi avons traversé l'Océan Indien, nous avons pu circuler librement entre toutes les couches de la société coloniale française. Le pont principal était occupé par une salle de bal parisienne, où des femmes en fourreau d'argent flottaient dans les bras de banquiers ou de magnats du caoutchouc ; en dessous, se trouvait la Deuxième classe et l'univers confortable de la bourgeoisie cossue — mères qui tricotaient en bavardant, pères de famille qui jouaient aux cartes en bras de chemise ; en dessous encore, on découvrait la salle à manger de la Troisième classe, qu'un détachement de marins avait transformée en tripot toulonnais — la casquette ramenée sur la nuque, la cigarette pendant à la commissure des lèvres, ils dansaient sur la musique nasillarde d'un accordéon, et faisaient des sourires grivois. Et dehors, sur le pont avant, sous les étoiles, quelques vieux Asiatiques enturbannés avaient étendu leurs tapis et se tenaient assis en tailleur, et fumaient des narguilés, tandis qu'au son d'une flûte un jeune Noir fluet ondulait des hanches et du ventre... Ce navire ressemblait à toute une ville. Le nôtre n'est qu'une banlieue riche.

23 septembre. Curaçao : la longue île nue évoque un navire essuyant une tempête par le travers —elle semble chavirer. A l'ouest, les terres montent doucement vers une succession de collines à la crête effilée ; à l'est, elles descendent brusquement jusqu'au rivage. Presque pas de végétation ni de maisons, jusqu'au moment où l'on contourne le cap et où l'on aperçoit Willemstad. La beauté de cette ville qui ressemble à un jouet laisse pantois. Elle est d'une gaieté absurde ; orange, pourpre, écarlate, vert perroquet et jaune canari. J'ignore si cette architecture est typique des Caraïbes, mais elle est extrêmement frappante : ridicules petites vérandas classiques, chambranles de fenêtres décorés de couleurs criardes, atmosphère de grandeur feinte, d'allégresse nègre, quelque chose du décor des Ballets russes.

Sur le front de mer se trouvent un vieux fort hollandais et une rangée de hautes maisons du XVIIe siècle qui, croirait-on, ont été prélevées telles quelles au bord d'un canal d'Amsterdam. Car elles ont les mêmes pignons étroits, les mêmes personnages en bas-relief, et jusqu'à ces crochets qui permettent de hisser meubles et marchandises vers les fenêtres des étages supérieurs. Le port est à l'intérieur et derrière la ville, c'est un vaste lagon appelé Schottegat. On y pénètre par un long chenal qui ressemble à une rue principale. On arrive dans une atmosphère de joie triomphale. Les sirènes des navires mugissent pour vous souhaiter la bienvenue. Le vieux pont flottant, le Queen Emma, s'ouvre comme un portail afin de libérer le passage. Tout le monde agite le bras — écoliers hollandais et chinois, femmes noires portant un panier sur la tête, jeunes Vénézuéliennes sur les bateaux transporteurs de légumes en provenance de La Guaira, marins américains en train de laver leur pantalon. Notre paquebot paraît soudain énorme ; du pont, on voit loin au-dessus des toits.

Tout autour du Schottegat, on découvre alors les raffineries et les cuves de pétrole. La ville dégage une infecte puanteur de pétrole. L'eau du lagon est couverte d'une fine pellicule aux couleurs de l'arc-en-ciel, et tout le littoral est bordé sur plusieurs mètres par une écume noire, luisante et funèbre. On se croirait à Wilmington, en Californie. Principale source de la richesse de Willemstad, le pétrole constitue la sombre réalité utilitaire qui se cache derrière la vitrine alléchante des produits d'importation. Comme la ville est quasiment un port franc, les prix sont beaucoup plus bas qu'aux Etats-Unis, sans parler du Venezuela où la vie est affreusement chère. La fièvre des achats s'empare aussitôt des passagers de notre croisière. Où que nous marchions, nous croisons des groupes de touristes chargés de sacs pleins de bibelots chinois, de soieries, de tissus, de parfums et de bouteilles de curaçao. (Pour une raison parfaitement mystérieuse, on considère l'écorce des oranges de cette île comme supérieure à toutes les autres pour préparer cette liqueur.)

Mais il est beaucoup plus agréable de boire simplement une bière sur la terrasse supérieure de l'hôtel Americano. De là, en regardant de l'autre côté de l'entrée du port, vers la vieille villa jaune du gouverneur avec ses lourdes moulures de plâtre blanc, on voit tout ce qui se passe au centre de la ville. Des bicyclettes tintinnabulantes envahissent les rues étroites et la place du front de mer. Des policiers hollandais aux cheveux blond paille règlent la circulation. Des fonctionnaires hollandais en tenue tropicale marchent d'un pas rapide, leur jeune visage sérieux couvert de coups de soleil rouge brique. Des femmes noires flânent, vêtues de robes blanches immaculées qui soulignent la noirceur nocturne de leur peau. Une religieuse au vêtement ondoyant est poussée par la brise comme un petit bateau. La population semble passer son temps à traverser et à retraverser le chenal —sur le Queen Emma, ou par le ferry lorsque le pont est ouvert. Des embarcations entrent continuellement dans le port, ou en sortent, et on les perd vite de vue sur l'éclat aveuglant de la mer. Toutes ces couleurs et ces mouvements, toutes ces allées et venues sont comme un élément naturel de l'atmosphère générale, de l'immensité de l'eau sous le soleil, du ciel bleu et venteux. Le rire et la lumière, la brise marine et les gestes humains, le scintillement des vagues et des yeux, tout cela paraît se fondre pour créer la matière même du bonheur. Le touriste sur sa terrasse, avec son passeport et son argent en poche, identifie aussitôt Willemstad au paradis et se laisse aller à des rêveries d'exil volontaire. « Je passerais volontiers ici le restant de mes jours, pense-t-il. J'achèterais cette maison rouge, là-bas, sur la colline. J'aurais tout ce que je désire. Je me ferais des amis. Je rencontrerais des personnages extraordinaires. Il y aurait toujours des visages nouveaux, des gens de passage à découvrir. Je les accueillerais tous chez moi. Je deviendrais célèbre. En Europe et aux Etats-Unis, les voyageurs se diraient : « Ah ! bon, vous faites escale à Willemstad ? Oh ! mais il y a là-bas un homme que vous devez voir à tout prix. Il est connu dans toutes les Caraïbes. On l'appelle Curaçao Chris … »

Le seul mot brutal SHELL, peint en noir sur les cuves argentées du port, devrait suffire à ramener le touriste sur terre. Car, hélas, Willemstad compte parmi les retraites tropicales et insulaires les moins sûres. Elle dépend du Venezuela pour le pétrole brut et les produits alimentaires, et des lignes maritimes mondiales pour le commerce. Elle est à la merci de toutes les crises économiques, sans parler des troubles politiques locaux et à une échelle plus vaste, des guerres. Il y a peu d'agriculture, et presque pas de précipitations. Si jamais ses lignes d'approvisionnement sont coupées, ou même interrompues pendant un temps relativement bref, la plupart de ses habitants devront partir ou mourir de faim. Ce n'est pas un endroit pour les amateurs de plage. Le touriste romantique ferait mieux de l'abandonner à ses commerçants avaricieux, de payer sa bière et de retourner à bord de son paquebot.

24 septembre. Comme la plupart des passagers débarquaient à La Guaira, au Venezuela, nous avons eu hier soir un « repas d'adieu », suivi d'un spectacle improvisé. Comme toujours, le repas supposait des chapeaux en papier, que nous avons mis au dessert, et des mirlitons, qui émettaient des bruits de pet sonores. Personnellement, je déteste les chapeaux en papier, mais j'aime bien les mirlitons — ce qui signifie peut-être tout simplement que je déteste l'uniforme mais adore parler en public. Nos deux compagnons de table ont mis leur chapeau sans hésitation. Elle a ajusté le sien selon un angle seyant ; quant à lui, il a enfoncé son chapeau sur sa tête avec l'assurance d'un homme qui a participé à de nombreux congrès professionnels. Mais tous deux avaient assez peur des mirlitons, et ne se sont joints à nous que lorsque Caskey eut produit quelques bruits extraordinairement obscènes. Entre-temps, au centre de la pièce, trois petits enfants équatoriens sabotaient la gaieté mesurée des adultes par une orgie impitoyable de cavalcades et de cris. Le garnement gras et râblé, aux traits archaïques d'Inca, se fait d'ailleurs remarquer depuis le début du voyage. Il connaît deux plaisirs : ingurgiter de la nourriture et maltraiter ses sœurs. Il les pince, leur donne des coups de pied, les poursuit sur les ponts, ou les pousse dans la piscine avant de se jeter sur elles. Il y a belle lurette que Caskey et moi l'avons élu Enfant le plus Odieux à Bord. (Les autres récompenses restant à décerner sont : le Prix de la Laideur, le Prix des Mauvaises Manières, le Champion de la Luxure, les Jeunes Mariés les plus Gênants, le plus Joli Minois, le Zombie Pan-Américain, et le Champion de l'Ennui à Bord.)

Le spectacle a provoqué une surprise — du moins pour nous. Apparemment, parmi les passagers se trouvait une célèbre vedette vénézuélienne de la radio et du cabaret, qui rentrait chez elle après un engagement à New York. Une femme mince, vivace et grande, à la coiffure bouffante, qui portait sa longue robe de dentelle noire avec une élégance volontairement comique. Gracieuse et parfaitement assurée, les sourcils arqués en une expression passionnée, les yeux et les dents jetant des éclairs, elle s'est avancée vers le micro d'une démarche sinueuse, et, d'une toute petite voix accompagnée de gestes imperceptibles de ses doigts couverts de bijoux, elle s'est mise à *mimer* une chanson. Son numéro splendide de suggestion a été salué par une ovation.

Presque tous les passagers qui ne débarquaient pas avaient prévu une excursion à Caracas, la capitale, qui se trouve à une trentaine de kilomètres seulement de La Guaira vers l'intérieur des terres, au milieu des montagnes. Ceux qui connaissaient déjà Caracas ne tarissaient pas d'éloges sur cette ville : même la cherté de la vie — résultat du boum pétrolier — faisait leur admiration.

« Oh ! C'est si *moderne* ! les imitait Caskey en minaudant. C'est tellement *propre* ! C'est tellement *américain* ! Et puis un martini coûte un dollar soixante-quinze. Ils doivent être tout simplement *délicieux* ! »

Par pure perversité, nous avons décidé de passer la journée à La Guaira, une ville que tout le monde qualifie de « pouilleuse ».

Ce matin, très tôt, je suis monté sur le pont —et j'ai découvert l'Amérique du Sud. Ses montagnes se dressaient, abruptes et solennelles, au-dessus d'une mer d'huile, et les puissants rayons obliques du soleil levant soulignaient leurs reliefs massifs. Les gorges étaient plongées dans une ombre pourpre, les crêtes soulignées d'un or éblouissant. La ville de La Guaira était disséminée sur les pentes et le long du rivage. Tout était très calme. On entendait une cloche d'église et le bourdonnement de la vedette des douanes qui arrivait à la rencontre de notre bateau. Et déjà, on sentait la terre. Une odeur âcre et troublante, après l'air limpide de la mer. Une odeur qui annonçait le long voyage qui nous attendait, avec toutes ses excitations et ses fatigues. L'odeur d'une civilisation et d'une langue étrangères, d'autres visages et d'une nourriture différente. Une odeur qui rendit subitement mes images mentales, intérieures, secrètes et floues de ce continent attendu, palpables, tri-dimensionnelles, et réelles. Une odeur qui, plus immédiatement et puissamment que n'importe quel mot ou image, me faisait comprendre ce fait évident mais troublant, que l'Amérique du Sud existe bel et bien —qu'elle est là-bas, tout le temps, chaque jour de notre vie... Caskey, qui m'a bientôt rejoint au bastingage, m'a expliqué sans la moindre hésitation que c'était l'odeur de l'ail.

Une heure plus tard, le spectacle bouleversant de la terre en vue était presque oublié. Le soleil était monté très haut dans le ciel, l'atmosphère était devenue lourde et humide, le navire avait accosté le long d'un grand quai moderne. Tout était vacarme, détails et distraction. Des porteurs — certains affublés des chapeaux en papier de la veille au soir — sortaient les bagages des cabines, et bousculaient dans l'escalier les passagers qui descendaient à terre. De gros Noirs, assis sur des caisses retournées, déchargeaient le fret léger avec un minimum d'efforts ; ils se contentaient d'une légère poussée sur chaque caisse pour la propulser le long du plan incliné, au bas duquel une chaîne d'hommes — individus nettement plus menus — se la passaient de main en main jusqu'à l'entrepôt. Une petite locomotive belge datant du XIXe siècle et dotée d'une cheminée immense allait et venait en sifflant, ahanant et dispersant la foule. Un fonctionnaire des douanes, assis à une table sur le quai, affolait ses victimes de questionnaires verts et blancs. Des soldats et des policiers se contentaient d'observer. Chauffeurs de taxi, guides et racoleurs portuaires en tous genres filaient çà et là, gesticulaient, agitaient les bras, se dressaient sur la pointe des pieds, criaient et grimaçaient pour attirer l'attention d'éventuels clients alignés le long du bastingage du pont principal, tout en haut.

« Salut, Johnny ! Señor ! Mister ! Psst, psst ! Taxi ? Caracas ? Trente dollars ? Vingt-cinq ? »

Les touristes, lorsqu'on les apostrophait individuellement, commençaient par détourner timidement les yeux, entamaient une conversation inutile avec leurs voisins, rougissaient et souriaient dans l'espoir d'échapper à toutes ces sollicitations. Ils se retrouvaient néanmoins séduits, l'un après l'autre. Une jeune femme riait et secouait la tête d'un air décidé, mais sans regarder ailleurs — le contact était établi.

« Seulement vingt-cinq, Señora !

— Non, non. Trop cher. Es mucho.

— Non, Señora ! Pas mucho ! Je montre tout à toi. Casa Bolivar. Palais du gouvernement. Cathédrale. Hotel Avila. Very good !

— Non, non. Mucho. Mucho. »

Encore quelques répliques, hochements de têtes, consultations entre la jeune femme et son mari, et le combat inégal s'achevait. Ils vacil-

laient, ils se rendaient, ils descendaient du bateau, on les emmenait en un tournemain.

« Ce soir, dis-je à Caskey, au moment de lever
l'ancre, ils reviendront après avoir dépensé beaucoup plus que prévu, et ils seront donc bien
décidés à se persuader et à convaincre le monde
entier que cette excursion était inoubliable, et
Caracas la ville la plus délicieuse de tout le
continent. »

Conscients de notre supériorité, nous sommes
partis découvrir La Guaira à pied.

A dire vrai, c'est une bourgade sale et miteuse ; aussi différente de Curaçao qu'on peut
l'imaginer. Mais elle a son charme : les rues en
pente qui se perdent en sentiers de pierre sur
les flancs fertiles de la montagne, les maisons
aux couleurs passées, aux nuances si délicates
de lilas, de rose et d'orange que leur décrépitude
même passe pour la manifestation d'une espèce
de génie de la passivité et de l'abandon. Après
les grilles du quai, il y a un petit jardin avec
une statue, des palmiers et des parterres de
fleurs émaillés d'une plante tropicale aux feuilles
couleur bronze foncé veiné d'or. Nous sommes
restés un moment assis là, pour essayer d'ab-
sorber le Venezuela par les yeux, les oreilles et
le nez. Apparemment il y avait un nombre extraordinairement grand d'habitants : en passant
et repassant constamment, les autochtones donnent l'impression d'une population trois fois plus
nombreuse qu'en réalité — tel cet unique chameau qui, dans une pièce de théâtre orientale,
crée l'illusion d'une caravane. Et puis, quel mélange de races ! Chinois négroïdes, Indiens négroïdes, Espagnols indiens, Allemands espagnols,

Espagnols irlandais ; rouquins aux pommettes mongoliennes, cheveux noirs et laineux accompagnés d'yeux bleu ciel, lèvres épaisses et mince nez aquilin. Caskey a épuisé ses réserves de patience en essayant vainement de photographier une Négresse fort âgée qui parcourait une liste de numéros de loterie dans le journal. Elle ne l'a pas regardé une seule fois, jamais elle n'a manifesté qu'elle l'avait seulement remarqué ; mais dès qu'il était prêt à la photographier, elle tournait la tête ou s'éloignait.

Sur les murs qui entouraient la place, il y avait des affiches pour un numéro de cirque, « Miss Aida, la Sœur du Diable » — ainsi que des affiches pour l'élection présidentielle, avec le portrait de Romulo Gallegos, le beau candidat du parti de l'*Accion Democratica*, qui est aussi un romancier célèbre. J'aimerais que les candidats à la présidence écrivent des romans : il suffirait de lire leurs livres pour presque tout savoir d'eux par avance.

Où que l'on regarde, on constate une profusion de produits américains : Jeeps, camions et voitures dans les rues ; glacières, caisses enregistreuses, machines à écrire, radios et produits chimiques dans les boutiques. Ils attirent l'œil dans cet environnement sordide et délabré, avec l'aspect clinquant et flambant neuf de jouets bientôt endommagés ou brisés. Pourtant, l'attitude latino-américaine envers ces objets est peut-être plus sensée que la nôtre. Ces produits sont fabriqués pour qu'on les utilise, bien ou mal ; aux Etats-Unis, ils acquièrent trop souvent le statut de symboles de la position sociale et du pouvoir. Sans doute le Vénézuélien est-il un moment fier de sa nouvelle voiture, mais je l'imagine mal scandalisé par une éraflure sur une aile, un phare cassé ou un pare-chocs cabossé. Ce genre de choses arrive inévitablement, tôt ou tard — et probablement très tôt, étant donné leur façon de conduire.

Nous avons pris un car jusqu'à Macuto, station à la mode en hiver. Il y a beaucoup de villas somptueuses sur le littoral, ainsi qu'un grand hôtel, mais la saison n'a pas encore commencé, et l'endroit est à moitié désert. L'après-midi a été brûlant et humide. Des nuages se formaient et s'évaporaient sans arrêt au-dessus des montagnes ; quelques gouttes de pluie tombaient de temps à autre. Très haut dans le ciel, des busards décrivaient des cercles, les plumes pâles du bout de leurs ailes étendues comme des doigts. J'ai décidé de les décrire sous le terme de « condor » dans mes lettres au pays. Assis dans un café, nous avons bu de l'excellente bière de Caracas en regardant des garçons à la peau sombre nager parmi les vagues hachées et limpides. Des paysans passaient devant nous, coiffés de grands chapeaux de paille. Un serveur balayait la fine poussière aromatique qui tombait sans arrêt sur le sol ; un bébé à la peau marron se promenait nu comme un ver, hormis une paire de bottes en cuir noir. Une paresse énorme s'est abattue sur nous, comme si nous la respirions avec le parfum de la poussière et des fleurs. Il m'était déjà trop difficile de réfléchir à mes impressions vénézuéliennes. D'ailleurs, en cet instant, je ne ressentais peut-être rien du tout ; nous étions tout simplement là. Soudain, je me suis senti inquiet. Peut-être, pensai-je, ne vais-je strictement rien ressentir en Amérique du Sud, nulle part, jamais...

« Tu sais, dis-je à Caskey, je crois que ce livre de voyage va être très, très court.

— Tant mieux, m'a-t-il répondu en souriant, il y aura d'autant plus de place pour mes photos. »

Alors que nous retraversions La Guaira pour retourner à bord de notre paquebot, une sentinelle postée devant la caserne nous a arrêtés. Avec une grande politesse, beaucoup d'espagnol et force gestes, ce soldat nous a expliqué que les piétons n'avaient pas le droit d'emprunter la portion de trottoir située devant le portail de la caserne ; ils devaient faire un détour par la chaussée. Nous avons obéi, parfaitement perplexes. Il existe sans doute une raison simple et logique à ce règlement. Mais c'est le genre de détails qui pousse un journaliste à la recherche d'un scoop à décider que le gouvernement redoute un coup d'Etat révolutionnaire.

25 septembre. Aujourd'hui, nous avons fait escale pendant quelques heures à Puerto Cabello, « Port cheveu » — ainsi nommé, paraît-il, parce qu'on peut amarrer un bateau avec un seul cheveu à l'abri du lagon. Vu de l'eau, l'endroit est d'un romantisme torride : une baie vide et dorée, le phare et les bâtiments blancs qui se détachent contre le mur sombre et mystérieux de la forêt tropicale, et, tout au fond, de lugubres montagnes sous des nuages noirs. Décor idéal pour le premier chapitre d'un roman d'aventures ayant un jeune homme pour héros. Ledit jeune homme débarque ici après son premier voyage en dehors de l'Angleterre. Il doit rendre

visite à de vieux amis de son père — une famille
d'aristocrates locaux désargentés qui habitent une
grande hacienda à moitié en ruine, à quelques
kilomètres de la ville. (Il est déjà tombé amou-
reux d'une miniature de leur fille splendide,
Dolores.) Dans une auberge du front de mer,
il demande où il peut louer un cheval. Dès qu'il
apprend la destination du jeune homme, le propriétaire, un Chinois borgne, devient aussitôt évasif,
et multiplie les allusions mystérieuses. Le prix
du cheval est immédiatement doublé. Mais notre
héros insiste. Lorsqu'il atteint l'hacienda, il fait
déjà nuit. Le portail est ouvert. Il chevauche
jusqu'à la maison, met pied à terre et entre.
Des torches sont allumées dans toutes les pièces.
Il n'y a personne. Dans la *sala* de marbre et
de brocarts, parmi ses miroirs dorés et ses sombres
portraits d'ancêtres, il découvre un perroquet
échappé de sa cage et perché sur la main tendue
d'une statuette.

« Demande à M. Lancaster », dit l'oiseau en
éclatant d'un rire perçant.

Il y a des taches sur le marbre.

« Dieu du ciel — on dirait du sang ... » Le
jeune homme pivote brusquement sur ses talons
et avise un Portugais manchot qui l'observe au
seuil de la pièce avec un sourire sardonique.

« Vous cherchez Don Francisco, Señor ? Lui
et sa famille sont partis d'ici il y a longtemps
—et pour un très long voyage... »

Puerto Cabello — ou du moins ce que nous
en avons vu — ressemble à une version plus
assoupie mais moins sale de La Guaira. Il y a
la même laideur polychrome, la même profusion
de produits américains d'importation. Sur le port,

j'ai remarqué des milliers de cuvettes de w.c. vieillottes qu'on n'avait pas déballées ; assez pour toute une ville. Aux amateurs d'architecture industrielle, je recommande vivement une exquise cuve de pétrole couleur flamant rose.

Nous avons passé presque tout le temps de l'escale à terre dans un café de style mauresque situé près du port. Quelques marins d'un navire américain, assis à une table voisine, parlaient bruyamment d'un ami commun qui avait épousé une riche Vénézuélienne.

« Bon Dieu, dit l'un d'eux (le moins séduisant du lot). Moi, j'aime l'argent — mais pas à ce point-là. »

Leur méchanceté envieuse a tellement dégoûté Caskey qu'il s'est mis à évoquer, d'une voix tout aussi forte, des chercheurs d'or — surtout du genre frustré — qu'il avait rencontrés alors qu'il était dans la Marine à Miami.

« Ils sont beaucoup plus imbus d'eux-mêmes que les femmes. Plus ils vieillissent, plus ils sont laids et imbuvables. Ils croient qu'ils n'ont qu'à (ici, Caskey devient trop grossier) pour que la fille d'un millionnaire leur offre sa petite culotte. »

Les marins l'écoutaient maintenant, et j'ai eu peur d'une rixe. Mais par bonheur, une diversion fut créée par l'entrée en scène de trois Vénézuéliens — une enfant d'environ quatre ans, accompagnée de ses parents. Ces derniers étaient habillés pauvrement et avec sobriété, mais la fillette portait les vêtements les plus bizarres qui soient. Avec ses jupes à franges, son collier, ses boucles d'oreilles, ses joues poudrées et son rouge à lèvres, elle évoquait davantage une naine adulte. Elle louchait de manière stupéfiante.

28

Les marins avaient mis le juke-box en marche. La fillette se mit aussitôt à danser, prenant des poses et faisant des pirouettes dans toute la salle. Ce n'étaient pas là simples simagrées enfantines ; car leur degré de professionnalisme les rendait extraordinaires. Il s'agissait d'un véritable numéro. De toute évidence, elle avait appris à danser et elle travaillait régulièrement —et on l'avait amenée ici pour qu'elle exécute sa pantomime. Mais pourquoi ? Il y avait moins d'une douzaine de clients dans le café, pas assez pour constituer un public digne de ce nom. Par ailleurs, personne ne semblait réclamer de l'argent. Le père et la mère nous regardaient de temps à autre, mais comme pour nous inciter à partager leur admiration, qui était simple, inconditionnelle et touchante.

La fillette s'arrêtait parfois de danser pour réclamer un peu de la bière que ses parents buvaient. Ils lui permettaient alors quelques gorgées, puis essayaient de refuser, mais elle poussait des cris si sauvages qu'ils lui cédaient. Maintenant surexcitée, elle échappait à leur contrôle. Elle bondissait, tourbillonnait, agitait les bras, bousculait tables et chaises. La bacchanale aurait pu durer pendant des heures — et ce fut peut-être le cas. Car une autre fillette apparut alors ; elle était bossue. Aussitôt, les deux enfants se mirent à danser ensemble.

« Allons-nous-en, dis-je vivement à Caskey. J'ai l'impression d'être dans une nouvelle de Truman Capote. »

28 septembre. Nous y voilà. L'approche est

terminée. Nous sommes à Carthagène depuis hier matin.

Nous sommes à pied d'œuvre — mais le voyage, l'incursion proprement dite, n'a pas encore commencé. Jusqu'ici, nous n'avons eu aucun contact personnel avec la Colombie. Nous sommes toujours des touristes. Je crains que nous ne voyions rien de Carthagène en dehors des endroits touristiques.

« C'est une belle petite ville proprette », nous a confié l'un des officiers du bateau, tandis que nous empruntions le long chenal bleu pâle et que nous doublions la pointe pour franchir la Boca Chica —l'entrée du port. L'eau du chenal était couverte de guirlandes de lianes flottantes, une variété de jacinthe d'eau ; au début de la saison des pluies, elles sont emportées loin des bassins d'eau stagnante des fleuves, où elles poussent, et elles descendent jusqu'à l'océan. On trouve parfois des serpents vivants toujours lovés dans leurs racines. Elles accordent au paysage une touche mélancolique, comme si une cérémonie funèbre et générale venait d'avoir lieu pour tous les soldats et les pirates dont les ossements gisent sans sépulture au fond de la baie.

Entre-temps, les passagers de la croisière — dispensés de faire leurs bagages ou de remplir des déclarations de douane — photographiaient les vieilles murailles jaunes et les forts coloniaux, jetaient des pièces aux jeunes plongeurs qui arrivaient sur des barques à rames, ou encore se lisaient à haute voix les passages du guide relatifs à Henry Morgan ou à Sir Francis Drake. Ç'allait être leur grand jour ; leur seul contact véritable avec l'Amérique centrale. Guides anglophones et voitures d'excursion attendaient sur le quai, pour les accueillir, leur faire visiter au pas de course les églises et les fortifications, les soûler de dates, de statistiques, d'erreurs historiques et de mots mal prononcés, les revigorer ensuite avec un déjeuner au *El Caribe*, et enfin les ramener sains et saufs au navire qui levait l'ancre à quatre heures. Et quand arriverait le moment de dîner, ils seraient au large, dans la fraîcheur de l'air marin.

Toute la matinée je les ai enviés, tandis qu'assis dans l'entrepôt des douanes nous transpirions. Il faisait une chaleur infernale ; tout le monde, y compris les gens du cru, paraissait à demi hébété. J'ai vu deux garçons se rencontrer et passer plusieurs minutes à se serrer la main, comme si chacun avait tout simplement été trop paresseux pour lâcher la main de l'autre. Nos examinateurs étaient assis au milieu d'un monceau de bagages, dans une cage grillagée. Trois d'entre eux étaient plus ou moins actifs, les autres se contentaient de regarder. Heure après heure, à mesure que la farce épuisante de l'inspection suivait son cours, ils palpaient avec langueur des vestons, des bas et des chaussures, ils bâillaient, tripotaient leur stylo, posaient des questions sans prêter la moindre attention à la réponse qu'on leur donnait. De temps à autre, ils sortaient tous ensemble de la cage et s'absentaient de longs moments. Enfin, on appela nos noms — ou plutôt nos prénoms, car nos patronymes étaient apparemment trop difficiles à prononcer —, et nous nous sommes frayé un chemin à travers un attroupement de badauds obstinés pour rejoindre nos examinateurs. Nous attendions alors depuis cinq heures, et mon humeur première qui s'apparentait à une colère homicide s'était dissoute en une suée patiente et humble. Je me suis montré poli, presque joyeux.

« Christopher, dis-je à mon examinateur, est la traduction anglaise de Cristobal. »

Cela lui plut beaucoup.

« Cristobal Colon... Cristobal Colon... », répéta-t-il une bonne douzaine de fois tout en fouillant brièvement nos valises.

L'hôtel *El Caribe* se dresse sur une pointe de la plage, à trois kilomètres environ de Carthagène. C'est une haute bâtisse nue aux grandes chambres aérées par la brise marine ; il fait beaucoup plus frais ici qu'en ville. La plupart des clients appartiennent à de riches familles cosmopolites, ou sont des hommes d'affaires américains contraints de descendre dans « le meilleur hôtel de la ville » pour manifester la dignité de l'entreprise qu'ils représentent. Caskey, qui se retrouva seul à la réception peu après notre arrivée, fut observé avec intérêt par une fille bien habillée et très séduisante, assise près d'un homme beaucoup plus âgé qu'elle. Celui-ci s'en alla bientôt, et la fille s'approcha de mon ami.

« Excusez-moi, lui dit-elle à voix basse et dans un anglais excellent, auriez-vous l'intention de vendre des dollars ? »

Caskey lui répondit que cela n'était pas exclu —tous les deux, nous nous méfions encore un peu des opérations du « marché libre » —, et ils tombèrent d'accord pour se retrouver plus tard. Mais depuis lors, nous avons seulement vu cette fille en compagnie de l'homme plus âgé, et elle fait comme si elle ne nous connaissait pas.

Après dîner, nous sommes allés à Carthagène. On dirait que cette ville ne s'éveille que la nuit ; tout le monde était dans la rue, se promenant dans le parc ou discutant en groupes excités près des bancs. Dans leurs minces vêtements blancs, sous la lueur vive des lampadaires, les habitants paraissent aussi animés et insubstantiels que des papillons. Créature d'un monde différent, je me sentais empoissé, constitué d'une matière trop compacte. J'imagine que l'air n'est ni plus chaud ni plus humide qu'à New York en août ; mais on se trouve ici parmi des gens qui baignent dans ce climat comme dans leur élément. Ils ne s'y opposent pas en ayant recours à divers accessoires, ils s'y adaptent, physiquement et psychologiquement. Le climat est devenu une partie intégrante de leur nature.

Ce matin, un peu par entêtement, nous sommes sortis faire du tourisme. Sous un soleil de plomb et d'un pas traînant, nous avons remonté la colline de La Popa. (Caskey nous interdit toute course en taxi « superflue » depuis hier, quand nous avons dû payer dix dollars pour nous faire transporter avec nos bagages, du port jusqu'à l'hôtel.) Il y a un couvent en ruine au sommet de la colline, et, Dieu merci, un café où l'on peut boire un Coca Cola. Aux premiers temps de l'ère coloniale, un prêtre a découvert là-haut quelques Indiens, qui sacrifiaient une chèvre ; il a promptement poussé la chèvre dans le préci-pice —cédant à l'une de ces stupides manifestations de mauvaise humeur que l'on décrit si souvent, et non sans une certaine admiration, comme un geste de « sombre fanatisme » ; sans doute suait-il sang et eau, sans doute était-il irritable après cette montée, exactement comme nous.

Nous avons aussi visité les murailles de la ville et certaines églises. Notre apparition a attiré une petite foule d'écoliers, désireux de pratiquer leur anglais et peut-être aussi de gagner quelques sous en qualité de guides improvisés. Ces enfants sont devenus parfaitement insupportables. Enfin, à San Pedro Claver, nous avons essayé de nous débarrasser d'eux en nous agenouillant pour prier. Nullement décontenancé, l'un des gamins s'est aussitôt agenouillé près de moi, il s'est signé puis s'est mis à me parler à l'oreille. Un autre a gravi les marches du grand autel pour nous montrer le coffre doré qui contient le corps minuscule du saint.

« Psst ! Psst ! lançait-il. Regarde, mister ! Viens ici ! Regarde ! Psst ! »

J'ai essayé de penser à San Pedro Claver, qui mendiait de porte en porte afin d'offrir le produit de sa quête aux Noirs qu'on amenait ici comme esclaves — ainsi l'appelait-on l'Esclave des Esclaves —, mais ce fut peine perdue. Nous avons dû partir. De retour à l'hôtel, nous avons découvert que le maillot de bain de Caskey, qu'il avait mis à sécher sur le balcon devant notre chambre, avait disparu.

Par la fenêtre, je regarde sans cesse la plaine ensoleillée et les montagnes tumultueuses où le tonnerre gronde depuis le début de l'après-midi. Pour moi, elles représentent « l'Intérieur » — cette sombre expression anatomique qui suggère des ténèbres mystérieuses, des sentiers sinueux et secrets, ainsi que des grondements menaçants. C'est là-bas que nous allons.

Entre la plaine côtière et les hauts plateaux, il n'existe aucune route sûre et aucune voie de chemin de fer. Pourtant, le client moyen de l'*El Caribe* considère ce voyage comme une simple bagatelle ; car l'avion lui permet de rejoindre Bogota en moins de trois heures. La Colombie est passée directement du cheval à l'avion. Il y a des vols quotidiens dans toutes les directions — au-dessus de la jungle ou des montagnes, vers des destinations qu'on ne peut atteindre autrement que par des chemins muletiers.

Mais nous avons d'autres projets. Sur le bateau, nous avons parlé avec un Colombien qui nous a conseillé de pénétrer dans les terres en remontant le fleuve Magdalena jusqu'à une gare où nous pourrons prendre un train vers Bogota. Ainsi, nous verrons davantage de pays. Les vapeurs fluviaux partent de Barranquilla. Nous y allons par la route en fin d'après-midi.

2. La Remontée du fleuve.

29 septembre. Le soleil s'étant couché peu après notre départ de Carthagène, nous avons roulé de nuit pendant presque tous les cent vingt kilomètres du trajet. Mes impressions se résument pour l'essentiel aux hasards de la circulation : tas de matériaux de construction dans les villes, troupeaux de bétail errant dans la campagne. Dès que nous entrions dans un village, notre chauffeur klaxonnait sans interruption, car toute la population était dehors et occupait la chaussée. Les habitants s'écartaient lentement, sans hâte ni inquiétude, puis ils scrutaient l'intérieur de la voiture et lançaient des remarques qui faisaient s'esclaffer les badauds. Lorsqu'on vous dévisage, il est vraiment beaucoup plus amical de regarder le curieux ; car détourner les yeux — comme nous le faisons presque tous d'instinct —sous-entend le manque d'intérêt, la supériorité.

Après quatre-vingts kilomètres de cahots, de virages abrupts et de fondrières inondées, notre chauffeur s'est retourné pour nous dire :

« Ici s'achève la bonne route. »

Nous avons ri, mais il avait raison : la suite a été bien pire. Il s'est mis à pleuvoir, très fort — pas longtemps, heureusement, car sinon je crois que nous aurions dû renoncer à rouler.

Juste avant Barranquilla, nous nous sommes arrêtés devant un poste de douanes. Le chauffeur a sauté de la voiture pour bavarder aimablement avec les douaniers. De retour dans la voiture, il nous a annoncé qu'il les avait soudoyés pour qu'ils ne fouillent pas nos bagages, en leur promettant une bouteille de rhum lorsqu'il retournerait à Carthagène. Nous devions bien sûr payer cette bouteille de rhum.

Un racket ? Naturellement. Le gouvernement se fait escroquer. Qu'y pouvons-nous ? Nous sommes soumis à un chantage. Et que peut faire le gouvernement ? Supposons que nous refusions de payer cette bouteille. Les douaniers découvriraient alors dans nos bagages un objet pour lequel ils exigeraient une taxe dix fois plus élevée que sa valeur d'origine. Mais c'est là une hypothèse absurde. Car aucun touriste ne refusera jamais ce marché. Pourtant, notre chauffeur n'aurait-il pas pu, au moins, nous prévenir avant de partir :

« Ce voyage va vous coûter tant, plus une bouteille de rhum ? »

Mais j'imagine qu'il aime mettre en scène cette petite comédie : révéler le subterfuge à l'avance lui gâcherait son plaisir.

Attacher une importance quelconque à cet incident peut paraître mesquin et naïf. Ne s'agit-il pas exactement de ce que le premier voyageur venu vous dira de prévoir ? N'est-ce pas tout simplement un exemple typique de cette délicieuse et pittoresque malhonnêteté sud-américaine ? Cela ne fait-il pas partie du charme autochtone ? N'est-ce pas une énorme plaisanterie ? Dans quelques semaines peut-être, je le penserai, ou je devrai feindre de le penser : sinon, je cours au-devant d'ennuis. Par ailleurs, j'ai affronté allègrement des dizaines de problèmes du même ordre dans divers pays d'Europe, sans parler de la Chine. C'est sans doute parce que je n'ai pas voyagé depuis si longtemps que je vois les choses comme un nouveau-venu, à travers le regard indigné de Caskey. Mais le fait est que je proteste. Cela ne me plaît guère. Et ne m'amuse pas davantage.

L'hôtel *Del Prado* est plus vaste, plus majestueux, mais moins confortable que l'*El Caribe*. Il n'y a pas d'eau chaude dans notre chambre. Malgré tout, le bar est assez agréable, et j'ai découvert une grande piscine entourée de palmiers et de fleurs. La première personne rencontrée en arrivant a été Emilio, notre ami colombien dont nous avions fait la connaissance sur le bateau. Il nous a accueillis comme un hôte ; ici, sur sa terre natale, il paraît beaucoup plus vivant et expansif. Agé d'une trentaine d'années, bien habillé, très correct et poli, il a un regard clair et alerte, ainsi qu'une petite moustache fort soignée. Il a étudié l'agronomie aux Etats-Unis, et possède maintenant une laiterie sur les hauts plateaux, non loin de Bogota. Il compte s'y rendre en avion dans quelques jours. Mais sa mère, qui souffre du cœur, ne supporterait pas un changement d'altitude aussi brutal ; elle fera donc le voyage en vapeur, puis en train, comme nous.

Emilio nous a tenu compagnie pendant que nous prenions un dîner tardif. A une table voisine se trouvait le docteur Jorge Eliécer Gaitan, l'un des politiciens colombiens les plus en vue.

Il a commencé sa carrière comme avocat criminel. Emilio le considère comme un dangereux démagogue. Il a contraint le parti libéral à la scission, transformant sa propre moitié en un « mouvement populaire » soutenu dans une certaine mesure par les communistes. Il rencontre beaucoup de succès parmi les ouvriers ; dans ses discours, il fait toujours allusion à son sang indien et se définit régulièrement comme l'un d'eux. Il est petit, trapu, attentif et rusé, courtois et froid ; il a la peau très sombre. Le cas échéant, il est capable de cris de ralliement et de gestes passionnés. Au repos, il a l'impassibilité du crocodile. Ce n'est pas un homme dont on brigue l'amitié, mais un individu à qui l'on peut faire temporairement confiance pour se tirer d'un mauvais pas, par exemple une accusation de viol. Il a déjà été candidat à la présidence, sans succès. La prochaine fois, pense Emilio, il sera élu.

Emilio nous dit que lui-même n'appartient à aucun parti, mais que, comme tous les Colombiens, il se passionne pour la politique. Il a trouvé les Américains politiquement apathiques, ce qui l'a stupéfié.

« La politique est la chose la plus importante de l'existence », affirme-t-il.

Nous n'avons pas réussi à découvrir son opinion sur la politique économique américaine en Colombie. Sans doute préfère-t-il ne pas nous offenser. Il n'a pas perdu la moindre occasion de vanter les techniques et les machines américaines, mais sans jamais prononcer le mot pétrole.

Il est très patriote, il aime le Venezuela, déteste le Pérou. Les Péruviens, dit-il, sont des accapareurs de terres et des militaristes ; ils se sont emparé d'un grand morceau de l'Equateur, allant même jusqu'aux rives du Rio Putumayo. A l'inverse, la Colombie a rendu à l'Equateur quelques territoires frontaliers. Le patriotisme d'Emilio est également local. Sa famille est originaire de Medellin, capitale du département d'Antioquia, et il est extrêmement fier d'être un Antioqueno. Selon Emilio, les Antioquenos sont les authentiques descendants des Basques et des Espagnols, sans jamais s'être mêlés aux Indiens ; l'élite de toute la population. Où qu'on aille en Colombie, on les retrouve aux postes les plus élevés du pouvoir exécutif ou du commerce — cela à cause de leur énergie et de leur dynamisme.

« Vous savez, a-t-il ajouté en souriant, on nous surnomme les juifs de Colombie. En fait, on dit même que les juifs sont des Antioquenos dégénérés ! »

Quant à Medellin, c'est la ville la plus moderne du pays, une véritable capitale industrielle. Pour nous en convaincre, les évocations d'Emilio sont superflues. Hier, à l'*El Caribe*, un homme d'affaires américain m'a décrit cette ville comme « une parfaite petite Chicago ». Le *South American Handbook* est plus prudent, ainsi qu'il convient à une publication britannique : « Cette ville a été surnommée la « Manchester de la Colombie », mais les services publics y ont mauvaise réputation. » (Me rappelant les services publics de Manchester, en Angleterre, je trouve ce *mais* passablement énigmatique.) Quoi qu'il en soit, nous avons décidé de ne pas aller à Medellin.

La plupart des amis d'Emilio à Bogota sont des Antioquenos, et il décrit leur réussite avec la fierté d'un membre du clan. L'un dirige le meilleur journal. Un autre a inventé une boisson si populaire que même Coca-Cola ne peut rivaliser avec elle. Cette boisson a été conçue selon un procédé démocratique. Son inventeur en a rapporté les ingrédients des Etats-Unis, puis a invité ses voisins à les essayer selon des mélanges divers jusqu'à ce que l'un de ces mélanges soit élu le meilleur.

Ce matin de bonne heure, nous sommes allés en ville pour voir l'agent de la compagnie qui s'occupe des bateaux circulant sur le Magdalena. Cet homme a un buste de Verdi posé sur son bureau, et, accroché au mur, un chromo du Sacré Cœur de Jésus, illuminé par des lampes rouges et bleues. Après moult courbettes et poignées de main, nous nous sommes tous les trois assis dans une atmosphère extrêmement détendue, comme si nous nous installions pour attendre le jugement dernier. Il a fait de plus en plus chaud. Les mouches bourdonnaient. Les passants s'arrêtaient dans la rue pour regarder par la porte et par les fenêtres. D'autres entraient dans le bureau puis en ressortaient, comme des somnambules ; un homme essaya paresseusement de nous vendre une bouteille de whisky dans un sac en papier froissé ; une fillette est venue nous proposer ses billets de loterie. Il existe des syndicats de vendeurs de billets de loterie, dont les membres cèdent à leur tour leurs billets aux enfants et aux vieilles, avant de prélever un pourcentage sur les ventes. Selon Emilio, ces loteries étaient autrefois un racket, mais leur organisation a été épurée. Aujourd'hui, presque tous les bénéfices vont aux hôpitaux.

J'ai feuilleté un hebdomadaire illustré presque entièrement consacré aux prétendus crimes du docteur Matallana, un avocat de Bogota accusé d'avoir assassiné dix personnes. Sa technique, semble-t-il, consistait à trouver des clients menacés par un scandale ou par une arrestation, à se faire nommer administrateur juridique de leurs biens, puis à leur conseiller de quitter le pays. Ses victimes disparaissaient alors. Si leurs amis l'interrogeaient, il expliquait qu'ils se cachaient à l'étranger sous un nom d'emprunt et qu'il valait mieux éviter de les contacter. Matallana nie tout en bloc, mais la presse considère sa culpabilité comme évidente. Il est devenu une espèce de célébrité nationale, et c'est presque affectueusement qu'on l'a surnommé « docteur Mata » — un jeu de mots sur *matar*, tuer.

Enfin, après avoir téléphoné au port, l'agent de la compagnie nous a annoncé que le bateau ne serait pas prêt à partir avant demain soir au plus tôt ; il a des problèmes de machine. Nous nous sommes promenés à pied en ville. Caskey a acheté une recharge pour son briquet, qui émet désormais une flamme épaisse et fuligineuse, et emplit la chambre de flocons de suie. A la poste, il n'y avait pas de timbres au tarif par avion. Il en fallait un si grand nombre de valeur réduite que nous n'avons pas réussi à tous les coller sur nos cartes postales.

Après le déjeuner, nous avons visité une usine de savons, propriété d'un des meilleurs amis d'Emilio, un jeune homme très plaisant nommé Jorge. Ils ont étudié ensemble l'agronomie dans

une université californienne. Jorge appelle Emilio
« profi » ou « professeur ». Ils se sont aussitôt
lancés dans une discussion politique amicale, car
Jorge est un conservateur acharné et un grand
admirateur de Laureano Gomez, le dirigeant
de ce parti. Il a même un portrait de Gomez
au-dessus de son bureau. Emilio a attaqué Gomez,
qui a soutenu Gaitan dans le seul but de scinder
et de détruire le parti libéral. Selon Emilio, les
conservateurs sont si sclérosés qu'ils ne peuvent
imaginer aucun autre ennemi que les libéraux
traditionnels ; ils sont incapables de voir où se
trouve le vrai danger. C'est la vieille et sempiter-
nelle histoire.

Dans la savonnerie régnait la puanteur inévitable et écœurante de la graisse animale en
décomposition. Une longue rangée de busards
faméliques attendaient, perchés sur le toit ; l'un
d'eux descendait parfois en planant pour s'emparer d'un morceau. Ils sont presque aussi apprivoisés que des volatiles de basse-cour. On les
voit déambuler et picorer dans les rues les plus
infectes. Cette partie de la ville est surnommée
« le Quartier noir » ; il n'y a que des taudis, et
l'eau du fleuve remonte par les fissures de la
chaussée. Celle-ci sera bientôt emportée par les
pluies diluviennes, avant d'être reconstruite. Dans
l'ensemble, Barranquilla est une ville moderne,
assez propre, mais guère intéressante. Le quartier du Prado, où se trouve notre hôtel, contient
des villas plus ou moins luxueuses — tantôt
mauresques, tantôt semi-classiques —, mais d'une
laideur stupéfiante.

Nous sommes tous partis dans la voiture de
Jorge pour visiter l'usine d'assainissement des

eaux. La population de Barranquilla a tellement augmenté pendant les dix dernières années (elle avoisine maintenant les deux cent mille habitants) que cette usine ne suffit plus aux besoins. Les bâtiments en sont charmants, aussi propres que des salles de bains immaculées, entourés de pelouses et de jardins. L'eau est pompée dans le Magdalena — un liquide trouble et marron, qui est ensuite traité à l'alun, que l'on laisse précipiter, avant de le filtrer et de le chlorer. Ce procédé nous a été expliqué avec enthousiasme par le chimiste en chef, qui nous a fait visiter les lieux. Je crains de ne pas l'avoir écouté très attentivement ; mais sa seule proximité m'a fait plaisir. Il possédait l'aura d'un homme dont les occupations sont absolument honnêtes, altruistes et non violentes. Je me suis soudain senti très heureux et apaisé. Cette visite a été presque aussi agréable que celle d'un monastère.

Sur le chemin du retour, Emilio nous a fait remarquer combien les Costenos — les habitants de la côte — étaient différents des gens des montagnes. Ils parlent très vite, avalent certaines syllabes et ne prononcent jamais le « s » final. Assez curieusement, il s'agit là d'une caractéristique d'autres Costenos, ceux du Venezuela et de Cuba. L'accent des Costenos cubains est presque identique à celui des Costenos colombiens. De nombreux pays d'Amérique du Sud sont ainsi divisés par l'altitude ; et l'on y remarque deux races différentes : les gens d'En haut, et ceux d'En bas.

Jorge nous a invités à prendre un verre à son club. Le bar était équipé de l'air conditionné ;

45

nos chemises trempées de sueur ont séché sur notre dos, et nous avons émergé, pour une demi-heure, de la torpeur tropicale. Jorge nous a parlé des gitans locaux ; il y en a plusieurs milliers à Barranquilla. Il en connaît un assez grand nombre, et il est parfois invité à leurs fêtes. Ils vivent dans la crasse, mais certains sont assez riches. L'un d'eux est venu le voir pour lui emprunter vingt *cents*, puis, quelques minutes plus tard, ayant apparemment oublié cet emprunt, il a sorti de sa poche une liasse de billets de banque et s'est mis à les compter. Un autre a consulté Jorge sur les actions bour-sières, car il avait dix mille dollars à investir. Ils gagnent leur vie par le commerce et le négoce, mais ne conservent presque jamais un emploi fixe. Lorsqu'ils vous font un cadeau, ils sont parfaitement capables de revenir vous voir un peu plus tard pour vous réclamer sans sourciller de le payer. Malgré tout, Jorge les admire. Ils ont leur propre dignité. Un jour, il a rencontré un chef gitan qui avait été en prison pour vol, et il lui a demandé en plaisantant s'il n'avait pas honte.

« Pourquoi aurais-je honte ? a rétorqué le gitan. Les prisons ont été créées pour les hommes. »

30 septembre. Notre embarquement a été re-porté à demain quinze heures. J'espère que nous lèverons l'ancre pour de bon à ce moment-là. Cet hôtel me déprime. De nombreuses Améri-caines y séjournent pendant des mois d'affilée. Ce sont les épouses d'employés de la Tropical Oil Company, qui possède des camps et des gisements pétroliers le long du Magdalena. Elles attendent de s'installer dans des appartements ou des maisons, qui sont très chers et difficiles à trouver. Bâillant de fatigue, accablées d'ennui, elles passent des heures assises dans le jardin. L'énergie de leurs enfants les maintient dans une irritation perpétuelle. De temps à autre, lorsqu'arrive un homme séduisant, une lueur d'intérêt éphémère traverse leur regard. J'imagine qu'elles ont leurs rêves et leurs secrets. Mais elles créent dans l'hôtel une atmosphère triste et pesante ; des personnages à la Somerset Maugham qui ne seront jamais utilisés.

Nous avons passé presque toute la journée dans la piscine. Bien qu'il fasse une chaleur suffocante, le soleil brille rarement longtemps. Le ciel est plein de nuages noirs.

A la réception de l'hôtel, on peut se procurer le *Miami Herald* du jour, qui arrive régulièrement de Floride par avion. Cet après-midi, en désespoir de cause, nous l'avons acheté.

1er octobre. La mère d'Emilio voyage avec une amie, et comme plusieurs autres dames comptaient les accompagner jusqu'au quai, nous avons décidé de nous séparer en deux groupes. Caskey est parti en avant avec tous nos bagages dans une voiture ; et les autres ont suivi dans une seconde voiture. Nous nous sommes arrêtés chez quelqu'un pour bavarder et boire du lait de coco. Ça a été l'une de ces pauses que les Latins savent si bien ménager ; des pauses qui, pour les Anglo-Saxons inquiets, semblent une pure perte de temps. En fait, elles sont d'une grande valeur psychologique, car elles dissipent l'angoisse du départ et font voler en éclats le mythe de la hâte. Cela ressemblait davantage à la fin d'un voyage qu'à son début. Nous avions l'éternité devant nous... En réalité, nous sommes seulement restés une vingtaine de minutes et nous aurions eu tout le temps de rejoindre le quai d'embarquement, même si le vapeur avait été ponctuel, ce qui n'a bien sûr pas été le cas.

Voici Caskey installé sur les bagages, petit personnage stoïque et renfrogné, avec un menton proéminent et les épaules saillantes, telle une statue du Dernier Pionnier —son cheval mort, et notre héros à court de munitions. Que les Peaux Rouges arrivent donc ! Il ne bronchera pas. Il vient de discuter avec un foreur de pétrole originaire de l'Oklahoma, un grand type aux lèvres minces et au visage marqué, qui remonte le fleuve sur cent cinquante kilomètres environ, jusqu'à une ville nommée Plato, près de laquelle se trouve un camp. Très amical, il nous a offert un Coca-Cola à chacun, mais il s'est montré pessimiste quant à la suite de notre voyage.

« Votre associé m'a dit que vous n'emportiez aucune nourriture ? Quel dommage ! La cuisine qu'on vous sert sur ce bateau est infecte — il n'y a que du riz. C'est immangeable. Vous supportez bien la chaleur ? Je l'espère pour vous, car il va faire une chaleur infernale. Et puis le bateau va sûrement s'échouer quelque part ; ça ne rate jamais. Vous allez probablement mettre deux semaines avant d'arriver à destination. A moins que vous ne preniez un avion à Barranca. Quand vous en aurez par-dessus la tête. »

Lui-même voyage d'habitude par le vol hebdomadaire de l'hydravion, surnommé « le saute-ruisseau ». Je l'ai interrogé sur les moustiques. Oui, il y en avait beaucoup. Que faisait-il pour les éloigner ?

« Rien. Je les laisse me bouffer. »

Il avait eu plusieurs crises graves de malaria, mais n'en souffrait plus depuis un certain temps.

Notre bateau, le *David Arango*, est arrivé environ une heure plus tard. Ces bateaux qui circulent sur le Magdalena ressemblent aux vapeurs du Mississippi à l'époque de Mark Twain : bas sur l'eau mais couverts de hautes superstructures, avec des ponts à rideaux, deux grandes cheminées jumelles et une grosse roue à aubes installée à la poupe, ils évoquent de vieux hôtels borgnes. Devant eux, ils poussent de longues barges en fer qui transportent leur fret : farine, savon, pétrole, meubles, bétail, toute une quincaillerie, plus deux ou trois voitures.

Il y a trois classes à bord : luxe, première classe et entrepont. Nos billets de classe luxe à destination de Puerto Salgar (le trajet le plus long) coûtent trente-cinq dollars pièce. Un billet d'entrepont ne coûte que sept dollars, mais il ne donne pas droit à une couchette ; il faut alors apporter son propre hamac et l'installer là où on trouvera de la place sur le pont inférieur, entre la roue à aubes et les machines. Cet entrepont est déjà si bondé qu'il ne reste apparemment pas la moindre place pour un passager supplémentaire ; les hamacs s'entrecroisent et se superposent en tous sens. La chaleur, si près des chaudières, doit être presque insupportable, et il y a pourtant beaucoup de femmes et d'enfants en bas âge parmi ces passagers.

En haut, sur le troisième pont, nous jouissons

d'un confort relatif. Les cabines de luxe sont décrites comme possédant l'air conditionné, ce qui est sans nul doute une imposture ; un courant d'air est seulement assuré par un ventilateur. Il y a à peine assez de place pour se retourner. Les couchettes sont très dures. Il n'y a ni hublot ni fenêtre ; seulement des persiennes mobiles sans le moindre grillage pour empêcher les insectes d'entrer. Il y a malgré tout des w.c., un lavabo et une douche, pour lesquels l'eau du fleuve a été plus ou moins bien filtrée ; en tout cas, elle a perdu sa couleur marron foncé. Et puis, cette cabine paraît très propre.

La fille qui a demandé à Caskey de lui vendre des dollars à l'*El Caribe* est à bord. Elle s'appelle Carmen. L'homme âgé que nous avons vu avec elle est son père. Lui aussi est à bord, ainsi que la mère et le frère de Carmen. Ce sont des Antioquenos, et ils vont jusqu'à un port fluvial appelé Puerto Berrio, d'où ils prendront le train pour Medellin. S'ils voyagent par le fleuve plutôt qu'en avion, c'est qu'ils tiennent à surveiller leur Buick flambant neuve qui vient d'arriver des Etats-Unis. Les dockers colombiens sont parfois négligents, et manifestent trop souvent une insouciance perverse dans leur maniement des marchandises. La Buick se trouve sur la barge que nous poussons, et toute la famille de Carmen peut ainsi la couver des yeux du matin au soir.

Quant au mystère des dollars, il semble que Carmen en achète pour sa mère dès que l'occasion se présente, mais à l'insu de son père. Ces deux femmes ont sans doute accumulé les factures chez les tailleurs new-yorkais.

2 octobre. Tout compte fait, la cuisine du bord n'est pas si mauvaise. Beaucoup de riz, ainsi que notre ami de l'Oklahoma nous en avait averti, mais aussi une assez grande variété de plats, dont une viande plutôt bonne, des œufs, des rondelles de banane (frites jusqu'à en être incroyablement dures), des papayes et un légume non identifié dont l'aspect et le goût évoquent le bois blanc tendre. Ensuite, on nous propose un assortiment de petites pâtes de fruit et de confitures, ainsi qu'un café noir excessivement amer. Au bar, on trouve une excellente bière de Barranquilla, plusieurs variétés d'alcool fort —le rhum local étant le moins cher — et des cigarettes américaines. L'eau est sans doute potable, car tout le monde en boit.

Les stewards sont tous très amicaux. L'un d'eux est muet — nous ne savons pas avec certitude s'il est également sourd. Quoi qu'il en soit, il paraît tout comprendre. Il a un beau visage indien et sardonique. Il communique avec les autres grâce à un système de signes graphiques extrêmement suggestifs.

Nous avons bavardé avec un jeune Canadien nommé Doug, qui travaillait lui aussi dans le pétrole et allait à Plato ; il se rendait dans un camp proche de celui de l'homme de l'Oklahoma. Il comptait passer six mois là-bas, mais cette perspective ne semblait pas l'inquiéter outre mesure. Car Doug était un naturaliste chevronné.

« Quand on vit dans des coins perdus, il faut se spécialiser. Les gens qui généralisent s'ennuient. »

Il s'était déjà spécialisé dans les arbres et les

fleurs. Cette fois-ci, il désirait étudier les oiseaux
— les abattre, les empailler, puis les envoyer à
un musée de Winnipeg. Car c'était la seule façon
de leur faire franchir la douane. Lorsqu'il rentrerait chez lui, le musée lui rendrait la moitié de
ses spécimens ; il comptait donc envoyer tous
ses volatiles en double exemplaire. Dans la région où il se rendait, nous dit-il, il y avait des
serpents venimeux qui se laissaient tomber du
haut des arbres sur vous ; les oiseaux devaient
bâtir leur nid près des essaims d'abeilles pour
se protéger des singes ; lorsqu'on entrait dans
une hutte indienne, on entendait les termites
grignoter les parois de bambou.

J'aurais pu soutirer davantage d'informations
à Doug s'il ne s'était spécialisé dans une autre
direction ; pendant presque tout le voyage, il a
en effet parlé à Carmen, ou plutôt *flirté* avec
elle — manifestant cette détermination hygié-
nique, innocente et cynique, qui fait briller les
yeux et caractérise tellement les jeunes Américains. Je crois qu'il espérait se faire inviter chez
elle à Medellin, pour ses prochaines vacances.
Personne n'aurait pu lui en tenir rigueur. Elle
est d'une beauté voluptueuse, avec son petit
short blanc, sa chemise rayée et sa casquette
de tennis, sans oublier ses cheveux roux aux
reflets dorés et ses grands yeux sombres. Elle
ressemble à la plus belle fille d'un campus californien. Par ailleurs, je crois qu'elle a un bon
naturel et qu'elle est loin d'être sotte.

Son frère est encore plus américanisé qu'elle.
Il a fait ses études aux Etats-Unis, saupoudre
sa conversation de *Jeez* ! et de *Jeepers* ! et porte
une chaîne de montre où tintinnabulent les mé-

dailles des fraternités estudiantines. Il tient à se faire appeler Stevie ; c'était son surnom à l'université. Il nous apprend que sa mère et lui font un régime pour lutter contre les ulcères.

« Le capitaine de ce bateau a reçu l'ordre de nous servir tout ce que nous désirons. Le président de la compagnie lui a écrit une lettre spéciale à notre sujet. »

Il dit le plus grand bien d'un hôtel de Medellin où le service serait si soigné « qu'on ne touche jamais un seul bouton de porte et qu'on n'allume jamais une cigarette ». Néanmoins, malgré ces niaiseries, je dois dire que ni Stevie ni aucun passager de notre classe — presque tous des gens riches habitués au luxe — ne s'est jamais plaint de l'inconfort de ce voyage. Ils ne sont ni irritables ni agressifs, ils prennent même la peine de se montrer courtois envers Caskey et moi, bien que certains d'entre eux parlent à peine l'anglais.

En attendant, le bateau avance doucement, sa roue à aubes brasse l'eau brune avec un bruit qui évoque une succession de ronflements brefs et secs, et il sinue de droite et de gauche en suivant le chenal invisible. Le Magdalena est large mais peu profond ; il est très difficile d'y naviguer. Nous avons six pilotes à bord, qui se relaient continuellement par équipes de deux. La surface du fleuve est pleine de remous et de petits tourbillons autour des rochers à fleur d'eau. Les plantes aquatiques arrivent à notre rencontre, avec des radeaux brisés, et parfois un animal noyé et informe sur lequel sont perchés deux ou trois busards, qui picorent sa chair. J'imagine qu'ils continuent de manger jusqu'à ce que la bête coule. Au loin, ce matin, on apercevait les pics enneigés de la chaîne de Santa Marta, qui se détachaient contre le ciel, leurs pentes inférieures invisibles, comme suspendus au-dessus du paysage vert et humide. Doug nous a dit que ces montagnes s'élevaient à près de six mille mètres.

Nous avons participé aux courses de chevaux, faisant équipe avec Carmen et Doug pour les paris, et nous avons gagné un peu d'argent, aussitôt dépensé en *Cuba libre* au bar, tandis que l'orchestre du bateau jouait : deux petits tambours, un banjo, des crécelles et un garçon marquant la mesure avec deux bouteilles de bière. Vers trois heures de l'après-midi, nous avons atteint Plato. C'est un endroit minuscule. Doug et l'homme de l'Oklahoma sont descendus à terre. Bien que nous les connaissions à peine, leur départ a quelque chose de dramatique. On dirait qu'ils disparaissent dans la jungle sans espoir de retour.

Eclairs de chaleur ce soir, tout le long de l'horizon. Mais le ciel nocturne est clair.

3 octobre. Caskey s'est réveillé au milieu de la nuit dernière pendant que nous faisions halte à un village. Nous sommes sortis sur le pont pour regarder la scène. Les habitants étaient tous réunis sur la berge, avec des bougies allumées.

La végétation est devenue beaucoup plus dense et sauvage. Souvent, bien que le fleuve ait parfois huit cents mètres de large, le vapeur est contraint de serrer la berge de si près que les branchages balaient le flanc du bateau, et nous regardons droit dans la jungle, comme à travers les vitres d'une serre. Cela produit une impression étrangement artificielle. Les plantes grimpantes semblent avoir été découpées à la main autour des arbres, comme des décorations de Noël. Tout est si vert, si touffu, si peuplé, si affreusement vivant, si vide et néanmoins si évidemment habité. Jusqu'ici, nous n'avons vu aucun animal sauvage. Mais de temps à autre, un grand héron blanc bat lentement des ailes au-dessus du fleuve, ou bien se pose paisiblement dans une frondaison de pétales orange, comme si l'arbre tout entier était son nid.

En fait, cette région est habitée, mais discrètement, presque furtivement. Parmi le fouillis de la forêt, on remarque des rangées de bananiers, ou encore des parcelles de maïs au milieu des sous-bois. Il y a aussi parfois un enclos avec quelques vaches, apparemment abandonnées dans la forêt vierge. Et puis, soudain, nous passons devant une hutte ou un village. Des familles indiennes sont là, devant leur porte, pour regarder le vapeur, et tout le monde agite la main. L'homme, la femme et l'enfant ; un tableau du douanier Rousseau encadré de grandes feuilles vertes. Leurs huttes aux murs en bambou et au toit de palmes font presque partie de la jungle environnante. Pareille existence, une telle pauvreté dépassent l'imagination. Cela est peut-être préférable à la vie dans un taudis urbain, à moins que ce ne soit pire. Personne ne pourrait le dire. Il n'existe aucun critère de comparaison.

Nous faisons des haltes fréquentes. Parfois devant des clairières, où l'on a coupé et empilé les bûches de bois pour les chaudières ; parfois devant des villages, afin d'embarquer des passagers. Le vapeur se contente de pousser l'avant de la barge contre la rive, on jette une planche vers la terre, puis on attache un câble à un arbre. Ce matin, comme nous passions devant un village, un canoë creusé dans un tronc a jailli de la berge à notre rencontre, et un jeune homme audacieux a bondi à bord au milieu du fleuve, pendant que toute la population le regardait, poussant des cris d'encouragement et des aurevoir.

Les passagers de l'entrepont ont transformé la barge en pont promenade. Ils s'asseoient sur les caisses, fument, bavardent ou font l'amour. Ils lavent leurs vêtements dans l'eau du fleuve, la puisent même pour la boire dans des bols. Les jeunes Indiennes tressent leurs cheveux en longues nattes ; leurs éventuelles dents en or constituent une séduction supplémentaire. Stevie me l'a du moins assuré. Il surveille avec un intérêt teinté d'inquiétude les passagers de l'entrepont, car il redoute en permanence qu'ils n'inscrivent leurs initiales sur les ailes de la Buick ; ils adorent faire cela, surtout lorsque la voiture est neuve. Aujourd'hui, il est descendu sur la barge pour superviser en personne le réajustement des bâches ; mais elles ne sont pas assez grandes, et l'on a beau essayer toutes sortes de dispositions, la carrosserie de la voiture n'est jamais entièrement protégée.

Les courses de chevaux constituent le grand événement social de la journée. Tout le monde y participe avec un enthousiasme passionné, agite son ticket de pari à cinq *cents* comme si des milliers de dollars étaient en jeu, et encourage son favori.

« La Chanaca ! La Chanaca ! Azucita ! Azucita ! Cinco ! Dos ! Seis ! » (Azucita signifie Petit Sucre. La Chanaca est apparemment une espèce de surnom affectueux qu'on donne à n'importe quel cheval.) Le père de Carmen gagne presque à chaque fois ; comme beaucoup d'hommes riches, c'est un joueur doté d'une chance fantastique. Il y a aussi un petit garçon infirme qui monte du pont inférieur pour jouer aux courses de chevaux et qui mendie quelques sous afin d'acheter son ticket. Il a les cheveux blonds et le visage d'un singe charmant. Pendant la course, il est saisi d'un véritable délire, il bondit partout sur sa béquille et crie le numéro de son cheval. Quand son tour arrive de lancer les dés, il fait l'impossible pour tricher, et y réussit parfois. Aucune raison ne s'opposerait à ce que nous jouions toute la journée ; dans quelques jours, ce sera peut-être notre unique occupation. Lorsque le steward range enfin le champ de courses et remise les chevaux de bois, nous nous dispersons lentement et à contrecœur en petits groupes. Certains rejoignent leur cabine pour dormir. D'autres lisent ou jouent aux cartes. Beaucoup de passagers se demandent quand ils arriveront à destination. Car le niveau du fleuve est très bas, et il paraît qu'en amont plusieurs vapeurs se sont déjà échoués.

Une dame possède un pékinois et passe le plus clair de ses journées à le coiffer ou à le laver. Elle est extrêmement sympathique. Elle a raconté à Carmen qu'elle adorait Paris avant guerre, parce que, lorsqu'elle se sentait seule, elle n'avait qu'à téléphoner à une agence pour obtenir un chevalier servant qui l'accompagnait au dîner avant de danser avec elle toute la soirée.

« Et puis, c'étaient des jeunes gens tellement séduisants. Evidemment, je ne suis plus très fraîche ; mais même alors je n'étais pas très jolie ; ils étaient si gentils avec moi, si prévenants. Ils essayaient de me faire croire qu'ils s'amusaient vraiment ! »

Nous avons fait escale à El Banco juste après la tombée de la nuit. C'est l'agglomération la plus importante que nous ayons rencontrée jusqu'ici sur le fleuve ; une vieille ville, sale et belle, lieu d'une des victoires pacifiques de Bolivar lors de sa première campagne de libération. Le long de la rive se trouve un impressionnant escalier de pierre, sur lequel une bousculade effrénée a eu lieu sans autre raison apparente que la hâte des gens soit à débarquer, soit à monter à bord. Sur l'étroite passerelle, les deux flots humains se sont heurtés avant de se mêler en une houle hurlante de cotonnades blanches et de corps sombres — jaunes, rouges, noirs et veloutés, ou bien pourpres et dodus, avec, parfois, une étonnante tête blonde. Par-dessus toute cette confusion, l'orchestre du bateau émettait son tintamarre surexcité, et par les portes ouvertes de l'église qui se dressait sur la colline, on apercevait un prêtre devant l'autel, silhouette lointaine et paisible, éclairée par les cierges, qui disait les vêpres.

4 octobre. Après la grosse chaleur d'hier, le

temps est nuageux et beaucoup plus frais. Nous avons l'impression d'avoir déjà passé plusieurs semaines à bord, mais ni Caskey ni moi ne nous ennuyons ; nous ne nous lassons jamais de regarder défiler le fleuve et ses berges. Maintenant, au loin, on aperçoit les Andes ; une chaîne bleue de chaque côté de la vallée. Il y a des clairières semblables à des jardins parsemés des taches vert vif des marais et d'arbres minces aux troncs lisses et blancs semblables à des hampes de drapeau, peut-être hauts de soixante-dix mètres, qui se dressent majestueusement contre le mur noir de la forêt. Nous voyons beaucoup de hérons roses et de splendides aras bleus aux longues plumes de queue et à la gorge orange. Le fleuve est hachuré de bancs de sable filiformes et couvert de bois flotté qui ressemble à des os blanchis par le soleil. A un moment, nous avons failli nous échouer et il a fallu reculer pour essayer un autre chenal.

Ce matin, nous avons fait halte devant un grand village. Le long de la berge, les palmes étaient couvertes de busards. Une foule d'enfants est montée à bord avec des bols de bananes et de melons qu'ils désiraient nous vendre. Au moment de repartir, ils ont attendu le tout dernier instant avant de courir sur la barge et de sauter frénétiquement vers la rive qui s'éloignait, certains s'accrochant aux racines des arbres, d'autres glissant dans la boue, d'autres encore tombant à l'eau.

Une conversation avec Carmen au sujet des problèmes raciaux. Tout a commencé lorsque Caskey a mentionné les Antioquenos ; Carmen nous a alors surpris en déclarant : « Nous sommes

les juifs de Colombie » — écho des paroles
d'Emilio. Depuis la soirée passée au *Del Prado*,
nous avons souvent discuté du sens de ces mots.
Voulait-il dire que les Antioquenos n'ont pas
de préjugés antisémites ? Qu'ils admirent les
juifs et sont fiers de leur ressembler ? Ou bien,
que les Antioquenos eux-mêmes sont d'origine
juive, mais refusent de l'admettre ? Qu'ils craignent qu'on les confonde avec des juifs et qu'ils
tentent de prévenir toute identification en se
dissimulant derrière une comparaison ? Je ne
pouvais pas interroger Carmen de but en blanc
sur ce sujet, mais je lui ai néanmoins demandé
ce qu'on pensait des juifs à Medellin. Elle a
répondu sans la moindre hésitation que les juifs
étaient mal vus ; que, s'ils possédaient une boîte
de nuit, alors les Antioquenos l'évitaient. Les
Noirs et les Indiens se retrouvaient aussi au ban
de la bonne société, mais comme ils ne s'enri-
chissaient presque jamais, le problème se posait
rarement. Carmen se sent personnellement in-
sultée parce qu'hier soir, au bar du pont inférieur, « un gros nègre » a osé lui enlacer la taille
et l'inviter à danser. Pourtant, aujourd'hui, juste
avant le déjeuner, alors que l'orchestre du bateau jouait, elle est montée sur le piano, où elle
s'est assise pour chanter et multiplier sourires
et œillades provocantes, comme une vedette d'opé-
rette. Elle n'est ni assez stupide ni assez innocente pour ne pas avoir conscience des conséquences de son manège. Elle sait très bien l'effet
qu'elle produit. Peut-être cette attitude fait-elle
partie de son rôle d'étudiante américaine, mais
si elle continue à se comporter ainsi dans ce
pays, elle aura des ennuis — après quoi je sup-

pose qu'elle tombera des nues et sera scanda-
lisée. Néanmoins, on ne peut pas lui jeter la
pierre, malgré ses préjugés. Elle est franche,
gaie et très amicale. J'ai toujours plaisir à être
en sa compagnie.

L'une des attractions du bar est un matelot
qui est le meilleur imitateur que j'aie jamais
entendu. Il imite toutes sortes d'animaux, une
émission de radio américaine (en anglais de paco-
tille), un train, un avion lâchant ses bombes,
un violon, un banjo qu'on accorde, etc. Ses
aboiements plongent le pékinois dans un état
d'excitation rare, surtout lorsqu'il imite une bagarre entre chiens, avec des animaux de tailles
différentes.

Cet après-midi, nous nous sommes arrêtés devant un petit pré naturel au milieu de la jungle,
et plusieurs hommes sont descendus à terre avec
des machettes, de grands couteaux semblables
à des épées, afin de couper de l'herbe pour les
deux vaches que nous transportons. Elles sont
enfermées dans une hutte en bois à l'avant de
la barge. A un autre village, un *padre* est monté
à bord pour dire les vêpres. J'ai parlé à un
homme âgé travaillant au ministère de l'Educa-
tion à Bogota. Il va inspecter quelques écoles à
Medellin. Il m'a dit que beaucoup de gros villages de la vallée du Magdalena possédaient une
école primaire, mais qu'elle ne servait pas à
grand-chose, car il n'y avait aucun livre. Les
élèves qui ont appris à lire oublient leur acquis
par manque de pratique, et toute leur « éducation » consiste à pouvoir apposer leur signature
au bas des documents légaux lors des rares occasions indispensables de leur existence. Il était

très amer vis-à-vis de l'Eglise catholique, qui a beaucoup d'argent et finance d'excellentes écoles, mais seulement dans les quartiers riches des grandes villes. Il incombe donc au gouvernement d'éduquer les paysans.

« Est-il vrai, m'a-t-il demandé, que *L'Ile au trésor* soit le roman américain le plus célèbre ? »

C'est un grand admirateur de la poésie anglaise, surtout de Shakespeare, Wordsworth et Longfellow. Il m'a récité *Le Forgeron du village* et *Les Sept Ages de l'homme*. J'entendais un mot de temps à autre, car la chaudière du bateau s'était mise à cracher des jets de vapeur assourdissants, et le vacarme autour de nous était atroce. Ensuite, comme aucun de nous deux ne parvenait à entendre l'autre, nous avons récité divers poèmes simultanément.

« ...à un estival... » « ...rendre nos vies... » « ...tempéré... » « ...sur le départ... » « ...vents... » « ...traces de pas dans... » « ...trop chaud... », etc. Lorsque nous nous sommes enfin quittés, il m'a crié à l'oreille que c'était pour lui un plaisir rare que de rencontrer un homme cultivé et d'avoir une bonne discussion littéraire.

5 octobre. Nous nous sommes échoués pendant la nuit. Je me suis réveillé plusieurs fois en pensant que nous étions toujours à l'ancre devant le village ; mais mon impression s'expliquait seulement par les coqs de la barge, qui poussaient des cris indignés sous la pluie. A l'aube, il pleuvait toujours, et nous étions toujours échoués. Des nuages bas couraient au-dessus du fleuve. Ce dernier paraissait en crue, mais autour du bateau il y avait à peine deux mètres de fond. Un canoë équipé d'un moteur hors-bord est arrivé pour transporter notre câble d'acier jusqu'au rivage ; les pilotes ont essayé de nous arracher au banc de sable avec les cabestans. Ils n'y ont pas réussi avant onze heures.

Pendant que nous déjeunions, le steward muet nous a fait signe de venir sur le pont pour regarder les singes. Il a simplement hoché la tête vers la forêt en se grattant comiquement le ventre au-dessus du nombril. Ils étaient bel et bien là, deux petits animaux noirs assis immobiles sur une branche haute. Caskey, occupé à manger, n'a guère partagé mon excitation.

« Je refuse de quitter la table, a-t-il déclaré, pour rien de moins qu'un tapir. »

A cinq heures et demie, nous avons atteint Puerto Wilches, le terminus d'une petite voie de chemin de fer. Cette bourgade n'a pas le charme d'El Banco. Quelques rues boueuses, des maisons en bois au toit de tôle ondulée, de simples boîtes où dormir, des baraques à la nudité miteuse et inhospitalière propre aux terres chaudes ; une ampoule nue de faible puissance suspendue au milieu d'une pièce presque vide, une radio bon marché qui grésille et hurle, quelques enfants nus assis sur un sommier, aux murs un chromo de la Vierge et une fille nue tirée d'une revue américaine. Le seul élément pittoresque venait d'un campement de gitans qui avaient dressé leurs grandes tentes près de la gare ferroviaire. Ils ne possédaient apparemment aucun meuble, excepté des monceaux de literie en coton rayé et aux couleurs criardes. Les femmes portaient leur costume traditionnel, des boucles d'oreilles et des bracelets. Elles ti-

raient sur leur cigarette avec l'expression sophisti-
quée de romancières des années vingt. Nous
avons regardé les porteurs qui faisaient descendre
les caisses de la barge. Ils étaient incroyablement
forts. Deux hommes sont souvent nécessaires
pour charger une caisse sur leur dos.

6 octobre. Hier soir, alors que nous étions
déjà couchés, il y a eu une rixe au bar. Le
barman a refusé de faire crédit à un poivrot et
la discussion a dégénéré en échange de bouteilles
lancées à toute volée. Les deux hommes se sont
gravement coupés, et il a fallu enfermer le poivrot dans une cabine.

Ce matin de bonne heure, on a abattu l'une
des vaches pour nous servir sa viande. Sa peau
sèche le long du flanc du bateau.

Barranca Bermeja — ainsi nommé à cause
des falaises rougeâtres et tachées de pétrole sur
lesquelles il se dresse. C'est l'un des quartiers
généraux de la Tropical Oil Company. Un pipe-
line relie Barranca Bermeja à Carthagène, et il
y a ici une raffinerie, au milieu de réservoirs
argentés et de sinistres bungalows préfabriqués,
à l'intérieur d'un lotissement clôturé de fil de
fer, que l'on ne peut visiter sans une autorisation
spéciale. Ce style architectural devrait être baptisé pétroléo-colonial. Nous avons remarqué plusieurs affiches appelant les ouvriers colombiens
à lutter contre « El Imperialismo Yanqui ».
Carmen a déclaré qu'elle avait besoin de prendre
de l'exercice, et elle a aussitôt emprunté une
bicyclette pour faire des allers-retours sur le
quai au milieu des porteurs, provoquant ainsi

une sensation extraordinairement érotique.

Après Barranca, nous avons vu deux alligators
— nos premiers, car ils se font rares, à cause
des Indiens qui les abattent pour leur peau très
prisée. Ils étaient à moitié au sec sur la berge,
la gueule légèrement ouverte avec une expression de dépravation satisfaite ; à notre approche,
ils ont glissé dans l'eau et ont disparu.

Tandis que l'après-midi étouffant se prolon-
geait dans l'air inerte, les nuages d'orage s'accu-
mulaient au-dessus des montagnes. L'atmosphère
s'est chargée d'électricité, et chacun paraissait
attendre. A cinq heures et demie, la brève et
sinistre soirée tropicale commence ; à six heures,
il fait presque nuit. Des nuées de moustiques
se précipitent dans le faisceau du projecteur du
bateau, les papillons s'agglutinent en masses pois-
seuses autour des lampes. Nous rejoignons en
toute hâte notre cabine pour nous enduire les
mains, le cou et le visage de lotion anti-insectes.
Les éclairs embrasent le ciel le long de l'horizon,
leurs spasmes électriques et silencieux illuminent
des pans déchiquetés de paysages nuageux. Cela
vous donne l'impression d'être un sourd pris
dans un bombardement d'artillerie, car il y a
fort peu de tonnerre. Tout à coup, sans avertissement ni la moindre emphase, il se met à pleuvoir comme si le ciel venait de se déchirer.

C'est après l'orage qu'on sent vraiment l'odeur
du fleuve. Il s'agit d'une odeur qui hante l'imagination au point qu'on se met à la respirer partout — sur la peau, dans les cheveux, sur les
vêtements, sur le matelas, dans la nourriture.
Sa puanteur paraît imprégner tout le bateau.
Douceâtre, rance et putride, elle vous épuise

de toute la passivité des tropiques, où seuls les insectes ne sont jamais oisifs, où la végétation a davantage d'énergie que l'homme.

Il n'y avait pas de lune et la nuit était très sombre ; le capitaine a donc décidé de ne pas risquer un autre échouage et de rester amarré à la berge jusqu'au matin. Carmen, Caskey et moi sommes allés pêcher sur la barge. Carmen a perdu son hameçon dans les herbes aquatiques. Nous n'avons rien pris, peut-être parce que le courant était trop fort.

7 octobre. Ce matin, nous avons dépassé plusieurs camps de forages pétroliers, ainsi que quelques bateaux habitables sur lesquels foreurs et géologues descendent et remontent le fleuve pour déterminer de nouveaux sites d'exploitation. Stevie m'a dit que cette région était autrefois occupée par de gros ranches de bétail, mais qu'aujourd'hui la Tropical Oil Company — désignée sous le raccourci de Troco —achète de plus en plus de terres. Nous sommes maintenant en Antioquia, ou plutôt nous en approchons, et le patriotisme départemental de Stevie croît à mesure. Les Antioquenos, se plaint-il, ont réalisé tout le travail dans cette région, mais presque tout l'argent qu'ils ont gagné est parti à Bogota sous forme d'impôts. Selon lui, il existe à Medellin un mouvement important en faveur d'une constitution fédérale de la Colombie ; ainsi, l'Antioquia serait plus libre de développer ses propres ressources à sa guise.

Les dames, qui voulaient jouer aux cartes dans l'une de leurs cabines, avaient besoin d'une chaise supplémentaire. J'ai eu un certain mal à en faire passer une par la porte, mais j'ai enfin réussi. Pour me complimenter, la mère d'Emilio a dit :

« C'est un pur Antioqueno ! »

Vers trois heures de l'après-midi, nous avons atteint Puerto Berrio. Notre arrivée nous a paru presque miraculeuse. Le quai était couvert de caisses entassées très haut et dans le plus grand désordre, comme si, d'une simple pichenette, on aurait pu les faire tomber dans le fleuve. Il y avait une grue imprévisible qui déchargeait certaines marchandises de notre barge, les promenait un moment dans le ciel, les cognait contre tous les objets voisins, et parfois même les lâchait de nouveau à leur point de départ. Chaque fois que cela arrivait, les dockers hurlaient de rire ; ces gros Noirs à moitié nus dansaient alors et prenaient des postures comiques pour accompagner la musique de notre orchestre.

La plupart des passagers du vapeur débarquaient ici. La dernière fois que j'ai vu Stevie, il marchait d'un air inquiet autour de la Buick, à laquelle les câbles de la grue avaient infligé quelques éraflures bénignes. Carmen m'a promis de lire mon journal lorsqu'il serait publié. S'il l'est un jour, et si elle le lit, je suis certain qu'elle me pardonnera mes remarques personnelles. Caskey et moi avons beaucoup regretté son départ.

Ce soir, nous avons tous deux été nous promener en ville. Il n'y a apparemment ni artère principale ni planification urbaine. Les rues non pavées sont couvertes d'une boue épaisse. Malgré tout, l'atmosphère est gaie, active et vivante ; on pressent quelque chose de la célèbre énergie antioqueno. Caskey m'a dit qu'à l'époque des pionniers, le Middle West avait sans doute ressemblé à cela. Il y a une espèce de quartier réservé à la prostitution ; de petits hôtels et des dancings avec de très jeunes filles assises devant, les jambes largement écartées, et la jupe remontée presque jusqu'à la taille pour dévoiler leurs cuisses.

8 octobre. Jamais le paysage n'a été plus beau qu'aujourd'hui : îles boisées sur le fleuve, falaises rouges striées de lianes qui traînent dans le courant rapide, arbres-orchidées émaillant la forêt, collines ondoyantes qui s'échelonnent jusqu'aux montagnes, maintenant très proches et visibles dans tous leurs détails.

Ce soir, le capitaine nous a invités à un « dîner spécial », ce qui a seulement signifié que Caskey et moi avons dû abandonner notre table habituelle pour rester assis, muets et mornes, tandis que les autres parlaient. Enfin, pour m'encourager, la mère d'Emilio m'a demandé de compter jusqu'à cent en espagnol. Ce que j'ai fait.

Plus tard, nous nous sommes arrêtés, afin que l'équipage arrache de l'argile à la berge pour colmater un trou dans l'enveloppe de la chaudière. Maintenant, nous sommes repartis, avec des ronflements et des jets de vapeur très inquiétants, qui secouent tout le navire. A chaque instant, je m'attends à une explosion définitive.

9 octobre. Alors que j'écris ceci, nous essayons de franchir une grande courbe du fleuve, limitée à l'extérieur par de hautes falaises. Ce passage s'appelle le Vuelta de Pajaral. Après ces pluies diluviennes, le courant est si violent que nous ne franchirons sans doute pas ce virage. Nous réussissons à peine à rester sur place, bien que nous soyons dans une partie du fleuve relativement calme. Nous aurions dû atteindre notre destination, Puerto Salgar, cet après-midi ; mais au train où vont les choses, nous allons peut-être attendre ici un jour ou deux, le temps que la force du courant diminue. Les pilotes disent qu'ils ne savent jamais comment franchir ce passage difficile. C'est un mystère. Il faut simplement persévérer dans ses efforts.

Nous voilà de nouveau au milieu du fleuve. La roue à aubes grince, tout le navire craque et lutte, des jets de vapeur s'échappent de la chaudière avec une violence volcanique. On sent la puissance terrible et assez effrayante de l'eau. Plusieurs dames ont sorti leur rosaire et se sont mises à prier. Nous reculons imperceptiblement...

Plus tard. Enfin, comme en désespoir de cause, les pilotes ont dirigé le bateau droit vers les falaises, là où le courant semblait le plus fort. La barge a percuté le roc si violemment qu'elle aurait très bien pu se détacher ou provoquer un glissement de terrain, mais il ne s'est rien passé de tel, et, centimètre par centimètre, nous avons franchi cette courbe. Ç'a été le dernier passage difficile. Nous sommes arrivés à Puerto Salgar juste au coucher du soleil.

Là, nous attendait un jeune homme nommé Arturo. C'est le fils de la dame qui a voyagé avec la mère d'Emilio ; un garçon d'une beauté stupéfiante, doté d'une moustache toute neuve, qui a étudié à Los Angeles et qui parle assez bien anglais. Comme Emilio, il est fermier. Arturo s'est occupé efficacement de notre débarquement. Nous avons laissé presque tous nos bagages à la gare de Puerto Salgar en attendant le train de Bogota — il n'y a pas grand-chose d'autre ici excepté un terrain d'aviation militaire —, puis nous avons traversé le fleuve vers La Dorada, à bord d'un grand canot équipé d'un moteur de hors-bord. Nous sommes maintenant installés à l'hôtel *Departmental*, où nous occupons une chambre aux fenêtres très hautes à un étage élevé ; confort lugubre des tropiques, la chambre ressemble davantage à une cellule de prison.

Nous venons de faire une promenade en ville avec Arturo. Il nous a beaucoup parlé de ses petites amies, dont son actuelle fiancée, qui vient de rompre avec lui parce qu'il ne lui a pas écrit pendant une semaine. Cela ne semblait pas l'inquiéter outre mesure. Il lui a envoyé un télégramme qui, il en est certain, va arranger les choses. C'est un garçon charmant, débordant d'hospitalité patriotique envers les deux gringos que nous sommes, et désireux de se présenter comme un mélange d'homme d'affaires américain inflexible et d'amant latin sophistiqué. Nous soupçonnons sa famille de maintenir une forte emprise sur lui. Les jeunes Colombiens, nous a confié Emilio, restent le plus souvent sous la coupe de leurs parents. Il a effectué une cérémonie importante en achetant plusieurs bouteilles de rhum Caldas, supposé être meilleur que tout autre. La Dorada se trouve dans le département de Caldas, alors que Puerto Salgar est dans celui de Cundinamarca ; demain, il faudra donc passer les bouteilles en contrebande sur le fleuve.

10 octobre. Nous nous sommes levés de bonne heure pour prendre notre petit déjeuner. Le niveau du fleuve avait encore monté pendant la nuit, et ses eaux tourbillonnaient très vite devant nous. La mère d'Emilio, assez nerveuse, s'est interrogée un moment pour savoir quel canot paraissait le plus fiable, mais notre traversée s'est déroulée sans encombre.

Puerto Salgar se trouve à quelques dizaines de mètres seulement au-dessus du niveau de la mer, au pied des montagnes ; Bogota, tout en haut, est à deux mille neuf cents mètres d'altitude. La locomotive, petite mais puissante, fabriquée en Pennsylvanie, entame aussitôt son ascension, et mène ses quatre ou cinq wagons à toute vitesse dans les courbes brusques d'une voie unique et étroite. D'abord, il fait toujours très chaud. Il y a des ravins extrêmement boisés, des palmiers qui poussent jusqu'aux sommets des montagnes, et le Rio Negro qui plonge parmi les rochers inférieurs. Puis les nuages se referment sur nous, la pluie cingle les vitres, et la température chute rapidement. Le corps, qui souffre depuis longtemps et qui doit s'adapter aux caprices et aux errances de son maître, frissonne soudain et réclame un manteau. Les poumons s'emplissent d'un air de plus en plus éthéré, les nerfs donnent leurs premiers signes de fatigue. Les muscles, ramollis depuis si longtemps dans la chaleur moite des plaines, se contractent et deviennent douloureux. Les piqûres d'insectes cessent de vous démanger.

Nous avons escaladé de grandes forêts humides et des massifs de hautes fougères ruisselantes. La mère d'Emilio est descendue du train à une gare nommée Villeta, avec Arturo et son amie. Elle compte rester là quelque temps, pour s'habituer à l'altitude avant d'achever son voyage. En nous disant au-revoir, ils nous ont tous avertis solennellement des dangers de Bogota, qu'ils décrivent comme un repaire de voleurs et d'assassins. Ne vous aventurez jamais seul la nuit dans les petites rues. Ne laissez jamais vos bagages une seconde sans surveillance. Nous leur avons promis d'être prudents, puis ils nous ont confiés aux bons soins de la dame au pékinois.

L'ascension a continué. Dans les petites gares où nous nous arrêtions, des femmes emmitouflées vendaient des poulets cuits enveloppés dans des feuilles de bananier, des fruits et des petits pains. Un jeune paysan m'a acheté une banane. En fait, tous les passagers étaient très amicaux, et nous offraient à manger. Le pékinois fut glissé dans une veste de laine écarlate.

Au-dessus de la forêt, les pentes pâles des prairies stériles aboutissent à des escarpements de roc nu. Tout en bas, les gorges sont noyées d'épais nuages blancs ; on aperçoit de temps à autre des précipices et des vallées vertigineuses. La terreur des grandes montagnes s'agite en vous. Personne ne devrait habiter ici. C'est beaucoup trop haut. Les villages présentent une atmosphère de crasse étrangement funèbre, tout à fait différente de la crasse des basses terres. Les huttes semblent froides, humides et tristes. Le long du fleuve, il y avait toujours des rires, des cris, des mains agitées. Ici, les sombres visages indiens sont renfrognés et distants. Enveloppés dans leurs petites capes-couvertures, les gens vaquent à leurs occupations en silence, ou restent accroupis sur leur seuil, regardant droit devant eux.

Mais le voyage nous réserve une dernière surprise ; car brusquement, le train franchit le col et entame sa brève descente sur le plateau, dans la savane de Bogota. Tandis que les collines s'espacent et s'adoucissent, vous ressentez une impression extraordinaire de libération ; tout sentiment d'altitude disparaît. Un beau soleil brillait sur la plaine lisse et verte. Parsemée de fermes blanches, de pâtures et de bosquets d'eucalyptus, elle ressemblait à la vallée de San Fernando en Californie du sud. C'est vraiment une petite région autonome, qu'on croirait transplantée en bloc à partir d'une zone tempérée. Il suffit sans doute de passer quelques semaines ici pour que la côte tropicale de la Colombie vous paraisse aussi lointaine que le pôle Nord.

Bogota se trouve à l'autre bout du plateau. Construite au pied des montagnes environnantes, elle a un climat plus sombre et humide. Cet après-midi, à notre arrivée, il pleuvait. La gare ferroviaire est sale, et les porteurs envahissent notre wagon en une foule hurlante, comme s'ils voulaient en massacrer tous les occupants. Nos bagages ont été répartis entre deux porteurs debout de chaque côté du train. Fous d'inquiétude après tant de mises en garde, Caskey et moi nous sommes élancés à leur poursuite en criant ; mais ils n'avaient aucune intention malhonnête à notre égard. La dame au pékinois, fort utile et d'une étonnante agilité, est venue à notre aide, nous a trouvé un taxi et recommandé l'hôtel *Astor*. Nous venons d'y arriver et de prendre un thé tardif et copieux. J'écris ceci dans notre chambre pendant que Caskey défait nos bagages.

3. A Bogota.

12 octobre. De toute évidence, l'hôtel *Astor*
fut autrefois une maison particulière. C'est une
vieille bâtisse lugubre et pleine de recoins,
construite autour d'une cour intérieure que la
pluie a remplie de flaques sinistres. Au rez-de-
chaussée se trouve une longue salle à manger
obscure, décorée et meublée dans un style que
Caskey a baptisé d'hollywoodo-seigneurial ; il y
a une cheminée outrageusement sculptée et plusieurs étagères où s'empilent de lourds plats
d'argent. A l'heure du thé, c'est le rendez-vous
des dames de la bonne société de Bogota. Presque
toutes élégamment vêtues de noir, portant fourrures et bijoux, elles forment de vastes groupes
qui bavardent gaiement, mangent énormément,
puis se retirent pour jouer au bridge. La nourriture est excellente ici, mais les repas sont beaucoup trop copieux. Les serveurs constatent avec
horreur que nous n'arrivons pas au bout de nos
cinq plats.

Il n'y a pas de salon, à moins de tenir pour
tel une vaste réception sans fenêtres et plongée
dans la pénombre, sur laquelle donnent plusieurs
chambres, à l'étage supérieur. Cette pièce contient
peu de meubles ; un sofa, deux ou trois fauteuils
et un téléphone qui paraît avoir été installé là
tout exprès pour que le maximum de gens puis-

sent entendre les conversations. Nous avons déjà remarqué que l'acoustique à Bogota est d'une qualité presque douloureuse. Cela tient peut-être à l'altitude. Aucun son ne vous échappe — les bruits de la chambre voisine, les voix de la cour, les pas dans l'escalier. Quant à la circulation, elle semble plus bruyante que sur la Troisième avenue ; les klaxons des taxis vous vrillent le tympan comme des aiguilles. Nous devons dormir les fenêtres fermées. Cela ne nous dérange pas trop, car notre chambre est immense et très froide.

La Carrera Septima, dans laquelle se trouve notre hôtel, est l'une des artères les plus animées de Bogota. Derrière un vernis nord-américain, elle est dépourvue de caractère. Il y a des néons, des publicités américaines pourvues de légendes en espagnol, des cinémas qui jouent des films hollywoodiens (*El Huevo y Yo* par exemple), des bars décorés dans le style new-yorkais, des supermarchés pleins de gadgets, de vêtements et de médicaments américains.

Le soir de notre arrivée, après le dîner, Arturo apparut soudain devant nous. Il n'a pas supporté Villeta, nous a-t-il expliqué. Il pleuvait à torrents, et l'endroit était sinistre — pas la moindre jolie fille en vue. Une voiture familiale allait partir, il avait bondi à son bord sans réfléchir, et il était venu à Bogota d'une seule traite. Maintenant, il était prêt à nous montrer la ville.

Il nous a emmenés dans les quartiers résidentiels, qui s'étendaient sur des kilomètres ; alors seulement, nous avons commencé de comprendre les dimensions de cette ville. Il y a certes quelques belles maisons, mais dans l'ensemble l'architec-

76

ture est d'une uniformité déprimante. Nulle part, nous n'avons trouvé le moindre signe d'un style moderne national, même laid. Les maisons espagnoles semblent plus californiennes qu'espagnoles. Et il y a des rangées entières de villas Tudor bâtardes qui comptent sans doute parmi les plus horribles du monde dans ce style. Au milieu de ce pays sauvage et pour l'essentiel sous-développé, les architectes britanniques et américains ainsi que leurs élèves autochtones ont réussi à créer une oasis d'ennui respectable, une atmosphère pesante de sécurité, qui est aussi fade qu'une banlieue londonienne.

Arturo manifeste néanmoins une fierté touchante. Il n'a pas cessé de nous montrer les maisons de ce qu'il appelait « les gens haut placés » en voulant parler des sommités locales. Ensuite, il nous a emmenés en haut du *Parque Nacional*, sur les pentes escarpées d'une colline qui domine la ville. La soirée était sombre et brumeuse, mais dans la journée la vue doit être magnifique. Arturo a ajouté un peu de piment à notre promenade en nous déclarant qu'il était très risqué de venir là à cette heure ; récemment, beaucoup de flâneurs s'étaient fait agresser ou assassiner par des brigands. Lorsque nous sommes descendus de voiture pour nous promener, il ne cessait de regarder ostensiblement par-dessus son épaule pour scruter les arbres obscurs des environs. Je ne crois pas qu'il éprouvait la moindre peur ; simplement, son sens de l'hospitalité voulait qu'il nous offrît ce frisson supplémentaire. Tandis que nous redescendions la colline en voiture vers notre hôtel, il a ajouté quelques mises en garde. Nous devions nous méfier des prétendues invitations ; car, selon une vieille coutume de Bogota, on laissait l'invité payer la note. Mais nous devions surtout faire très attention aux filles locales ; presque toutes avaient la syphilis. Il nous a alors proposé de faire le tour des boîtes de nuit, mais nous avons décliné son invitation. Ne possédant ni l'un ni l'autre l'énergie inépuisable d'Arturo, nous étions très fatigués.

La promenade en ville d'hier matin a rectifié bon nombre de nos premières impressions négatives. La tristesse de Bogota se cantonne aux faubourgs ; le centre de la ville est plein de caractère et de contrastes. Dans la foule dense, les costumes trois-pièces côtoient les couvertures portées sur les épaules. Juste à côté des drugstores américains, on voit des Indiennes assises sur le trottoir derrière leurs marchandises. Si New York paraît très proche, les villages de montagne aussi.

Autour de la Plaza Bolivar, se trouvent les étroites ruelles en pente et les demeures massives de l'ancien quartier colonial, avec leurs toits de tuiles brunes, leurs fenêtres à barreaux, leurs porches sculptés et leurs larges avant-toits. Nous avons vu plusieurs immeubles d'habitation modernes d'un style beau et sévère, et nous sommes entrés dans une église où il y avait de merveilleux autels anciens en noyer. Les taudis sont un dédale de venelles boueuses et de masures à demi écroulées, mais certaines de ces dernières sont vouées à une disparition imminente ; car Bogota démantèle fébrilement ses quartiers les plus pouilleux pour se reconstruire en prévision de la conférence pan-américaine qui doit avoir lieu ici au début de l'an prochain. On voit partout des échafaudages et des ouvriers. Toute une rue de huttes en boue était en train d'être démolie à la main ; des Indiennes arrachaient le chaume misérable des toits et le transportaient dans des paniers. Une grande artère est prévue entre ici et le parc. Mais où donc vont se reloger les anciens habitants ?

Bogota est la ville de la conversation. En marchant dans la rue, vous ne cessez de contourner des couples ou de petits groupes, tous absorbés dans des discussions animées. Certains s'installent même au beau milieu de la chaussée, bloquant ainsi la circulation. Nous imaginons que la plupart des gens discutent de politique. Les cafés sont bondés ; tout le monde tient un journal, pour citer tel ou tel article, ou tout simplement le brandir en l'air.

Nulle part je n'ai vu autant de librairies. En plus de dizaines d'auteurs sud-américains dont je n'ai jamais entendu parler, ces librairies proposent d'innombrables traductions — de Platon à Louis Bromfield. Bogota est bien sûr célèbre pour sa culture. Il existe ici un dicton — rapporté, je crois, par John Gunther —, selon lequel jusqu'aux petits cireurs de chaussures citent Proust. J'imagine volontiers l'un d'eux, brosse en main, s'interrompant pour dire :

« Il y a dans l'amour une nuance permanente de souffrance que le bonheur neutralise, rend seulement conditionnelle, reporte au lendemain, mais qui à tout moment peut devenir ce qu'elle aurait été depuis longtemps si nous n'avions obtenu ce que nous cherchions, une pure angoisse... »

Caskey m'a montré la vitrine d'un magasin de vêtements, où l'on remarquait une tête de Joconde en carton grandeur nature, portant un bonnet de bain en caoutchouc.

« Tu vois, me dit-il, les habitants de cette ville ne peuvent tout bonnement pas se passer de l'Art. »

Nous avons dû reconnaître qu'aux Etats-Unis, cette tête aurait sans doute été celle d'un mannequin professionnel.

A peine étions-nous rentrés à l'hôtel qu'Arturo est arrivé pour nous emmener à nouveau en promenade — cette fois au *Monte Blanco*, un immense glacier qui servait aussi des sandwiches, et où la jeunesse élégante de Bogota se retrouve deux fois par jour, à midi et à cinq heures. Arturo semblait connaître tout le monde, y compris une jeune Américaine qui chante dans les boîtes de nuit et à la radio. Amicale et pleine d'assurance, elle a accepté les compliments extravagants d'Arturo pour ce qu'ils étaient. Son réalisme plein de bonne humeur m'a plu. Elle vivait à Bogota depuis un certain temps, et avait acquis une solide expérience de la manière dont les Sud-Américains courtisent les femmes. Cela ne l'ennuie ni ne l'impressionne.

Nous sommes ensuite partis déjeuner avec la sœur d'Arturo et son beau-frère. En chemin, Arturo a rencontré de nombreux autres amis — au moins un à chaque carrefour. Au déjeuner, on nous a présenté une douzaine de parents : tantes, oncles et cousins. Tout le monde a été charmant, mais je me suis senti submergé par un sentiment claustrophobe de la « famille ». Imaginez ce que cela doit être de se fiancer avec une jeune Colombienne !

Le soir, nous sommes allés voir un film de Bob Hope — la confession d'un échec. Jusqu'ici et malgré la gentillesse d'Arturo, nous n'avons pas réussi à entrer en contact avec Bogota. Nous avons le mal du pays, nous nous ennuyons. Le climat n'arrange rien. Aujourd'hui, il pleut à nouveau, et je suis assis frissonnant à la table de notre chambre immense, en essayant de me forcer à écrire un article sur le Magdalena. En pareilles circonstances, Caskey adopte une attitude beaucoup plus positive que la mienne. En ce moment, il se coupe les ongles des pieds avec grand soin et une concentration absolue. Soudain, il lève les yeux pour me lancer de sa voix nasillarde et traînante :

« Bogota — une ville *fantastique* ! »

Et nous rions tous les deux.

16 octobre. Un trou dans ce journal, dû au développement soudain de nos activités sociales. Nous sommes indubitablement entrés en contact — avec quoi au juste, il est trop tôt pour le dire.

Lundi, nous sommes passés à l'ambassade américaine et au centre culturel britannique. Je commence déjà à comprendre les énormes avantages que je tire de ma nationalité anglo-américaine. Aucun Américain et peu d'Anglais ne me prendraient pour autre chose qu'un Britannique, mais j'ai vécu assez longtemps aux Etats-Unis pour avoir développé une espèce de vision double, et cette disposition semble maintenant porter ses fruits. Néanmoins, je cours désormais le danger de trouver les Britanniques et les Nord-Américains trop intéressants, et de ne plus pouvoir me concentrer sur les autochtones.

Les Britanniques, je les considère essentiellement comme des maîtres d'école. Je veux dire
par là qu'ils ont une vocation, une mission —
enseigner. Enseigner quoi ? J'imagine qu'au XIXᵉ
siècle, beaucoup de gens m'auraient répondu,
en toute franchise et sans rougir :

« Le mode de vie britannique. »

Tout cela a changé depuis. Aujourd'hui, le
fonctionnaire britannique en mission à l'étranger
est modeste, subtil, prompt à s'excuser et à
s'autocritiquer avec humour. Ses manières sont
presque chinoises, et l'on s'attend à moitié à ce
qu'il vous accueille d'un :

« Mon pauvre pays est très honoré... »

La vocation initiale persiste néanmoins — ins-
tinctivement, inconsciemment —, et elle se manifeste de temps à autre, par un léger soupir ou
une expression mélancolique comme :

« Ce qu'on aimerait assez voir les gens d'ici
comprendre, c'est... »

Mais « les gens d'ici » ne comprendront jamais, bien sûr. Il est pourtant très patient, et
aimablement amusé. En attendant, il accomplit
discrètement ses rituels nationaux, et accueille
tous ceux qui désirent y participer ; sa présence
s'infiltre dans la communauté, tel un reproche
plein de tact.

Le fonctionnaire nord-américain est homme
d'affaires jusqu'au bout des ongles. Il incarne
son gouvernement comme un représentant d'une
entreprise privée. La photographie du président
au-dessus de son bureau est tout bonnement une
photo du Patron.

« Que puis-je faire pour vous ? » demande-t-il, et son offre est aussi authentique que son excellente dentition.

Il est prêt à toutes les transactions. Il a des marchandises à vendre — les meilleures du monde —, et il vous servira du whisky à volonté pendant que vous vous déciderez à les acheter, ou pas. La constitution américaine, par exemple — voilà un produit sur lequel il ne tarit pas d'éloges. Il la connaît par cœur, il vous expliquera exactement ses tenants et ses aboutissants, avec l'enthousiasme sincère du technicien, comme s'il s'agissait d'une usine de réfrigérateurs. Sa franchise est très séduisante. Elle ne deviendra sinistre que si lui-même se transforme en technocrate autoritaire, impitoyablement décidé à installer des glacières dans le monde entier... En attendant, il poursuit sa promotion avec entrain, tout en méprisant secrètement les démarches torves du diplomate professionnel. A quoi bon tourner autour du pot ? Pourquoi s'embarrasser du fatras protocolaire ? Et bon Dieu, à quoi servirait-il d'apprendre le français ?

Ici, le centre culturel américain est simplement un centre de formation aux affaires pour les Colombiens qui désirent travailler aux Etats-Unis. Le centre culturel britannique est un petit aquarium parfait du mode de vie britannique. Dès votre entrée, vous baignez dans l'univers de J. B. Priestley, de Dylan Thomas, du tweed, des fox-terriers, des petits pains et du thé.

C'était d'ailleurs l'heure du thé lorsque j'y suis arrivé, si bien que j'ai rencontré presque toute l'équipe pédagogique. Je leur ai parlé de mon séjour en Angleterre pendant l'hiver dernier — le blizzard, le parti travailliste et la crise

du charbon, les derniers décrets de rationne-
ment, *The Winslow Boy* et *The White Devil*.
L'atmosphère était très douillette, nostalgique
et plaisante ; Bogota n'était plus qu'un simple
décor — la vue par la fenêtre de la Carrera
Septima, sous la pluie.

Néanmoins, c'est là que j'ai rencontré M. Ho-
ward Rochester ; il est professeur au centre
culturel et conférencier à l'université. Rochester
est jamaïcain de naissance, mais il habite maintenant Bogota de manière permanente, et il est
marié à une Colombienne. Mince et souple,
doté d'une voix douce, mélodieuse, et d'une
barbiche noire, il se déplace gracieusement dans
la pièce, converse à bâtons rompus, multiplie
ses sourires brillants et malicieux —tantôt disert
et enthousiaste, tantôt pédant et sincère. Si l'on
mentionne un livre ou un écrivain qu'il ignore,
il se renfrogne et prend un air soudain soucieux ;
mais cela se produit rarement, car il est incroyablement cultivé et parle trois ou quatre langues.

Tout le monde est d'accord pour dire que
Rochester est l'un des rares étrangers capables
de vous initier à la culture colombienne. Il connaît
presque tous les peintres, écrivains et compositeurs de Bogota. Et puis, il compte parmi ces
rares personnes qui tentent vraiment de répondre
à nos questions. A l'écouter essayer consciencieusement de définir la valeur exacte de tel poète,
on croirait qu'il témoigne pendant un procès
criminel. Son front se plisse de douleur, il serre
et desserre ses longs doigts :

« Peut-on dire qu'il est... fantastique ? Non...
le terme est trop fort. Excentrique ?... Non, il
n'est pas précisément excentrique. Bizarre ? Sin-

gulier ? Non, non, il n'est pas bizarre, ni sin-
gulier. Peut-être... oui, je crois qu'on pourrait
le qualifier, sans trop se tromper, de capricieux.
Mais surtout, n'allez pas me comprendre de travers. »

La première personne que Rochester nous a
présentée est Edgardo Salazar Santacoloma, l'es-
sayiste et journaliste politique. Salazar — nous
avons déjà appris à éviter l'erreur d'employer
le nom de famille maternel, qui vient en dernier —, est un homme assez jeune, la trentaine
environ, très mince, pâle, cadavérique, d'une
beauté ascétique. L'énergie nerveuse irrigue tous
les muscles de son corps. Il porte des lunettes
noires, et son rire s'accompagne de spasmes
violents. Mardi soir, Rochester a invité Salazar,
Caskey et moi-même dans un bar pour une
tertulia — une discussion approfondie autour d'une
table ; les *tertulias* sont un trait caractéristique
de la vie littéraire colombienne.

Nous avons commencé par Shakespeare. Comment, par exemple, devait-on jouer *Hamlet* sur
scène ? Rochester était un fervent partisan de
l'authenticité : nous devons présenter *Hamlet* tel
que Shakespeare l'a conçu. Tout le problème
était alors de retrouver l'intention originelle du
poète. J'ai défendu la conception contraire :
Hamlet appartient à tout le monde, chacun de
nous a le droit de l'interpréter selon ses goûts
et l'air du temps, etc. Malheureusement, je
manque d'énergie intellectuelle pour soutenir une
joute oratoire de longue haleine. Je préfère parler
seul, ou bien écouter ; la *tertulia* a donc tourné
court et nous nous sommes bientôt posé des
questions plus prosaïques.

Je désirais en apprendre davantage sur les mouvements littéraires. Rochester a parlé des *Piedracielistas*, le groupe « Pierre et Ciel ». Mais il a aussitôt ajouté qu'il ne s'agissait pas d'un mouvement à proprement parler, et que ce groupe n'était pas typiquement colombien. Les principaux membres de « Pierre et Ciel » — Arturo Camacho Ramirez, Jorge Rojas et Eduardo Carranza — ont des styles assez différents et témoignent d'influences diverses. Quant au nom *Piedra Y Cielo*, il vient d'un volume du poète espagnol Juan Ramon Jimenez : la pierre renvoie symboliquement à la matière et aux choses de la terre, le ciel aux choses de l'esprit. J'imagine que le but de ces écrivains consistait à employer des termes extrêmement « concrets » pour décrire des expériences mentales abstraites — ce qui rappelle plus ou moins le travail de Garcia Lorca ; mais même Rochester m'a paru un peu vague sur ce sujet. En tout cas, les *Piedracielistas* ne sont plus guère modernes ; ils appartiennent aux années trente. La dernière génération d'écrivains a réagi en faveur du traditionalisme.

J'ai posé une question sur l'humour colombien. Rochester pensait que le terme d'*esprit**
convenait davantage. Il y a un bon écrivain comique, nommé Lukas Calderon, mais il serait difficile à traduire, car ses livres fourmillent d'allusions et de jeux de mots typiquement colombiens — peut-être un peu à la manière des Viennois.

Salazar a commencé à m'interroger sur mes propres livres. Quand nous avons abordé les pièces que j'ai écrites avec Auden, il a fallu

---

(*) En français dans le texte.

expliquer que certaines montagnes de l'Himalaya sont seulement connues sous leur désignation géographique, comme le K.1 — d'où notre invention du « F.6 ». Salazar a écrit dans son carnet « *Montanas Sin Nombre* », montagnes sans nom. Je trouve que cela ferait un excellent titre de roman, s'il n'a pas déjà été utilisé.

Rochester nous a également présenté Leon de Greiff, le poète, Otto de Greiff, son frère musicien, et Eduardo Zalamea Borda, le romancier. Leon est corpulent, barbu et très bohème ; on l'imagine dominant un café d'artistes parisien pour réciter ses vers d'une voix sonore :

Cette femme est une urne
Pleine de parfum mystique,
Telle Annabel, comme Ulalume...

Otto écrit lui aussi de la poésie. Il a fait une traduction intégrale du *Vieux marin*. Voici la célèbre strophe commençant par « *de l'eau, de l'eau, partout* » :

*Agua, por todas partes agua,
y chirriaba el calor en la borda ;
agua, por todas partes agua,
y, para beber, ni una gota.*

Zalamea a écrit un roman intitulé *4 Anos A Bordo De Mi Mismo (Quatre ans à bord de moi-même)*. Il y évoque son séjour parmi les Indiens de la péninsule de Guajira, au nord de la Colombie ; il paraît que le langage en est très grossier. Jusqu'ici, je n'ai lu que la postface, que je cite parce qu'elle m'amuse — et bien que Zalamea l'ait barré d'un trait de stylo-plume avant de m'offrir le livre :

« J'ai commencé à écrire ce roman le vendredi 9 mai 1930, à neuf heures du soir, parmi le brouhaha d'un salon, sur une machine à écrire Continental, dont j'ignore le numéro. Dans les bureaux de *La Tarde*, au 98 de la 14ᵉ rue.

» Mon travail a été longtemps interrompu, et je l'ai achevé aujourd'hui, 24 janvier 1932, à onze heures et demie du soir, sur une machine Underwood, numéro A23679867, au 11 de la 57ᵉ rue. Nuit sombre, grise et bleue, sans étoile et brumeuse. Vent de sud-sud-ouest, nuages bas, joie, joie immense ! Et pourquoi ? »

Je trouve Zalamea très sympathique. Il déborde de vigueur et d'énergie ; rien à voir avec le genre « artiste raffiné ». Il me pousse sans cesse à faire des remarques indiscrètes d'ordre politique, mais je surveille mes paroles, car je crains qu'il ne les publie. Hier, il m'a fait visiter les bureaux de l'*El Espectador*, le journal libéral pour lequel il travaille, et il m'a présenté au rédacteur en chef, un homme âgé qui, je crois, s'appelle Luis Cano. Ce rédacteur en chef m'a beaucoup impressionné ; il fait partie de ces gens dont l'intégrité est si évidente qu'on se sent ému et honteux, et qu'on désire les protéger. Il m'a interrogé sur mes opinions politiques. Je lui ai répondu que j'étais un libéral — ce qui est à peu près vrai —, mais j'ai aussitôt eu l'impression d'être un hypocrite, car il a été ravi de ma réponse.

« Espérons que vous serez toujours aussi libéral le jour de votre mort », a-t-il ajouté en me tapotant l'épaule.

Tous les gens que nous avons rencontrés paraissent d'accord pour considérer William Faulkner et John Dos Passos comme les deux meilleurs écrivains modernes d'Amérique du Nord. Zalamea juge la littérature américaine profondément pessimiste, et explique cela par l'influence débilitante du capitalisme sur l'art aux Etats-Unis. Mais il ne tire pas des conclusions similaires pour l'œuvre de Sartre et de Camus, qui sont très admirés ici. Assez naturellement, la culture française constitue l'aune de toute création artistique dans ce pays ; et je soupçonne les Colombiens d'emboîter le pas aux Français pour penser que les Américains feraient mieux d'écrire simplement des romans policiers et de fabriquer des voitures.

Un conseil aux écrivains qui envisagent de venir en Colombie. Avant de partir, mettez dans vos bagages au moins trois douzaines d'exemplaires de vos livres ; ou bien, si cela se révèle trop encombrant ou onéreux, prenez un poème, une nouvelle, un article de magazine — peu importe — et faites imprimer tout cela sous forme de pamphlet. Sinon, vous serez aussi gêné que moi. Des auteurs me font sans cesse cadeau de volumes dédicacés, mais je n'ai rien à leur offrir en retour.

*
* *

Avant-hier, Arturo et sa sœur nous ont emmenés en voiture aux chutes de Tequendama.

Elles se trouvent à une vingtaine de kilomètres de Bogota, au bord du plateau, où le fleuve dégringole brusquement sur cent cinquante mètres dans la gorge inférieure. Ce doit être un spectacle époustouflant par temps dégagé. Mais nous n'en avons eu que quelques aperçus à travers le brouillard qui tourbillonnait dans le précipice. Tequendama est l'endroit favori des candidats au suicide — peut-être parce que ce grand panache d'écume flottant au-dessus des rochers a quelque chose d'hypnotique. Un policier accompagné d'un chien est toujours en faction pour retenir les désespérés. Tristement assis sous un abri en palmes, il a une paire de menottes accrochée à la ceinture. Arturo lui a demandé s'il savait toujours à l'avance quel visiteur avait l'intention de mettre fin à ses jours.

« Presque toujours, a répondu le policier. Et quand je ne le sais pas, mon chien le devine. »

Certains désespérés se débattent violemment ; lorsqu'ils se retrouvent liés au policier par les menottes, ils essaient parfois de l'entraîner avec eux dans le gouffre. C'est sans doute l'un des emplois les plus désagréables du monde.

19 octobre. L'édition d'aujourd'hui d'*El Tiempo* contient un long compte rendu, par Salazar, de notre conversation avec Rochester. Salazar écrit que Caskey, « pendant toute la discussion, a écouté avec une patience imperturbable » — ce qui est énoncé avec beaucoup de tact. En fait, Caskey est resté assis immobile, l'air parfaitement éteint. Depuis lors, chaque fois que j'ai un rendez-vous d'ordre culturel, il part développer ses négatifs ou se promener dans les rues avec son appareil.

Cet après-midi, nous sommes allés à la corrida avec Oswald Pope, un professeur du centre culturel britannique qui est aussi un grand *aficionado*. Pope nous a emmenés rendre visite à Paco Lara, l'un des toreros, tandis qu'il s'habillait pour l'arène dans sa chambre d'hôtel. Lara est espagnol. Comme tant d'autres, il est torero en Amérique latine pendant la saison d'hiver. Alvarez Pelayo et lui sont les deux principales vedettes à Bogota cette année.

Lara est un bel homme jeune, petit, solidement bâti, aux cheveux noirs ondulés, et affligé d'une légère taie sur un œil. Pope prétend qu'il est toujours affreusement nerveux avant ses combats. Dans ce cas, il a un parfait contrôle de lui-même, car il a ri et bavardé gaiement, ne montrant qu'en une seule occasion un léger agacement, lorsque son habilleur s'est révélé trop lent. Cet habilleur est un garçon mince à la peau sombre qui travaille pour l'amour de l'art, une espèce d'acolyte, parce qu'il espère lui-même devenir un jour torero.

Le rituel de l'habillage exige beaucoup de temps et un grand soin. D'abord, Lara enfile ses sous-vêtements —déchirés, pour porter chance. Puis un pantalon collant bleu ciel, couvert de sequins. Il faut le tirer et le lisser jusqu'à ce qu'il soit parfaitement ajusté. Ensuite, les bas à grisottes roses. Puis la perruque qui a remplacé la queue traditionnelle du torero. Puis la chemise blanche à jabot. (Lara s'interrompt alors pour embrasser chacune des douze médailles de saints accrochées à une chaîne d'argent autour de son cou.) Ensuite la mince cravate rose et la ceinture rose. Puis le gilet et les escarpins noirs. Enfin, en dernier, la veste de lourde soie bleue, magnifiquement brodée de fil d'argent, avec une croix de rubans noirs sur le bras, en souvenir du torero Joselillo, tué récemment à Mexico.

Pendant toute cette cérémonie, Pope a parlé de corridas avec Lara, et Caskey a pris des photos. Je me suis contenté de regarder, en me sentant aussi mal à l'aise qu'en présence de quelqu'un qui va subir une opération chirurgicale risquée, et heureux que mon espagnol exécrable me dispense de parler.

La table de Lara est couverte d'images de la Vierge et des saints. Il a déjà allumé deux bougies devant elles, et maintenant qu'il est habillé, il désire qu'on le laisse seul pour prier. Au moment de partir, Pope nous demande de lui souhaiter un grand triomphe.

« Marmonnez n'importe quoi — parlez en anglais si vous voulez — mais prononcez *triunfo* très distinctement. »

Malheureusement, Lara n'a pas triomphé aujourd'hui. Il n'a pas eu de chance avec ses taureaux, qui étaient de mauvaise qualité. Cela l'a rendu furieux, et si imprudent que je n'ai guère aimé le voir à l'œuvre. Pelayo, en revanche, a récolté presque tous les applaudissements. Grand et dégingandé, il ressemble davantage à un chef d'orchestre de bal qu'à un torero, mais il est très adroit et très courageux. Il a été grièvement blessé en Espagne cette année, et il est à peine remis. Pope s'est extasié sur l'élégance de ses passes avec la cape. Pelayo donne réellement l'impression de jouer avec le taureau, il a la nonchalance d'un adulte qui s'amuse avec un enfant. L'un de ses taureaux a été excellent. Après la mise à mort, on l'a traîné dans l'arène sous les ovations du public. Les autres bêtes couraient en tous sens, sans volonté précise ; sur le dos de l'un, on a fiché des banderilles explosives pour lui donner un peu d'énergie ; il a fallu en faire sortir un autre de l'arène en le séduisant avec des vaches, car il refusait obstinément le contact de la cape. Pope a déclaré que les taureaux locaux étaient d'habitude de mauvaise qualité. Lui-même aimerait créer une ferme d'élevage de taureaux, quelque part sur le plateau.

J'espère ne jamais assister à une autre corrida. Non qu'elles soient cruelles ou que ce spectacle me dégoûte. En fait, je trouve cela très excitant. Mais je serais mort de peur si je devais moi-même affronter un taureau, moyennant quoi je ne me sens pas le droit d'exiger cette prestation d'autrui. Je me méprise d'y participer, tout comme je méprise le pleutre sadique qui invective un boxeur malmené sur le ring. Rien de tout cela ne s'applique à Pope, qui a déjà combattu des taureaux et trouve un intérêt authentiquement technique à ce sport. Et cela ne s'applique pas davantage à la grande majorité des spectateurs d'aujourd'hui. Pour eux, une corrida est aussi naturelle qu'un match de football. Presque n'importe quel Colombien, s'il voit un taureau dans un champ, retirera sa veste et se mettra à faire des passes. Les étudiants de l'université jésuite organisent une corrida chaque année, et il y a souvent des blessés. Le meneur de jeu, vêtu de blanc, monte sur une table placée au milieu de l'arène. Tant qu'il conserve son sang-froid et ne bronche pas, le taureau ne s'en prend pas à lui.

23 octobre. Maintenant que notre séjour à Bogota s'achève, quelques impressions générales s'imposent.

Nous avons certainement été reçus avec une grande hospitalité, tant par les autochtones que par les étrangers. Lors d'un dîner à l'ambassade américaine, nous avons rencontré ces deux redoutables voyageurs professionnels que sont Oden et Olivia Meeker ; leur efficacité me fait comprendre à quel point je ne suis qu'un amateur paresseux dans la collecte des informations. Un cocktail mémorable dans un grenier, au cours duquel Caskey a grandement amélioré les relations entre les Etats-Unis et la Colombie. Et de nombreux déjeuners avec toutes sortes de gens, du proviseur du lycée de filles jusqu'à l'ancien gouverneur du département. J'ai essayé d'exprimer ma gratitude de la seule manière pour moi possible, à savoir en jouant mon rôle d'objet culturel mineur. J'ai été interviewé par trois journaux, j'ai parlé à la radio, et participé à une *tertulia* au centre culturel britannique. Cette *tertulia* a mal commencé à cause de ma nervosité, mais s'est terminée dans la liesse grâce à l'abondance des cocktails. Zalamea m'a dit que j'avais « un regard d'une absolue sincérité », et nous nous sommes embrassés plusieurs fois, à la surprise de Rochester qui avait apparemment décidé que j'étais du genre britannique froid.

Néanmoins, il me semble que je me souviendrai de Bogota comme d'une ville plongée dans une atmosphère de tristesse. Cela n'a rien à voir avec nos hôtes ni avec nos expériences. En fait, mon impression est largement due au climat. Tout le monde nous assure que nous avons choisi le plus mauvais moment de l'année pour venir ici ; il a plu, par intermittence, presque tous les jours. Et la ville elle-même est assez sombre ; les maisons sont rarement peintes de couleurs vives, et leurs habitants ont tendance à porter des vêtements ternes. Et puis il y a aussi l'altitude, qui vous soumet à divers désagréments : ainsi, les gaz, ici surnommés « le ventre de Bogota », une impression d'étau autour du cœur, ou encore un sentiment vague et irrationnel d'angoisse, comme si vous aviez oublié une obligation importante. Le matin je me sens tendu, énervé, mal à l'aise ; l'après-midi, paresseux, épuisé et triste.

*
* *

Voici en vrac quelques faits et opinions que j'ai notés après diverses rencontres et entrevues. Mieux vaut les présenter sans mentionner de nom, car je risquerais de me tromper. Je crois que, dans l'ensemble, ces opinions reflètent assez justement des attitudes de groupe, et pas simplement des préjugés individuels. Tous mes informateurs sont, comme on dit, des gens « dignes de foi ». Aucun, cependant, n'était membre du parti de Gaitan ; ainsi, les remarques concernant ce dernier sont nécessairement partiales.

J'ai demandé à un libéral colombien :

« Que pensez-vous de Gaitan ? Certains le traitent, paraît-il, de communiste. Est-ce vrai ?

— Sûrement pas. Gaitan ne suit aucune ligne politique claire. C'est un opportuniste. Ses modèles sont Mussolini et Peron. Il désire créer un parti ouvrier sur le modèle de Peron. Il sera probablement élu président, mais il ne pourra jamais supprimer nos autres partis politiques. Les Colombiens ne le toléreraient pas. La Colombie est très attachée à la démocratie.

— Quelle est sa politique étrangère ?

— Il est contre les Etats-Unis. Cela prouve son irréalisme. La Colombie ne peut pas survivre sans les Etats-Unis ; ils sont notre principal client —presque notre seul client. Nous avons une économie semi-coloniale.

— Les Américains sont-ils détestés ici ?

— Je n'irais pas jusque-là. Mais je crois que la plupart des Colombiens préfèrent les Britanniques. Nous soupçonnons toujours les Américains d'avancer leurs pions politiques. Même leurs attachés culturels paraissent s'intéresser davantage à la politique qu'à l'art et à la littérature. Ils devraient nous envoyer un vrai écrivain, un poète digne de ce nom. Les Français comprennent cela. Mais je dois reconnaître que les Français n'ont presque pas de rapports commerciaux avec la Colombie. Ils peuvent donc se montrer désintéressés. Vous avez sans doute entendu parler de l'incident qui a eu lieu ici, peu avant votre arrivée, lorsque Washington a protesté auprès de notre gouvernement contre ce que les Américains ont appelé le monopole du commerce du café, et que les fenêtres de l'ambassade américaine ont été brisées à coups de pierres ? Les fonctionnaires américains se sont montrés très raisonnables. Ils n'ont pas fait le moindre esclandre. Et nos journaux ont déploré cet incident. Malgré tout, cette manifestation exprime un sentiment très fort et très réel ; non seulement de la part des étudiants — qui jouent un grand rôle politique ici —, mais aussi chez les hommes d'affaires de moyenne importance. Je crois que les compagnies pétrolières font l'unanimité contre elles. On dit qu'elles nous prennent notre pétrole et qu'elles l'accaparent, au cas où les Etats-Unis entreraient en guerre.

— Les Russes sont-ils puissants ici ?

— Non. Et ils n'ont pas la moindre chance de le devenir. Ils ne peuvent créer aucun commerce en Colombie. Washington y veille. Quant à notre parti communiste, il est scindé, du sommet à la base, en deux factions rivales. On dit que Washington est aussi responsable de cet état de fait. Les agents américains ont infiltré les syndicats ouvriers et fomenté la dissension. »

J'ai ensuite cité cette dernière remarque à un fonctionnaire américain, qui a éclaté de rire.

« Si seulement nous étions aussi malins ! a-t-il dit. Non, le parti communiste à connu une scission, comme cela arrive souvent, pour des raisons tactiques. Certains étaient partisans d'une action violente, aussi agressive que possible, alors que d'autres défendaient la prudence et la diplomatie. De toute façon, ils n'ont pas beaucoup d'influence. Mais dès qu'un secteur s'agite, ils se mettent en tête de la manifestation, ils font des discours et ils essaient de convaincre tout le monde que ce sont eux les meneurs. C'est ce qui est arrivé l'autre jour, quand nos vitres ont été brisées à coups de pierres... Leur façon de parler de Washington, on croirait une espèce de bureau politique totalitaire, à la solde de Wall Street. Et tous ces slogans sur l'impérialisme yankee ! Si les Colombiens se mettaient d'accord pour élaborer une planification économique raisonnable, et mettre sur pied une fiscalité susceptible de la financer, ils auraient tous les capitaux étrangers qu'ils voudraient. La fiscalité directe actuelle est une farce. Et les syndicats ouvriers ne sont pas bien dirigés. Leurs chefs ne font pas assez pour les militants de base. Ils ne possèdent aucune école pour les transformer en ouvriers plus efficaces. Il existe même une sorte de système de classe : les ouvriers mensualisés méprisent les journaliers... Oui, bien sûr, il y a des sentiments antiaméricains. C'est tout à fait naturel, compte tenu des circonstances. Les Colombiens voient partout des marchandises, des services, des entreprises américaines. Ils en tirent profit, mais ça ne leur plaît pas, car cela les renvoie à leur propre manque de dynamisme ; ils devraient s'occuper de tout cela eux-mêmes. Un jour, ils le feront... »

J'ai parlé des prochaines élections américaines à plusieurs Colombiens. Tous souhaitaient que Henry Wallace soit élu président. Il jouit ici d'une immense popularité.

« Pourtant, m'a dit l'un d'eux, il paraît que Eisenhower sera peut-être candidat. Vous croyez qu'il peut gagner ?

— C'est possible.

— Il n'y aurait rien de pire.

— Pourquoi donc ?

— C'est un général. Bien sûr, cela ne signifie pas forcément la même chose aux Etats-Unis, je le reconnais. En Amérique latine, nous ne faisons jamais confiance à l'armée. Nous avons de bonnes raisons de nous en méfier. Mais la Colombie est beaucoup plus nuancée, à cet égard, que la plupart des autres pays. Ici, nous respectons tellement la loi et l'ordre que personne n'ose vraiment transgresser leurs limites. Un jour, quelques officiers sont allés trouver le président pour lui ordonner de démissionner. Ils avaient préparé les documents nécessaires, mais le président, afin de gagner du temps, a prétendu avoir perdu le sceau officiel. Les rebelles ont alors reconnu que sa démission ne serait pas légale sans ce sceau, et ils ont commencé à chercher dans tout le palais, tandis que les troupes restées loyales arrivaient, si bien que cette rébellion a échoué... Une autre fois, alors qu'une partie de l'armée tentait un coup d'Etat, les rebelles ont voulu concentrer leurs troupes sur la Plaza Bolivar. Pour cela, ils avaient besoin de camions. Les chauffeurs des camions ont exigé d'être payés d'avance et en liquide. Un officier est donc allé à la banque avec un chèque.

"Nous sommes désolés, lui a dit le caissier, mais nous n'avons l'autorisation d'encaisser aucun chèque, car l'état d'urgence vient d'être déclaré."

» Cette rébellion elle aussi a échoué... Telle est la force de nos traditions. Retirez-nous nos traditions, et il ne nous reste plus rien. Nous devrions devenir une autre Bolivie.

— Quel rôle politique joue l'Eglise ?

— D'un point de vue politique, l'Eglise est

moins importante qu'autrefois, mais elle essaie de retrouver son ancien pouvoir. L'archevêque et la plupart des évêques sont antifranquistes. Le bas-clergé est dans l'ensemble favorable à Franco, mais seulement parce que ses membres vivent dans l'ignorance. Pendant la guerre civile, la grande majorité des Colombiens ont soutenu le gouvernement républicain espagnol... L'Eglise a tendance à désapprouver les Etats-Unis, à cause du mauvais exemple moral qu'ils donneraient. Votre sexualité est beaucoup plus libre que la nôtre, et les jeunes trouvent cela séduisant... De nombreux libéraux sont partisans de la création d'une Eglise catholique nationale, indépendante de la politique vaticane, mais je ne pense pas que cela arrivera dans l'immédiat.

— Selon vous, les femmes pourront-elles bientôt voter en Colombie ?

— Les conservateurs y sont favorables, parce qu'ils savent que la plupart des femmes voteraient pour eux. Nous autres libéraux en sommes aussi conscients. Je crains que ce ne soit la raison pour laquelle — bien que nous défendions théoriquement le vote féminin —, nous ne faisons jamais rien en sa faveur. »

J'ai demandé à un pédagogue britannique de passage ce qu'il pensait de la culture colombienne.

« Naturellement, m'a-t-il répondu, cela se limite aux grandes villes. L'intellectuel colombien adore les citations. Il a beaucoup de mal à penser par lui-même. Il lit énormément de livres étrangers —surtout français. Mais quant à la littérature des autres pays d'Amérique latine, il l'ignore volontiers. La culture livresque est une chose toute neuve pour la plupart des Colombiens ; ils choisissent leurs lectures sans la moindre discrimination. Vous avez remarqué la prolifération des librairies ? Elle s'explique par l'absence de toute bibliothèque de prêt en Colombie ; il faut acheter les livres pour pouvoir les lire. Le marché est inondé de traductions médiocres faites en Argentine, le plus souvent dans un très mauvais espagnol. Relativement peu de choses sont publiées ici ; il y a néanmoins un excellent journal scientifique, très bien imprimé, avec des planches en couleurs. On manque de manuels scolaires. Les meilleurs viennent du Mexique... Avant que la situation s'améliore dans les régions rurales, il faudra trouver davantage de professeurs — pour l'instant, on ne peut les convaincre de quitter les villes. Et il faut enrichir le régime alimentaire des enfants. Il y a beaucoup de malnutrition. Les paysans mangent trop d'amidon. Lorsqu'ils ont du lait, ils ne le donnent pas à leurs enfants, ils le vendent. Quand ils tombent malades, ils vont consulter le *medecine man* local. Aucun de ces individus n'est diplômé, bien sûr — il existe très peu de médecins qualifiés —, mais certains d'entre eux sont d'une habileté étonnante. Quelle que soit la nature de votre mal, ils commencent invariablement par examiner vos urines. Comme ils n'ont pas le moindre anesthésiant, ils vous opèrent sans ; ils vous disent de regarder cet oiseau par la fenêtre, et ils vous coupent le doigt avec un hachoir. Par bonheur, la plupart de leurs malades jouissent d'une très forte constitution...

24 octobre. Cet après-midi, nous partons. Deux

101

parmi nos amis de Bogota, Pablo Rocha et Steve Jackson, nous accompagnent en voiture jusqu'à une station de sports d'hiver nommée Apulo et située au pied des montagnes. Nous y passerons un ou deux jours, puis continuerons notre voyage en train. Pablo Rocha est architecte. Il a fréquenté une école britannique — Harrow, je crois — et parle un anglais parfait ; depuis, il a beaucoup voyagé. Il ressemble à un aristocrate joueur de polo, possède d'excellentes manières, est d'une gentillesse et d'une hospitalité hors pair. Steve Jackson est un jeune Américain corpulent, décontracté et au naturel avenant qui a déjà passé un certain temps dans ce pays en y travaillant comme décorateur intérieur. Tous deux sont parfois extrêmement drôles et facétieux lorsque l'occasion s'y prête, et je suis certain que nous aurons grand plaisir à faire ce voyage en leur compagnie.

Salazar vient de nous rendre visite. Il a apporté un coupe-papier en ivoire en guise de cadeau d'adieu, et un magnétophone dans le micro duquel il m'a demandé de lire un passage un peu gênant d'un de mes livres. Pendant l'enregistrement, Caskey a fait nos bagages avec l'expression d'un homme contraint par les circonstances d'assister à un avortement, mais bien décidé à ne rien voir, ne rien entendre, et ne rien savoir.

4. La Route de l'Equateur

26 octobre. La descente en voiture vers Apulo a commencé très agréablement. Nous étions tous d'excellente humeur ; et même une crevaison, qui nous a obligés à changer une roue un peu en dessous de Tequendama, n'a pas entamé notre optimisme. Après la réparation, nous avons zig-zagué rapidement le long des virages de la montagne et traversé une succession de cultures : maïs sur les pentes supérieures, café un peu plus bas, et canne à sucre dans les vallées encaissées. La descente à partir du plateau est beaucoup plus agréable que la montée, car elle s'accompagne d'un processus de relaxation physique. L'atmosphère tropicale est un baume pour les sens. On se met à respirer aisément, à inhaler des odeurs végétales tièdes et puissantes.

Il faisait déjà nuit lorsque nous avons atteint l'embranchement de la route d'Apulo. La plupart des gens descendent jusqu'ici en train, et cette route n'est rien de plus qu'un chemin mal entretenu, fangeux et inégal, avec une grosse bosse pierreuse au milieu de la chaussée. Après un ou deux kilomètres de cahots précautionneux, la batterie a été soudain arrachée sous la voiture, nos phares se sont éteints et nous nous sommes arrêtés. Suivit l'une de ces expériences que les voyageurs unanimes feignent toujours de décrire comme une aventure hilarante : une longue marche fastidieuse dans la boue et l'obscurité jusqu'à l'hôtel, les domestiques à trouver, les bagages à transporter, l'épuisement et un coucher tardif sans dîner.

L'hôtel *Apulo* est vaste ; le casino, situé juste en face, arbore une décoration intérieure très chic, et un bar orné de coquillages. Mais ce faste paraît vulgaire et égoïste en comparaison de la pauvreté crasseuse du village. Les environs sont néanmoins délicieux ; des oiseaux et des fleurs à profusion, le fleuve au cours rapide qui serpente à travers bois, le vieux pont de pierre menant à l'île où les femmes lavent leurs vêtements. Nous avons passé presque tout notre séjour ici à traîner au bord de la piscine de l'hôtel, sauf lorsque de brèves et violentes averses interrompaient nos bains de soleil. Pablo Rocha nous a montré un client de l'hôtel en nous disant qu'il s'agissait de « l'homme qui a importé le *bidet* * en Colombie. » Hier soir, nous sommes allés au cinéma. L'écran était dressé en plein air, dans une cour ; nous l'avons regardé à partir de l'étage supérieur d'une maison délabrée qui servait de salle de cinéma. Clark Gable aboyait en espagnol devant Jean Harlow dans les séquences torrides de *China Seas*.

28 octobre. Hier matin à neuf heures et demie, nous avons dit au revoir à Pablo et à Steve, avant de monter dans l'*autoferro* à destination d'Ibagué. Cet *autoferro* est un wagon propulsé par un moteur diesel, qui roule sur la voie de

_____

(*) En français dans le texte.

chemin de fer, et qui est beaucoup plus rapide qu'un train ordinaire. Les voies ne traversent pas la cordillère centrale ; il faut louer une voiture d'Ibagué à Armenia, où la ligne reprend. Le col se trouve à trois mille sept cents mètres d'altitude ; il y avait de la brume là-haut, et il faisait très froid. On redescend de l'autre côté dans la vallée de Cauca, considérée comme l'un des lieux les plus fertiles et les plus beaux de Colombie. Malheureusement, nous n'avons pas vu grand-chose. Car lorsque nous avons quitté Armenia, il faisait déjà presque nuit. Nous sommes arrivés à Cali vers neuf heures du soir.

Pablo Rocha nous avait conseillé de descendre à l'hôtel *Alférez Real*. A notre arrivée, nous avons découvert avec étonnement les portes de l'hôtel gardées par la police, et une foule nombreuse rassemblée devant. On donnait un banquet en l'honneur de Gaitan, et nous avons dû manger en toute hâte avant les festivités officielles. Nous sommes ensuite montés sur un balcon dominant la salle pour regarder la cérémonie. En action, Gaitan est avocat criminel jusqu'au bout des ongles. Dès qu'il prend la parole, on a le sentiment qu'il défend un client ; la voix, parfaitement contrôlée, s'enfle lentement ; les gestes mesurés indiquent une vaste réserve d'arguments et un mépris poli pour la partie civile. Sans cesse, pendant son discours, des supporters enthousiastes crient son nom. Gaitan grimace à chacune de ces interruptions et tend la main pour les contenir. Son expression peinée, et néanmoins flattée, semble signifier : « Merci, merci — mais tout cela est vraiment superflu. Et gênant. Mes adversaires vont croire que je vous paie pour cela... »

Cet hôtel se situe presque à la limite de la ville, dans le moderne quartier d'affaires. Notre fenêtre donne sur le fleuve, qui se jette bruyamment au-dessus d'un barrage de gros rochers, puis sur un parc et sur un immeuble d'habitation blanc pourvu d'enseignes publicitaires électriques pour les caoutchoucs Croydon et les cigarettes Camel. Derrière, se trouvent des collines vertes et quelques villas résidentielles sur leurs pentes inférieures. Il y a quarante ans, Cali était encore ce village vieux de quatre siècles, fondé par les Conquistadors. Les eaux usées s'écoulaient toujours au milieu de la rue, et la population s'éclairait à la bougie.

Ce matin au petit déjeuner, nous avons eu la surprise d'être accueillis par Salazar. Il arrivait de Tumaco en avion, une petite île située très au sud le long de la côte, près de l'Equateur, où voilà quelques jours un incendie a presque entièrement détruit la ville. Salazar et un ami y étaient partis pour interviewer les survivants. Il veut maintenant s'entretenir avec Gaitan. Dans quelques semaines, il partira pour New York. On dirait qu'il voyage sans arrêt ainsi, franchissant les montagnes dans des avions minuscules et peu sûrs. Comme la plupart des Colombiens, il adore les vols dangereux en altitude.

Aujourd'hui il nous a emmenés visiter l'église et le monastère de Saint-François. L'intérieur de l'église est laid et moderne, mais elle possède une vieille tour hispano-mauresque, un mudéjar, qui serait la seule de ce type dans toute l'Amérique latine. Le monastère abrite des portraits d'anciens abbés et moines, frustes et extraordi-

106

nairement expressifs, qui témoignent d'une audace presque aussi irrespectueuse qu'une caricature. Il y a des ménates apprivoisés dans le cloître ; l'un d'eux siffle les premières mesures de la *Petite Musique de nuit*. Nous avons rendu visite à un moine âgé de cent trois ans. Il était allongé sur la paillasse de sa cellule, un rosaire entre les mains. Notre guide nous a appris qu'il s'agissait d'un ancien homme d'affaires entré dans les ordres à quarante-cinq ans seulement. Il reposait là, massif et lourd, le visage blême et marbré, telle une image tirée d'un livre ancien. Il paraissait parfaitement heureux. Et il arborait cette expression, si mystérieuse et fascinante chez les vieillards, *de l'attente*. « Si je veux qu'il attende ma venue... »

Alors que nous partions, il a roté bruyamment.

Dans l'après-midi, Salazar nous a conduits, avec deux de ses cousines, au Country Club. C'est un lieu élégant, d'assez bon goût (dans le style hacienda), hormis une affreuse pergola jaune. En chemin, nous sommes passés devant un hôpital à moitié construit. Devant le chantier, un buste était déjà couvert de mauvaises herbes. Les travaux publics semblent très lents ici.

Aujourd'hui, alors que nous déjeunions dans l'un des plus fastueux restaurants de la ville, nous avons fait l'erreur de manger une espèce de viande noire bleuâtre et répugnante qui m'a fait penser à cette « chair étrange », dont il est question dans *Antoine et Cléopâtre*, et dont « certains sont morts rien qu'en la regardant ». Elle a déjà rendu Caskey malade — et pour que Caskey reconnaisse qu'il est malade, il faut vraiment qu'il soit au plus mal. Il fait partie des Scientistes chrétiens.

29 octobre. Salazar nous emmène voir le docteur Buenaventura, un vieux gentleman qui a transformé sa maison en musée privé. L'aspect le plus assommant des musées publics est leur ordre indispensable ; seul un collectionneur privé peut se payer le luxe d'une absolue confusion. Dans un endroit comme celui-ci on ne s'ennuie jamais, parce qu'on ignore toujours ce qui va suivre. Un masque rituel inca en or voisine avec un instrument récupéré sur un avion accidenté, et un collier de dents humaines. Une photographie signée du général de Gaulle fait face à deux tableaux religieux peints avec de la terre colorée par les soldats des Conquistadors. Deux pistolets ayant appartenu à Bolivar sont exposés à côté d'une des premières machines à coudre américaines. Il y a aussi des médailles, des éventails chinois, des flèches empoisonnées et des sarbacanes, des bouts de tissu ayant appartenu à des Colombiens célèbres, des livres dédicacés, des échantillons géologiques, des timbres. Et puis une momie indienne — la seule au monde qui ait des organes sexuels masculins parfaitement conservés. Selon la coutume, elle porte les mains à sa bouche pour se nourrir.

Par ailleurs, le docteur Buenaventura possède d'énormes archives de documents officiels et autres, couvrant toute la période de la conquête espagnole. Parmi ceux-ci, des lettres autographes de tous les présidents colombiens. Il parle des générations passées avec une érudition extraordinaire, et a même appris à Salazar quelques détails sur sa propre famille, que mon ami ignorait.

1ᵉʳ novembre. Avant-hier, Caskey est resté au lit jusqu'à l'heure du dîner, lorsqu'il s'est senti un peu mieux. Salazar a eu la gentillesse d'essayer de nous trouver deux places à bord de l'avion de Popayan. J'ai été soulagé quand on nous a avertis que ce vol serait dangereux à cause des vents violents, et qu'on nous a ensuite déclaré que cela serait impossible parce que l'aéroport de Popayan était inondé. Les petites compagnies d'aviation colombiennes sont d'une fiabilité excellente, et leurs pilotes ont une réputation incomparable pour les atterrissages forcés, mais je préfère néanmoins me dispenser de cette expérience...

Salazar a également loué les services de musiciens, afin de nous faire entendre un peu de musique indigène. Ils devaient monter à notre chambre et jouer pour nous pendant la soirée. L'intention était certes charmante —mais peu réaliste ; car le directeur de l'hôtel s'est opposé à ce projet, et non sans raison. Salazar a donc envoyé ses musiciens jouer la sérénade à l'une de ses petites amies.

Hier matin de bonne heure, nous sommes montés dans l'*autoferro* à destination de Popayan. Avant même de partir, je me sentais très mal, et j'ai bientôt été saisi des crampes d'estomac les plus violentes que j'aie jamais connues. Des diarrhées et des vomissements, souvent simultanés, m'ont contraint à rester aux toilettes pendant presque toutes les trois heures et demie du voyage, jetant quelques brefs coups d'œil hagards au paysage, qui était très beau.

Voyageait aussi dans l'*autoferro* la fille qui venait de se faire élire Miss Cauca dans un concours de beauté. Lorsque nous sommes arrivés à Popayan, une foule nombreuse l'attendait pour l'ovationner, et parmi elle le gouverneur, la troupe, la police et un orchestre. Le gouverneur revenait à peine de Cali, où il était descendu à l'*Alférez Real*. Grâce à Salazar, j'avais déjà fait sa connaissance. Cela a été une véritable aubaine, car bien que débordé par ses devoirs officiels, il a pris le temps de nous confier aux bons soins d'un gradé de la police. Plié en deux par la douleur, tel un sinistre bossu, on m'a fait traverser la foule en liesse avant de me jeter dans un taxi, lequel nous a permis d'entrer en ville longtemps avant la procession de Miss Cauca. Le gouverneur nous avait déjà réservé une chambre à l'hôtel *Lindbergh*. Je me suis couché dès mon arrivée.

Nous avons eu des visiteurs, presque immédiatement. Le premier a été le Maestro Baldomero Sanin Cano, dont j'aurais dû parler plus tôt dans ce journal, car je l'ai rencontré pour la première fois à Bogota ; il est venu à la *tertulia* du centre culturel britannique et, à mon intention, a prononcé un discours de bienvenue. Sanin Cano se fait d'habitude appeler Maestro par respect pour sa position de doyen des critiques des lettres colombiennes. Bien que septuagénaire, il est toujours immensément actif et vigoureux, mais légèrement sourd. Il lit les derniers écrivains en vogue, et son opinion sur eux est toujours catégorique. Par ailleurs, il continue d'écrire d'innombrables essais sur toutes sortes de sujets littéraires et historiques. Il habite main-

110

tenant ici, à Popayan. Est-il besoin d'ajouter qu'il est né en Antioquia ?

Ensuite est arrivé le docteur Gregorio Hernandez de Alba, directeur de l'institut ethnologique de l'université de Popayan, accompagné du docteur John Rowe, son collègue de la Smithsonian Institution. Il se trouve que Lincoln Kirstein m'avait donné une lettre d'introduction pour Hernandez, qui l'ignorait en me rendant visite ; ils sont venus me voir par pure gentillesse, parce qu'on leur avait dit qu'un Américain était malade en ville. Ils m'ont envoyé un médecin parlant anglais, nommé Guillermo Angulo, qui m'a guéri en quelques heures avec un médicament appelé, je crois, Entérovioformo.

Kirstein m'avait décrit Hernandez comme « l'homme qui a inventé l'ethnologie en Colombie ». Agé d'une trentaine d'années, il est mince et ressemble à un oiseau. Il a vécu quelques années à Paris, où il a fait office de consul de Colombie pendant l'invasion nazie et une partie de l'Occupation. Rowe est plus jeune. Il porte des lunettes et ressemble à un très aimable chef scout. Aujourd'hui, ils sont tous deux partis à Silvia, un village des environs, où, avec quelques-uns de leurs étudiants, ils vont observer une fête des morts indienne. Ils nous ont proposé de les rejoindre là-bas lundi.

Ce matin, nous nous sommes promenés en ville avec Sanin Cano. Il nous a parlé de son séjour en Angleterre, avant et pendant la Première Guerre mondiale, quand il enseignait la littérature espagnole à l'Université d'Edimbourg et qu'il compilait un dictionnaire de poche anglais-espagnol.

111

« Ç'a été l'époque la plus heureuse de ma vie », a-t-il ajouté.

En fait, son apparence a quelque chose de britannique ; avec ses traits accusés de boule-dogue et sa canne, il m'a rappelé un chef de village. Si Popayan devait avoir un seigneur, ce serait sans doute lui ; ici, tout le monde le connaît et le salue avec déférence dans la rue.

C'est une ville très séduisante — de loin la plus jolie que nous avons visitée jusqu'ici. Les rues sont larges et propres, avec relativement peu de circulation. On y entend aussi souvent le trot d'un poney que le klaxon d'une voiture. Beaucoup d'étudiants s'y promènent, avec des livres sous le bras. L'entrée de l'université se trouve juste en face de notre hôtel, à côté d'une vieille fontaine en pierre et d'une église du XVIIIᵉ siècle. Ici, presque toutes les églises sont vieilles, mais beaucoup sont gâchées par des ajouts et des rénovations modernes dépourvues de goût ; statuaire médiocre, gravures tendant au prosély-tisme religieux, marbre d'imitation, faux bois, chérubins et nuages en carton. L'intention est évidemment pieuse ; chaque nouveau prêtre se croit obligé d'apporter sa contribution person-nelle. En fait, seul un nettoyage rigoureux per-mettrait à ces bâtiments de retrouver leur beauté première.

Sanin Cano nous a fait visiter la maison de son grand ami le poète Guillermo Valencia, mort en 1943. L'œuvre de Valencia est digne et mélo-dieuse, un peu à la manière de Robert Bridges. Il est l'auteur de la célèbre ode à Popayan, et il a traduit *la Ballade de la geôle de Reading*. Le patio de sa maison est entièrement tapissé de violettes. Nous avons traversé des pièces basses et austères, chacune permettant d'accéder à la suivante, toutes meublées de chaises espagnoles à dossier droit et de portraits de famille. On imagine mal un homme en train d'écrire de la poésie ici ; peut-être cet endroit a-t-il perdu de son humanité depuis sa mort. Son bureau est néanmoins un peu plus personnel — malgré les bustes de Beethoven, de Goethe et de Wagner. Il y a une photo de D'Annunzio, le héros de Valencia ; et une affreuse lithographie d'anges emportant les âmes des chrétiens martyrisés dans l'arène romaine, qui prouve au moins que le Maestro n'avait pas honte de ses goûts. Il y a aussi une poupée absurde mais charmante, représentant le Christ enfant, posée à l'intérieur d'une bûche fendue recouverte de satin. C'est un cadeau d'admirateurs locaux. Les étagères sont pleines de livres français. Sanin Cano affirme que Valencia a été davantage influencé par la littérature française que par l'espagnole.

Cet après-midi, Caskey et moi avons gravi à pied la colline située derrière la ville. Au nord, à l'est et au sud, la plaine verte est bordée par les montagnes. Caché quelque part dans les nuages, se trouve le Puracé, un volcan de cinq mille trois cents mètres qui fume sans arrêt, mais entre très rarement en éruption. L'an dernier, il y a eu des secousses sismiques assez importantes, mais pas de mort d'homme. Vus d'en haut, les pâtés de maisons de Popayan s'imbriquent comme les pièces d'un puzzle ; ce sont de longs rectangles couverts de tuiles grises qui donnent une impression de sécurité, d'ordre, de silence et de sommeil. Le paysage est mer-

113

veilleusement paisible ; comme une Nouvelle-Angleterre parsemée de touches végétales exotiques — l'agave fibreuse aux feuilles pointues, le bambou aérien, le palmier. Et l'altitude (entre mille huit cents et deux mille mètres) est idéale à la latitude des tropiques ; elle crée en permanence un climat estival et très doux.

Ce soir, Miss Cauca a été couronnée dans un cinéma local. Presque toute la population s'est déplacée pour assister au défilé. Il y a eu beaucoup de plaisanteries et de bousculades bon enfant, mais très peu d'applaudissements. Les gens se contentaient de regarder. Cette cérémonie était peut-être trop guindée pour le goût populaire. Je regrette qu'il n'y ait pas eu d'orchestre. Miss Cauca s'est avancée entre les sabres tirés de deux officiers, suivie par six demoiselles d'honneur qui portaient des bouquets de fleurs. C'est une grande fille, jolie mais guère belle, au sourire timide et gêné. Elle portait une capuche de soie bleue, ce qui était une erreur, car on distinguait mal ses traits. Presque tous les invités étaient en tenue de soirée. Après le couronnement, le gouverneur a offert une réception. Bien qu'invités, nous n'y sommes pas allés, car nos vêtements avaient besoin d'un bon nettoyage.

4 novembre. Hier, nous avons loué une voiture pour monter à Silvia retrouver Hernandez et Rowe. C'est une station estivale, située huit cents ou mille mètres plus haut que Popayan, dans une vallée, au bout d'une étroite route de montagne. Lorsque nous sommes arrivés, la fête avait déjà commencé, mais nous avons trouvé les Indiens sans difficulté, car ils étaient tous réunis dans et devant une grande église sur la place ; Rowe et Hernandez se promenaient parmi eux en les interrogeant et en prenant des notes.

« J'aimerais brûler tout cet endroit », nous a dit Rowe avec amertume.

Puis il nous a expliqué que Silvia était une communauté parasite ; ses habitants ne survivent qu'en escroquant les touristes et en exploitant les Indiens. Ces derniers ont fondé la ville et en ont été chassés voilà un peu plus d'un siècle seulement. Les citadins, qui se considèrent comme de purs Blancs, les méprisent et aimeraient même saccager leurs réserves, bien qu'ils dépendent des récoltes des Indiens pour leur subsistance.

Ces Indiens sont des Guambias — race autrefois très belliqueuse qui a violemment résisté aux Espagnols et n'a jamais été entièrement conquise. Ils habitent très haut dans les montagnes et cultivent la terre avec opiniâtreté. Rowe nous a dit qu'ils étaient toujours extrêmement indépendants ; ils aiment se différencier de leurs voisins. Ainsi, il y a dix ans, les hommes se sont mis à porter des kilts ou des jupes, surtout parce que les autorités de Silvia leur avaient ordonné de mettre un pantalon pour descendre en ville. Ils votent toujours libéral, parce que la plupart des autres paysans votent conservateur.

Les hommes ont des cheveux noirs, brillants et courts, remontés en une sorte de toupet broussailleux, et des yeux noirs au regard vif et impudent. Certains ressemblent étonnamment à des Mongols. Leur bouche est un peu simiesque. Ils sourient volontiers et ne voient aucun inconvénient à ce que vous examiniez leurs ornements ou leurs vêtements.

Les modes vestimentaires changent fréquemment. En ce moment, les hommes vont tête nue ou portent un chapeau de feutre fabriqué en ville, mais ils tissent eux-mêmes des roseaux pour offrir un chapeau à leur femme. Il s'agit d'un couvre-chef plat et circulaire, pourvu de glands et d'un motif coloré en zigzag, retenu sur la nuque par des cordons rouges. Il doit être très difficile de garder en place un tel chapeau. D'ailleurs, ils sont toujours de travers.

En échange de ces chapeaux, les femmes tissent les capes-couvertures noires des hommes, les *ruanas*. Elles-mêmes portent une cape d'un bleu vif et profond, bordée d'un liseré rouge cerise, et une ample jupe noire. Elles mettent des boucles d'oreilles et des perles, ainsi que tout un assortiment de crucifix et d'ornements en argent accrochés autour du cou sous la cape. Ces objets sont fabriqués à Silvia, où les Indiens les achètent plusieurs fois leur vraie valeur, en même temps que leur batterie de cuisine.

Il y a ici une école conventuelle franciscaine, dirigée par un prêtre et des religieuses suisses. J'ai parlé à l'une de ces dernières, qui considère les Guambias comme des moins que rien :

« Ce sont en fait des païens », m'a-t-elle déclaré.

En effet, il est difficile d'en douter. Ils pratiquent toujours le culte d'un héros légendaire nommé Juan Tama, Fils de l'Etoile du Matin, qui est devenu le chef de tous les Indiens et a mis fin à son séjour terrestre en disparaissant dans un lac. Jusqu'à une date récente, les membres des conseils de la communauté guambia devaient se rendre tour à tour sur les rives de ce lac pour y passer une semaine et soumettre à Juan Tama un compte rendu de leurs activités au sein du conseil. De plus, ils croyaient à la sorcellerie, aux esprit maléfiques et aux pouvoirs surnaturels de certains animaux et oiseaux. Le coq qui chante avant l'aube est fatal à celui qui l'entend. La tortue suit ceux qui vont bientôt mourir. Qui frappe un chien blanc sera bientôt mordu par lui, après la mort. Lorsque apparaît un arc-en-ciel, il faut rester dans la maison et cracher vers lui le jus de la chique.

Les fantômes des morts sont les plus redoutés de tous, ce qui accorde un sens tout particulier à cette fête des morts ; c'est un mélange de croyances indiennes et chrétiennes. La cérémonie n'a rien à voir avec la douleur individuelle. Rowe dit que les Guambias portent sincèrement le deuil d'un parent décédé, mais sans manifestation extérieure. La fête des morts est néanmoins un événement communautaire, un acte social et propitiatoire, ainsi qu'une cérémonie assez gaie.

Toutes les femmes apportent un petit sac en fibres végétales contenant du pain, des oignons et des pommes de terre. Elles disposent tout cela sur le sol de l'église et s'assoient autour de leurs offrandes en larges cercles, bavardant et souriant comme si l'on préparait un repas. Sur les tas de victuailles, elles posent des bougies allumées, une pour chaque membre de la famille décédé depuis moins de dix ans. Entre-temps, les hommes se réunissent autour du prêtre, en attendant de payer les messes de requiem et les prières. A chaque paiement, on prononce le nom du donateur et une cloche sonne.

Comme Caskey était occupé à prendre des photos, je me suis assis par terre au milieu des fidèles et j'ai commencé à griffonner des notes dans mon calepin. Plusieurs personnes se sont rassemblées autour de moi, intéressées et assez amicales. Puis le prêtre suisse a prononcé quelques prières. Le prêtre local colombien a prêché un sermon —son deuxième de la matinée. Rowe m'a dit que, lors de son premier sermon, ce prêtre avait informé les Guambias qu'ils étaient meilleurs et plus civilisés que d'autres Indiens parce qu'ils parlaient espagnol. C'était là un compliment stupide, et qui s'est révélé complètement faux. En effet, lorsque le prêtre dit aux femmes, qui avaient retiré leur chapeau, que cela n'était pas convenable, elles ne comprirent manifestement pas un traître mot à ses injonctions ; elles ne firent rien jusqu'à ce que leur propre maire se lève pour leur traduire les paroles de l'ecclésiastique. Et dès que le prêtre suisse se mit à prier, elles retirèrent à nouveau leur chapeau. Mais quand le prêtre colombien entama son second sermon, tous les chapeaux furement immédiatement remis.

Le sermon s'est surtout résumé à un discours de camelot sur les prochaines fêtes paroissiales — sur leur beauté et sur leur prix. Il y a aussi eu une attaque contre les protestants, qui se sont retrouvés accusés de ne pas croire à la vie après la mort, et donc de ne pas se soucier de l'âme des défunts. Rowe m'a dit que cette attaque visait en fait M. Smith, un missionnaire protestant canadien qui s'était installé ici et avait converti quelques personnes. Mais à vrai dire, cette année la foule des fidèles était plus réduite

118

qu'à l'ordinaire ; seuls deux cents Indiens environ assistaient aux services religieux. Les Guambias attribuaient cette désaffection à une mauvaise récolte de pommes de terre, et déclaraient
qu'ils n'avaient pas de quoi apporter les offrandes nécessaires. Il paraît plus vraisemblable
qu'ils se lassaient tout bonnement du catholicisme parce qu'il leur coûtait trop cher. Peut-
être vont-ils se tourner vers les protestants, qui
sont bien meilleur marché. Peut-être vont-ils revenir pour un temps à leur propre culte, avant
d'adhérer ensuite au marxisme orthodoxe.

Les oignons et les pommes de terre sont vendus
aujourd'hui au marché — le produit de la vente
allant à la paroisse. Après le marché, les Guambias rapporteront leur pain à leur réserve, où ils
donneront une fête d'une semaine — ce sera
leur grand festival annuel. Ils boivent du jus de
canne à sucre fermenté, mâchent de la coca,
font bombance, dansent, chantent et se dégui-
sent en divers personnages — dont, je l'espère,
le prêtre. Rowe me dit que leur interprétation
théâtrale des hommes blancs est incroyablement
drôle. Mais ils n'interpréteront jamais le moindre
animal, de peur de renaître sous cette forme
dans le prochain monde.

Comme nous sortions de l'église, l'un des Indiens s'est mis à me taquiner en disant :

« Aleman ! Nuremberg ! Truman ! »

Sans doute étaient-ce seulement des mots qu'on
lui avait lus dans le journal ; mais ma culpabilité
chronique les a transformés en accusation. Du
point de vue des Indiens, les Blancs sont probablement responsables de tous les problèmes du
monde. Cependant, les Indiens qui avaient en-

tendu cette apostrophe ont ri avec bonne humeur — et je les ai imités.

Nous avons déjeuné dans une auberge avec Hernandez, Rowe et quelques-uns de leurs étudiants. Parmi ces derniers figuraient un Noir ainsi qu'un Indien Guambia qui vit à Popayan et aide Rowe à préparer un dictionnaire de leur langue. Ce jeune Indien est un artiste remarquable ; il a fait de nombreux dessins pour illustrer le sens de certains mots. L'aubergiste a volontiers laissé le Noir s'installer à notre table, mais l'Indien a dû déjeuner dans la cuisine. Ensuite, nous avons été rejoints par M. Smith, le missionnaire protestant. C'est un assez jeune homme, très vivant, qui porte un étonnant costume à carreaux, et que la désapprobation des catholiques ne paraît ni inquiéter ni gêner. Après le déjeuner, Hernandez nous a ramenés à Popayan en voiture.

Nous avons dîné avec Sanin Cano et la Señorita Luz Valencia, l'une des filles du poète, à Bella Casa, une vieille bâtisse délabrée située juste en dehors de la ville, et qui était autrefois la maison de campagne des Valencia. Luz Valencia est belle et charmante ; elle et moi avons regretté que mon espagnol et son anglais ne soient pas assez courants pour entretenir une conversation. Cependant, Sanin Cano a parlé pour tout le monde. Il déborde d'opinions et d'anecdotes. A Bogota, nous a-t-il raconté, on vendait jadis le lait délayé avec de l'eau. Un jour, une laiterie de lait pur est entrée en service, mais elle n'a pas fonctionné longtemps. Elle a en effet été sabotée par les directeurs de l'usine de l'eau, qui craignaient un effondrement de la consommation de leur produit ! Il nous a aussi parlé d'un prêtre qui s'intéressait aux langues indiennes, et qui a fini par découvrir une langue qui n'était plus parlée que par un seul homme.

Aujourd'hui, nous avons visité l'université et le lycée. Il n'y a presque pas d'universités dignes de ce nom en Colombie ; seulement des écoles professionnelles où l'on enseigne le génie civil, le droit, et parfois la médecine. Hernandez aimerait que l'ethnologie sociale soit enseignée dans toutes les régions du pays. Car sans cela, dit-il, on ne comprendra pas les réels problèmes raciaux de la Colombie, et ainsi, il n'y aura aucune législation sociale efficace. Pour l'instant, Hernandez manque d'ethnographes sur le terrain ; mais il en aura bientôt davantage ainsi qu'une école beaucoup plus vaste, car l'université construit de nouveaux bâtiments dans les faubourgs. Je trouve que c'est un homme merveilleux — l'un de ces individus, assez rares dans n'importe quel pays, à la fois suffisamment compétents et désintéressés pour accomplir ce qu'il faut comme il le faut, et prouver du même coup que la cupidité, l'ignorance et la bêtise ne sont pas aussi désespérément répandues qu'on le croit parfois.

L'université a créé plusieurs musées intéressants — l'un d'eux est voué à l'ethnologie, et nous y avons vu les petits hameçons d'or toujours utilisés par quelques tribus indiennes ; un autre, d'histoire naturelle, où j'ai appris avec surprise que la Colombie possède ses propres serpents à sonnettes. Au lycée, on nous a présenté le professeur d'anglais, avec qui j'ai eu une longue conversation au milieu du public critique de ses élèves. J'étais affreusement inquiet pour lui, mais j'ai eu tort de me ronger les sangs de la sorte. Car il n'a pas commis la moindre bévue.

5 novembre. Cet après-midi, dans une librairie, j'ai rencontré Sanin Cano et Luz Valencia. Elle nous avait acheté quelques poèmes de son père. Sanin Cano m'a offert son dictionnaire de poche ainsi qu'un volume de ses essais. Ceux-ci couvrent une quantité incroyable de sujets : Alfred Polgar, Samuel Butler, German Arciniegas, Lord Northcliffe, Giosuè Carducci, Wilfred Blunt, Georg Brandes, le théâtre argentin. Comme d'habitude, j'ai été humilié — de ne rien avoir à offrir en retour. Auden aurait pu s'asseoir à une table pour leur improviser deux sonnets au pied levé.

Nous avons pris un café dans l'arrière-salle de la librairie, qui est apparemment l'un des repaires favoris de Sanin Cano. Un Américain de Seattle nous a bientôt rejoints ; il rédige une thèse sur « L'Indien pur dans la littérature colombienne ». Ses découvertes : presque toute cette littérature considère l'Indien comme une curiosité pittoresque, très éloignée de la vie colombienne ; le meilleur roman sur le sujet est Andagueda par Jesus Botero Restrepo ; enfin, le livre de Zalamea est « plus répugnant que Zola ».

Dîner avec John Rowe et sa femme. Ils habitent une villa située en bordure de la ville. Leur cuisinière a deux enfants, dont le père est un garçon de la pharmacie voisine. Ils ne sont pas mariés, et il ne lui donne pas un sou pour élever

122

leur progéniture, mais elle ne paraît pas s'en inquiéter.

Rowe nous a offert deux monographies dont il est l'auteur — l'une sur la culture inca à l'époque de la conquête espagnole, l'autre sur la répartition des Indiens et des langues indiennes au Pérou. Sa thèse essentielle est que les Indiens constituent toujours une nation — la nation inca. J'y reviendrai.

Il nous a aussi parlé des Motilones, ces Indiens de la jungle qui vivent au nord, près de la frontière vénézuélienne. Ils sont hostiles et très dangereux pour tous les voyageurs. Récemment, un missionnaire qui envisageait d'aller dans leur forêt a décidé qu'il aurait davantage de chances avec les Motilones s'il leur annonçait sa visite à l'avance. Il s'est donc fait photographier, puis a fait lâcher des centaines d'exemplaires de son portrait par un avion survolant la région. Le résultat de cette expérience n'est toujours pas connu, car personne n'a eu la moindre nouvelle du missionnaire depuis lors.

Après le dîner, nous sommes allés avec les Rowe à l'Orféon Obrero, l'académie de musique locale, pour assister à un spectacle de chants et de danses folkloriques. Les artistes étaient surtout des ouvriers et des ouvrières qui ont seulement le temps d'étudier le soir. En tout cas, ils font honneur à leur professeur, Maestro Pazos. D'habitude, les chanteurs commencent par fredonner un air ou par le vocaliser sans paroles. Lors d'une chanson qui évoquait les flûtes de pan, ils ont obtenu un effet d'une beauté étrange en sifflant. L'orchestre se composait de tambours, d'ocarinas et de guitares.

123

Nous avons tous aimé une danse campagnarde fort simple. Un seul couple la dansait, un garçon et une fille, et cela consistait surtout à taper des pieds, frapper dans ses mains et virevolter, épaule contre épaule. Leurs corps ne se touchaient jamais, mais l'effet général était d'une charmante gaieté érotique. Le reste de la soirée a été moins intéressant, parce que moins authentique. La troupe a représenté l'histoire et la vie des Indiens de la forêt, sous forme de ballet. Un chef indien tire sa dernière flèche sur les Conquistadors, puis s'écroule et meurt. Un groupe d'Indiens boivent une drogue qui engendre des visions, puis entrent dans une espèce de frénésie religieuse. Cela a été plus bruyant et agité qu'impressionnant, et nous n'avons guère été très surpris d'apprendre que le danseur principal était célèbre pour son interprétation de Carmen Miranda.

6 novembre. Nous sommes à Pasto.

Nous avons quitté Popayan à cinq heures et demie du matin, dans un car qui était en réalité un camion où l'on avait installé des bancs de bois. Ces bancs n'étaient pas fixés à la plate-forme du camion — et n'avaient pas besoin de l'être ; car des rangs serrés de passagers les maintenaient solidement en place. Nous étions néanmoins plus à l'aise que les autres, car Rowe avait réussi à nous réserver les places situées à côté du chauffeur.

Deux cent cinquante kilomètres séparent Popayan de Pasto. Cela paraît être une distance ridicule à couvrir en treize heures — jusqu'au moment où l'on découvre le paysage. Il y a

124

d'abord la descente vers les terres basses et chaudes d'El Bordo. Puis une longue montée pénible vers La Union, perchée au bord d'un précipice vertigineux. A partir de là, le terrain ressemble à des draps de lit violemment froissés. On pénètre dans des vallées impressionnantes, on embrasse d'un seul regard les trente kilomètres suivants, car la route s'inscrit en zigzags griffonnés sur le paysage. Sur l'autre versant de la montagne, les champs cultivés paraissent presque verticaux. Le camion lancé à pleine vitesse craque et roule comme un bateau parmi les nuages de poussière. Dans les virages donnant sur l'abîme, sans le moindre garde-fou, je me rappelais les vers de Casey Jones :

Il s'est arrêté à trois kilomètres de l'endroit,
Numéro Quatre l'a regardé dans le blanc des yeux,
S'est tourné vers son chauffeur, lui disant :
« Tu ferais mieux de sauter
Car deux locomotives vont se rentrer dedans ! »

« Numéro Quatre » ne s'est jamais manifesté, mais nous avons vécu quelques instants à couper le souffle. D'autres, avant nous, avaient eu moins de chance. Tout le long de la route, on aperçoit des croix qui signalent l'endroit où un véhicule est tombé dans le précipice.

Enfin, longtemps après la tombée de la nuit, lorsque votre tête balle, que vous avez le dos endolori et que vous ne vous souciez plus de rien —, le camion franchit un ultime col, et voici les lumières de Pasto dans une cuvette peu profonde. Nous nous reposons maintenant après un bon dîner à l'hôtel *Pacifico*, un établissement propre, tenu par des Allemands. Demain, nous entrons en Equateur — à condition que la route n'ait pas été emportée. Personne ici n'est bien renseigné à ce sujet. Les gens nous répondent seulement qu'elle n'est peut-être plus praticable à cette époque de l'année.

8 novembre. Hier matin, alors que nous marchions en ville, nous avons été accostés par un petit homme au costume noir élimé.

« Psst ! nous a-t-il lancé. Psst ! Psst ! »

Cette apostrophe latino-américaine ne manque jamais de m'irriter, et nous avons tous deux pris l'importun pour un guide, un souteneur ou un vendeur de bimbeloterie inutile. Nous avons donc secoué la tête avant d'ignorer sa présence. Mais deux autres hommes ont bientôt fait leur apparition. Ils se sont mis à converser à voix basse en tirant avec excitation sur nos manches. J'ai reconnu le mot *Seguridad*, mais pas un instant je ne me suis douté que ces enquiquineurs pouvaient être des inspecteurs en civil. Bien au contraire, j'ai craint qu'il ne s'agît d'une espèce de mauvais tour que des escrocs essayaient de jouer aux étrangers — peut-être une accusation montée de toutes pièces, qu'on ne pourrait dissiper qu'avec des pots-de-vin. Pour les éviter, nous sommes entrés dans une église où des tableaux modernes aux couleurs criardes représentaient les sept péchés capitaux.

A peine étions-nous ressortis de ce lieu saint qu'un policier en uniforme, au visage sinistre d'Indien, nous a arrêtés, sans recourir à la force, mais d'une poigne néanmoins ferme. Il nous a demandé nos passeports. Nous lui avons répondu qu'ils étaient à l'hôtel. Il faut donc aller au quartier général de la police. Ne pouvions-nous pas prendre nos passeports en chemin ? Non. Pourquoi ? Ordre de ses supérieurs.

Jusque-là, notre voyage s'était déroulé à l'abri de tels incidents, au point que j'avais presque oublié de m'en inquiéter. Lorsque nous nous étions présentés à Bogota, on nous avait déclaré que tout était réglé et qu'il serait désormais superflu de signaler notre présence aux autorités dans les autres villes du pays. Une heure et demie plus tard, nous devions partir pour la frontière à bord de la voiture des postes. J'ai essayé de me préparer au pire ; à la grosse amende que nous aurions sans doute à payer. Voire à une semaine de prison, pendant que les policiers écriraient à Bogota pour réclamer des ordres.

Au quartier général, les policiers se sont néanmoins montrés assez amicaux. Mon désespoir et mon espagnol déplorable les ont amusés. On nous a accompagnés jusqu'à notre hôtel, puis ramenés au commissariat. Nos passeports sont ensuite passés de main en main, examinés comme de précieuses gravures, puis on les a tamponnés et re-tamponnés. On a noté nos deux noms dans des registres. Patronymes et numéros ont été copiés avec une lenteur méticuleuse d'escargot. Au bout d'une heure nous étions libres — et pas un *centavo* à payer ! Une fois encore, j'ai admiré le zèle des fonctionnaires, qui mettent à la torture leurs victimes et eux-mêmes pour l'amour pur et désintéressé du règlement.

La voiture des postes est arrivée avec presque

deux heures de retard, et un autre passager,
une jeune fille, assise à côté du conducteur.
Aussitôt, ils se sont mis à s'embrasser et à se
caresser les mains. Nous avons observé leurs
roucoulades, d'abord d'un œil indulgent, car nous
étions heureux d'entamer notre voyage par un
temps idéal et dans un paysage magnifique. Mais
à Tuquerres, lorsque nos deux tourtereaux sont
entrés dans un hôtel « pour prendre un café »,
et qu'ils y sont restés pendant une bonne heure,
l'inquiétude s'est emparée de moi. J'ai demandé
à quelle heure fermait la frontière équatorienne,
expliquant que nous désirions arriver à Tulcan
ce soir. Le conducteur l'ignorait apparemment.
Il croyait que nous allions seulement à Ipiales,
en-deçà de la frontière. Il a donc accepté de se
hâter.

Néanmoins, il était près de cinq heures lorsque
nous sommes arrivés à Ipiales, pour découvrir
un autre obstacle ; les douaniers de la ville devaient fouiller nos bagages avant de nous laisser
continuer vers la frontière. Entre-temps, notre
conducteur a disparu. Il nous restait à peine une
demi-heure. Nous avons loué une autre voiture
et tenté notre chance.

A cet endroit, l'Equateur et la Colombie sont
séparés par le Rio Carchi. Le poste-frontière
se trouve sur un pont naturel, à un rétrécisse-
ment de la gorge de la rivière. Derrière ce pont,
l'Equateur grimpe dans le ciel en un tumulte
impressionnant de montagnes sauvages. Les voyageurs empruntent ce chemin depuis des siècles.

Nous avons bientôt découvert que nous nous
étions hâtés en vain. Le vrai passage de la douane
et l'examen des passeports, nous dit-on, avaient

lieu à Tulcan, et les bureaux n'ouvriraient pas avant demain matin. Pire encore, le seul car quittant Tulcan vers le sud partait à quatre heures du matin, ce qui en tout état de cause nous faisait perdre une journée. Par-dessus le marché, nous étions vendredi soir, et il n'y avait pas de car le dimanche. Personne ne connaissait la moindre voiture privée à louer ; de toute manière, c'était certain, elle nous aurait coûté une fortune. Nous étions apparemment condamnés à passer le week-end à Tulcan.

Hier soir, cela nous a semblé être une perspective insupportable. La ville, située à trois mille mètres d'altitude, paraissait lugubre, sale et glacée. Autour de la place principale, quelques rues étaient faiblement éclairées, mais les autres quartiers plongés dans une obscurité complète. Le seul endroit brillamment illuminé était un magasin de spiritueux ; mais comme nous ne voulions pas changer nos dollars au taux local et qu'il ne nous restait pas assez de pesos colombiens, nous avons dû nous passer de whisky.

On nous a installés à l'hôtel *Granada*, un bâtiment délabré en bois, dont les balcons intérieurs donnaient sur la salle à manger centrale. Les chambres ressemblent à des écuries. Sans fenêtre, avec de grandes portes d'étable fermées par un verrou. Le combiné douche-w.c. — un seul au rez-de-chaussée — ne conviendrait pas à des cochons. Pendant que nous prenions un dîner gras et tiède, le conducteur de la voiture des postes est entré dans la salle avec son amie. En nous découvrant là, il nous a souri sans manifester de surprise, et sans non plus nous offrir la moindre explication ni la moindre excuse. Nous ne nous sommes ni lavés ni rasés, nous contentant d'un brossage de dents avec l'eau minérale en bouteille, puis, tristement et le corps frissonnant, nous nous sommes couchés à huit heures et demie.

Ce matin, tout s'est soudain amélioré. J'ai découvert une autre salle de bains, relativement propre, à l'étage. Le serveur nous a souri aimablement ; hier soir, il nous faisait grise mine. Un garçon est venu nous annoncer qu'une voiture privée était finalement disponible ; elle nous emmènerait à Otavalo pour sept dollars seulement. La ville a toujours le même air sinistre et sale, mais la grand-place est très belle à la lumière du jour. Les douaniers ne nous ont pas créé de difficultés, et nous venons de faire tamponner nos passeports par un vieux gentleman courtois qui porte une barbe de grand poète victorien. Nous partons dans une heure.

Nous sommes très impressionnés par l'apparence des autres clients de notre hôtel. Après une nuit dans cette porcherie, ils sont arrivés frais et dispos pour le petit déjeuner, tirés à quatre épingles. On nous a déjà dit que même les Equatoriens les plus aisés descendent dans ce genre d'hôtel, et qu'il ne leur viendrait jamais à l'idée de s'en plaindre. Ils ont indubitablement maîtrisé l'art de voyager. En tout cas beaucoup mieux que l'Anglais ou l'Américain moyen qui, le cas échéant, dort n'importe où, mais toujours avec la conscience orgueilleuse des « mauvais traitements » qu'on lui inflige.

9 novembre. Au sud de Tulcan, nous progressons lentement sur la chaussée inégale au-dessus d'une haute lande noyée de pluie — paysage vert pâle, strié d'une balafre noire signalant le tracé de la route. Cela a un air de désolation absolue, et c'est vraiment la frontière naturelle entre deux pays ; un no man's land. Personne ne vit ici, et rien n'y pousse hormis une multitude de petites plantes semblables à des cactus, qui se dressent toutes molles sous la pluie battante.

« *Muy triste* », dit le conducteur.

De fait, je crois que c'est l'endroit le plus triste que j'aie jamais visité. Caskey a déclaré que le purgatoire ressemblait sans doute à cela. On s'imagine désespérément enraciné ici, à remâcher sans fin les actes qu'on n'aurait jamais dû accomplir, les paroles qu'on n'aurait jamais dû prononcer.

« Mais à la fin de chaque millénaire, lui rétorquai-je, l'une de ces plantes est peut-être pardonnée et obtient alors le droit de mourir. »

Nous sommes ensuite descendus dans une vallée où le soleil brillait, où la terre humide exhalait une vapeur tiède. Le paysage était plus riant, mais je me sentais toujours aussi déprimé. Ces reliefs titanesques ont apparemment écrasé et détruit leurs habitants. De tels endroits ne conviennent qu'aux touristes et aux géants ; l'humanité ordinaire est trop petite pour eux. Les terribles montagnes froides culminent dans les nuages tandis que les villages misérables se blottissent à leurs pieds — maigre troupeau de huttes, à l'intérieur noirci par la fumée, aux murs de terre battue croulants.

Quelques kilomètres plus loin, nous avons pénétré dans une étrange région jaune de rochers désolés et érodés. A certains endroits, des crues soudaines avaient presque arraché la route du flanc de la montagne, ou bien des glissements de terrain l'obstruaient. En Colombie, on rencontre souvent des équipes de terrassiers qui travaillent sur la chaussée et réparent les dégâts ; ici, il n'y a personne. Pourtant, ce chemin cahotant est le seul lien entre l'Equateur et le nord, ainsi qu'un tronçon de ce qu'on appelle pompeusement « la Grand-route pan-américaine » !

Près du large lit pierreux du Rio Chota, se trouve un village de huttes végétales presque entièrement habité par des Noirs. Ces huttes sont manifestement africaines, mais les Noirs portent les vêtements des montagnards indiens et parlent leur langue. Ici, comme à deux autres endroits sur la route, une chaîne barre la chaussée, et il faut s'arrêter pour présenter ses papiers à un douanier. En pareilles occasions, notre conducteur s'est déjà révélé fort précieux et diplomate. En effet, il tenait à ce qu'on ne fouille ni nos bagages ni la voiture, car lui-même passait en contrebande quelques chemises, cachées sous une couverture sur la banquette.

C'est seulement lorsqu'on atteint Ibarra que la campagne paraît vraiment se peupler. Cette ville se dresse au bord d'un lac, parmi des jardins et des arbres, avec une grande montagne bleue dans le fond. Entre Ibarra et Otavalo la route est empierrée, et bordée de murs de terre battue. Nous commençons maintenant à croiser des Indiens revenant du marché du samedi matin. Les hommes portent de longues nattes tressées, des couvertures rouges et de grands chapeaux.

Certains ont sur le dos des pots en terre presque aussi gros qu'eux. Quelques-uns étaient incroyablement ivres — plus ivres, a dit Caskey, que tous les poivrots du monde. Ils titubaient avec des expressions de visionnaires en extase, guidés comme du bétail par des femmes hilares. Beaucoup nous ont adressé des grimaces facétieuses en agitant la main.

Le conducteur nous a recommandé un hôtel appelé le *Chalet Intiyan*. C'est une belle maisonnette située quinze kilomètres après Otavalo, au bord d'un grand lac. Comme le patron est allemand, la table est correcte et l'endroit extrêmement propre, bien que la plomberie soit temporairement hors d'usage. A notre arrivée, le chauffeur a réclamé trois dollars supplémentaires car, nous dit-il, il avait seulement accepté de nous emmener jusqu'à Otavalo. Nous avons discuté un moment, puis renoncé à toute protestation ; ce prix était de toute façon très modique, car nous avions parcouru cent vingt kilomètres sur une mauvaise route, et notre chauffeur ne pourrait rentrer à Tulcan ce soir. Dès que nous lui avons payé l'argent de sa course, nous sommes redevenus bons amis et nous nous sommes quittés en excellents termes.

Il y a deux Américains à l'hôtel, un certain major Hays et sa femme. Il est attaché à la Mission aérienne américaine de Quito. Hier soir, après le dîner, le major Hays a sorti une bouteille de whisky, et avec son épouse il nous a parlé de leur vie en Equateur. Leur attitude est bien typique des militaires en poste à l'étranger — elle n'a pas changé depuis l'époque où mon père était stationné en Irlande avec son régiment britannique, il y a trente-cinq ans. Ils aiment l'Equateur — surtout pour la chasse et la pêche —, mais souffrent d'un mal du pays chronique. Ils ont quelques amis autochtones, mais fréquentent surtout leur cercle de militaires expatriés qui ont recréé un semblant de vie américaine à l'aide du bridge, du base-ball, du tennis, des revues américaines, du bourbon et des cigarettes d'importation. Les hommes doivent entre autres effectuer des missions périlleuses au-dessus des montagnes ; Mme Hays nous a expliqué avec une grande émotion qu'elle-même et les épouses des pilotes attendent parfois sur le terrain d'aviation, tendant l'oreille vers les avions de leurs maris qui descendent à l'aveuglette à travers les nuages. Les femmes luttent quotidiennement pour que leur existence conserve « une certaine tenue », malgré la domesticité exaspérante et la médiocrité de la nourriture locale. Il y a parfois quelques moments d'excitation — ainsi, lorsqu'au cours de la récente révolution deux armées se sont approchées de la ville et qu'on a redouté des pillages. Et puis, les étrangers vivent dans la crainte permanente des cambriolages. Les voleurs s'introduisent dans les maisons après avoir empoisonné le chien de garde, mais ils sont rarement armés. Il est donc conseillé d'avoir un revolver, et de s'entraîner ostensiblement au tir dans le jardin, afin que tous les voisins comprennent bien que vous ne plaisantez pas. Quant aux policiers, loin d'assurer une quelconque protection, ils constituent un risque supplémentaire. Ils peuvent ainsi vous réclamer votre permis de conduire et le confisquer ; il faut alors aller au commissariat de police et payer une amende pour le récupérer.

Ce lac — appelé Laguna de San Pablo — est d'un calme paisible dans son cadre montagnard. Autrefois, les Indiens le croyaient sacré. Ils sont très nombreux à s'être installés ici ; ils possèdent même de petites fermes et sont relativement prospères. Ils se baignent dans le lac et pagaient dessus, agenouillés dans des canoës en roseaux. Ce matin, il y avait des nuées de hérons blancs sur les berges, et nous avons entendu les flûtes indiennes jouer sur toute la colline. Le major Hays et sa femme sont partis en bateau et ont abattu deux oiseaux qui ressemblaient à des canards, mais qui n'avaient pas des pattes palmées. Ils ont laissé ces oiseaux sur les marches dans le jardin pendant quelques minutes, et les volatiles ont disparu. Selon le directeur, ce sont des Indiens qui les ont chapardés. Ils volent tout ce qui leur passe à portée de la main, que cela leur soit utile ou non. Et ils ne se contentent pas de dépouiller les étrangers. Dans chacun de leurs champs enclos, on remarque une hutte bâtie sur une plate-forme haute d'environ deux mètres. C'est une tour de guet, dans laquelle le propriétaire du champ dort, son fusil posé près de lui, pendant que sa récolte mûrit.

D'Otavalo, on peut rejoindre Quito en autorail (un moyen de transport semblable à l'*autoferro*) ou en train. Il n'y a qu'un seul autorail et un seul train par jour, qui partent tous les deux de très bonne heure, bien que la distance entre les deux villes soit relativement courte —l'autorail, le plus rapide, met cinq heures. Mais comment arriver à temps pour le prendre ? Le directeur de l'hôtel n'a pas de voiture, et il affirme que, si nous commandons un taxi à Otavalo, il n'arrivera sans doute pas à temps. M. Haskell, un Californien qui habite lui aussi près de l'hôtel, avait une autre suggestion à nous faire, que nous avons acceptée parce qu'elle nous paraît romantique, quoiqu'un peu compliquée. Son jeune beau-frère nous fera traverser le lac en barque jusqu'à un appontement situé à l'autre bout du plan d'eau. Là, nous trouverons sans problème des Indiens sur le chemin de leur travail, qui nous aideront à transporter nos bagages jusqu'à un village nommé Eugenio Espejo, où nous pourrons prendre l'autorail. Nous devons donc partir demain à quatre heures du matin.

10 novembre. Ce matin, le plan de M. Haskell nous a paru beaucoup moins romantique. Il avait beaucoup plu au cours de la nuit, et il bruinait toujours. Le bateau était plein d'eau jusqu'au quart de sa hauteur, et il a fallu écoper ; de toute façon, la coque fuyait un peu. Ensuite, nous avons dû transporter tous nos bagages à bord — les valises, ma machine à écrire, les lourds manteaux qui, nous l'espérons, vont enfin justifier leur présence encombrante lorsque nous aurons atteint les très hautes montagnes — jusqu'ici, nous les avons seulement maudits —, et le trépied de Caskey, qu'il n'utilise jamais et qui nous fait toujours trébucher quand nous sommes pressés. Nous sommes donc partis en retard.

A une vingtaine de mètres du rivage, dans les ténèbres sans étoiles, toute impression de perspective a disparu. Le lac nous a semblé rétrécir aux dimensions d'une petite mare, et les montagnes ressemblaient à des berges boueuses, hautes de deux ou trois mètres. Seulement, ces berges ne bougeaient pas. Le garçon ramait encore et toujours, comme dans le vide. La pluie tombait. De temps à autre, nous écopions sous le banc avec une boîte de conserve. Presque une heure s'est ainsi écoulée.

Enfin, au point du jour, le paysage a imperceptiblement repris forme et nous avons atteint la rive opposée. Un Indien pataugeait parmi les roseaux et remplissait d'eau une jarre immense. Moi, qui étais presque deux fois plus grand que lui, j'aurais à peine pu la soulever, mais il m'a fait signe de poser une valise dessus. Un autre Indien est arrivé, prêt à nous aider. Il s'est accroupi comme un chameau dans la boue pendant que nous chargions trois sacs sur son dos ; puis il s'est relevé sans pousser la moindre plainte, et nos deux porteurs ont aussitôt adopté un trot rapide. Nous les avons suivis en ne portant quasiment rien, mais en haletant à cause de l'air raréfié des montagnes.

Après avoir parcouru quatre kilomètres environ, j'ai regardé ma montre. Il était déjà six heures un quart. L'autorail quittait normalement Otavalo à six heures dix. J'ai alors demandé à l'un des Indiens :

« Eugenio Espejo — est-ce encore loin ? »

Il m'a souri et m'a indiqué la direction opposée. Il y avait eu un malentendu. Ils nous emmenaient vers Otavalo.

Nous allions rater l'autorail, c'était certain ; et probablement le train aussi. Il n'y avait pourtant rien d'autre à faire qu'à continuer d'avancer d'un bon pas. Le sentier descendait la colline et coupait la voie de chemin de fer. Nous avons fait halte pour réfléchir : il était peut-être préférable de marcher le long de la voie ? Mais les Indiens nous ont dit que non. Nous nous préparions donc à repartir sur le sentier lorsque, tel un miracle, l'autorail est arrivé. Nous avons frénétiquement agité les bras, osant à peine espérer qu'il s'arrêterait. Mais il s'est arrêté. Nous sommes montés à son bord avec reconnaissance.

Voilà bien l'ironie des voyages. On passe sa jeunesse à rêver du jour magique et infiniment lointain où l'on franchira l'équateur, où l'on contemplera Quito. Et puis, dans le lent processus d'une existence prosaïque, ce jour arrive comme n'importe quel autre — et vous trouve endormi, affamé et morose. L'équateur n'est qu'une vallée comme une autre ; on ne sait même pas laquelle et, au fond, on s'en moque presque. Quito n'est qu'une gare banale, où l'on discute pour les bagages, les taxis, les pourboires. Et au milieu de toute cette bizarrerie bruyante et pittoresque, la seule réalité réconfortante est celle d'une pension propre, tenue par des réfugiés tchèques, où l'on s'assoit dans une confortable salle à manger d'Europe centrale pour manger un *Wiener Schnitzel* cuit à point.

5. Du pétrole dans la jungle

13 novembre. La pension Astoria, où nous séjournons, se trouve dans une petite rue paisible, la Calle Texeira, des quartiers résidentiels du nord de la ville. C'est une villa terne mais agréable, recouverte de vigne vierge, au milieu d'un jardin parsemé de statuettes pseudo-classiques et d'arbres en fleurs. Elle a appartenu à un président de l'Equateur.

Frau Schneider, la propriétaire, est une Pragoise corpulente, brusque et vive. Elle a décoré et meublé la maison pour y créer une atmosphère de *Gemütlichkeit* juive. Les pièces sont remplies de bibelots, de cendriers en métal estampé, de coussins de velours, de consoles murales, de photos de famille. La nourriture est copieuse, et il y a une profusion de gâteaux délicieux.

A Prague, les Schneider étaient relativement riches. Aujourd'hui, Herr Schneider travaille dans une banque, pour un salaire dérisoire. Frau Schneider dit qu'il se ronge les sangs ; de toute évidence, ce n'est pas le cas de son épouse. Elle fait partie de ces rares réfugiés que j'ai rencontrés qui semblent parfaitement contents de leur nouveau foyer.

« Tous les matins, lorsque je me réveille, je suis si heureuse d'être ici. C'est le climat — ah,

139

quelle merveille ! Mon mari prétend que nous vivons chaque jour une année entière : le printemps le matin, l'été à midi, l'automne le soir, et la nuit, l'hiver... Je vous donne beaucoup de couvertures. »

Les quatre jeunes domestiques équatoriennes qui s'occupent des travaux ménagers semblent heureuses, elles aussi. Elles gazouillent comme des oiseaux en balayant. Chaque fois que l'une d'elles vient s'occuper de nous, elle ressort très vite de la pièce, juste à temps pour dissimuler son rire. Nous l'entendons pouffer avec ses amies dans le couloir, elles se moquent gentiment de ces deux hurluberlus étrangers, jusqu'à ce que les remontrances bon enfant de Frau Schneider les rappellent à leurs tâches.

« Toujours je dois être très stricte », nous explique Frau Schneider en souriant, comme un cavalier inflexible qui garde les rênes bien en main.

Lorsque Frau Schneider ne surveille pas son personnel ou la préparation du prochain repas, elle passe beaucoup de temps au téléphone. A Quito, le téléphone fonctionne un peu comme la roulette au casino ; on met parfois trois quarts d'heure à obtenir le bon numéro. Ensuite, il faut crier à pleins poumons. Mais Frau Schneider a une telle vitalité qu'elle paraît s'amuser de tout cela comme d'un jeu.

Le vieux quartier central de Quito ressemble beaucoup à ce que j'avais imaginé : toits de tuiles marron, campaniles, rues sinueuses et raides nichées dans un ravin étroit et profond entre les montagnes. On a la meilleure vue du sommet de la colline de Panecillo, avec les pics enneigés de la chaîne orientale en arrière-plan — le Cayambe, l'Antisana, le Cotopaxi, tous culminant à plus de six mille mètres. Ce genre de beauté est si authentique, si immédiatement convaincant qu'on le « reconnaît » aussitôt, comme un chef-d'œuvre célèbre dont on a déjà vu d'innombrables reproductions, et l'on se murmure : « Ah oui... bien sûr... Quito... », tout comme on pourrait dire : « Ah oui... la Joconde... »

Les trottoirs sont trop étroits pour contenir la foule pressée. Les gens grouillent sur la chaussée, malgré les coups de klaxon féroces et la vitesse meurtrière des véhicules — des voitures modernes coupent dangereusement la route à de vieux cars bondés. (Certains conducteurs se signent parfois avant de tenter une manœuvre particulièrement périlleuse.) Tout le monde semble en retard, mais en même temps joyeux et détendu. Un piéton frôle la mort et se retourne pour sourire au conducteur.

Ici, les contrastes sociaux sont frappants. Même l'employé le plus pauvre (à Quito, tous les salaires sont affreusement bas, par rapport à l'augmentation du coût de la vie), se débrouillera pour acheter le costume, la chemise habillée et la cravate qui sont la marque de sa caste. La barrière infranchissable de la fierté le sépare des haillons et des rapiéçages exhibés sans honte, des pieds nus et crasseux, de la pauvreté du travailleur manuel. Où qu'on aille, on voit les *cargadores*, les porteurs, voûtés et peinant sous d'énormes fardeaux retenus contre leurs épaules par des bandes de cuir qui leur ceignent le front. La tête et les yeux baissés, ils se hâtent avec l'hébétude obstinée des bêtes de somme. Et puis, il y a les purs Indiens et leurs costumes traditionnels ; les hommes en ponchos et nattes, les femmes en jupes larges et en petits chapeaux, avec leur bébé accroché de côté sur leur dos dans un sac. Ils arrivent de la campagne pour vendre les produits de leur ferme, ou les textiles et les bijoux qu'ils fabriquent. Ils sont très pauvres, mais nullement misérables. Ils bavardent et rient ; c'est un peuple gai et pratique qui vit hors des barrières de la vanité sociale.

Il y a cinquante-sept églises et monastères dans cette ville — presque tous « méritent le détour ». Jusqu'ici nous en avons visité environ six, et je doute que nous en voyions beaucoup d'autres. Ni Caskey ni moi ne sommes de bons touristes. Nous nous lassons trop vite de tant de splendeur — autels dorés, chaises de chœur sculptées, moulures tarabiscotées aux plafonds, fresques peintes sur le marbre, crucifix en argent et ivoire, ostensoirs étincelants de pierres précieuses.

Dans la chapelle voisine de l'église de San Francisco, se trouve une statue de saint Luc, patron des peintres, tenant un pinceau, un appuie-main et une palette. Dans la bibliothèque du monastère de La Merced, j'ai remarqué un exemplaire de *Mein Kampf*.

Il y a d'innombrables statues dans les lieux publics, belles, laides ou invraisemblables. Les meilleures sont pour la plupart des bustes modernes ; j'aime surtout celui d'Eugenio Espejo, le patriote équatorien, qui se trouve devant l'hôpital Espejo. Le monument de Bolivar est moins réussi. Le Libérateur, à cheval, jaillit vers le ciel, à la tête d'un groupe de partisans et d'anges aux énormes ailes profilées. L'effet général est vaguement aéronautique, mais, ainsi que l'a remarqué Caskey, ces gens-là ne décolleront jamais. Sur la Plaza Independencia, il y a un mémorial aux héros du mouvement de l'indépendance de 1809. Au pied d'une haute colonne, le lion espagnol s'éloigne d'un air penaud, une flèche plantée dans le dos. Qui a décoché cette flèche ? Apparemment, un condor furieux, symbole de l'Equateur révolutionnaire. Ici, au moins, l'intention du sculpteur est claire — quoi qu'on puisse penser de sa zoologie. Mais aucune des personnes que nous avons rencontrées n'a pu nous expliquer la signification de la jeune fille nommée Insidia, dans le *Parque 24 de Mayo*. Au milieu d'un cercle de phoques attentifs (dont l'un a été volé), elle se retourne pour affronter un serpent qui a bien failli la mordre à la fesse droite. Dans le même parc, et encore plus énigmatiques, on trouve deux lutteurs nus, catégorie poids lourd, aux membres enchevêtrés, qui se vautrent sur un malheureux dragon, dont ils n'ont apparemment pas remarqué la présence, tant ils sont excités. A en juger par l'expression douloureuse du reptile, il est écrasé à mort.

Les pires de ces statues évoquent des œuvres refusées pour un salon parisien de la fin du XIXe siècle. Et de fait, des sculpteurs français ont commis un grand nombre d'entre elles. Selon une anecdote ici célèbre, la ville de Guayaquil a un jour commandé à Paris la statue d'un héros national et a reçu à la place un Lord Byron en pied, qui était alors disponible. La statue fut néanmoins érigée avec le nom du héros national gravé sur le piédestal.

Les gens que nous avons rencontrés jusqu'ici sont surtout américains — l'ambassadeur des Etats-Unis, M. Shaw, et M. Herron, du personnel de l'ambassade, M. Kessel Schwartz, le directeur du centre culturel américain. Schwartz, un homme assez jeune, va bientôt quitter son poste pour retourner aux Etats-Unis, parce que sa femme ne supporte pas l'altitude. (Quito se trouve trois cents mètres plus haut que Bogota.) Il est bien sûr inquiet et déprimé, son attitude est peut-être excessivement pessimiste, même si je comprends sa réaction. Pour Schwartz, Washington ne se rend absolument pas compte de l'importance des centres culturels, et les considère comme une perte de temps. Ses crédits ont été tellement réduits qu'il a bien du mal à agir. Les Equatoriens l'ont remarqué et disent :

« Pendant la guerre, vous aviez besoin de nous — vous vouliez nos matières premières et vous redoutiez l'influence des nazis ici — rien n'était alors trop bon pour nous. Mais aujourd'hui qu'on n'a plus besoin de nous, on nous laisse tomber. »

Les Argentins profitent de l'avantage d'une langue et d'une tradition communes pour accroître leur influence. Récemment, ils ont envoyé à l'Equateur un portrait de Bolivar. Il a été transporté sur un vaisseau-école dont les jolis cadets ont fait les délices de toutes les filles de Quito et de Guayaquil. Le pays est littéralement inondé de publicités et de propagande argentines.

Un centre culturel est bien sûr un lieu de propagande pour le pays qu'il représente ; mais il s'agit en l'occurrence d'une propagande que l'Amérique latine peut respecter et apprécier. Tout en apprenant l'anglais, en parlant de l'Angleterre et des Etats-Unis, en écoutant des conférences et de la musique, en regardant des tableaux, des cartes et des livres, le Latino-Américain se rapproche plus de l'Anglo-Saxon que par toute autre méthode. Les contacts personnels par le biais de la culture sont toujours plus forts que les contacts d'affaires — indépendamment du tact, de l'habileté et de la sympathie qui accompagnent parfois ces derniers. La culture a une importance énorme pour le Sud-Américain. La moindre trace de culture — le simple fait de citer des noms d'artistes, d'écrivains ou de compositeurs — excite son intérêt, éveille son enthousiasme. Il sait très bien que ces choses servent de paravent aux dures réalités des affaires et de la politique. Mais peu importe ; il aime les paravents, et il serait blessé si vous vous présentiez nu devant lui. Le directeur de chaque centre culturel est un ambassadeur d'une importance capitale — ou du moins il pourrait l'être, si son gouvernement le soutenait convenablement.

Les Etats-Unis n'ont aucune excuse pour justifier leur manque de détermination à cet égard ; car ils pourraient allouer beaucoup d'argent à cette entreprise. La Grande-Bretagne n'a pas l'argent, et doit économiser. Ainsi, le centre culturel britannique de Quito va fermer ses portes au début de l'an prochain. Nous sommes déjà devenus très amis avec son directeur, M. Smith. Il fume la pipe, il porte du tweed, il est corpulent et très écossais.

14 novembre. Hier soir, M. Smith et sa femme nous ont invités à une soirée chez eux, où nous avons rencontré M. Mott, directeur de la Shell Oil Company en Equateur. Il nous a proposé de visiter Shell-Mera, le camp de la compagnie installé dans la jungle amazonienne. Nous partirons dans deux ou trois jours.

Nous avons passé la matinée avec Smith et son secrétaire, Tony Mancheno. Tony est un garçon charmant, exceptionnellement intelligent, à l'air pensif et à la politesse impeccable. Il est très sensible à tout ce qui concerne l'Equateur, et j'ai remarqué qu'il observait nos réactions avec attention.

Aujourd'hui, nous avons certes réagi à beaucoup de choses. Ils nous ont d'abord emmenés voir le Manicomio, le vieil asile de fous de Quito. C'est un énorme bâtiment délabré qui, depuis plus de deux siècles, sert à la fois d'hospice pour les pauvres et d'asile pour les fous. Autrefois, on enfermait ces derniers dans des oubliettes. L'une d'elles est encore noircie par la fumée d'un feu allumé par son pensionnaire, qui espérait ainsi — avec raison — brûler sa prison.

« Ah ! comme je regrette qu'il ait échoué ! » s'est écrié le docteur Cazares en souriant tandis qu'il nous faisait visiter le bâtiment.

Le docteur Jarrin et lui-même, tous deux des hommes jeunes, s'occupent presque seuls de la bonne marche du Manicomio, avec l'aide de quelques internes, infirmiers et religieuses. C'est là un combat vraiment héroïque. Le manque de fonds et l'état des locaux plongent Cazares dans un désespoir nuancé d'humour. Les murs ne tiennent plus que par miracle, il faut sans cesse les rafistoler et les replâtrer. Un jour qu'il avait perdu tout espoir, nous a-t-il confié, il a démissionné de son poste, mais sa conscience l'a contraint à le réintégrer presque aussitôt.

Le Manicomio abrite actuellement quatre cents malades environ. Jarrin et Cazares obtiennent d'assez bons résultats avec les électrochocs et l'analyse, mais ils manquent de matériel pour la thérapie par le travail — exception faite de ceux des malades bénins capables d'assumer les tâches ménagères ou les travaux de menuiserie et de jardinage. Les vieux patios chaulés sont égayés de parterres de fleurs, et de nombreux malades étaient assis au soleil autour de ces derniers. Certains d'entre eux se sont approchés de nous, qui s'inclinant avec une politesse impudente et exagérée, qui souriant d'un air malin, qui tirant sur la manche de Cazares en marmonnant une requête incohérente. D'autres encore se tenaient accroupis dans un recoin, le visage obstinément caché dans une couverture, lugubres et déprimés. Un homme à barbe blanche s'était assis pour lire un journal ; de temps à autre il poussait un cri, soit de dégoût, soit afin de proclamer son existence. Il y avait aussi un jeune Indien qui riait — sans frénésie ni violence, mais avec une espèce de joie cosmique imbécile incluant tout le monde ; lui-même, nous, l'asile, l'Equateur, la Terre entière. Je n'ai pu m'empêcher de rire avec lui.

Malgré le personnel réduit et le comportement inévitablement sale de certains malades, toutes les pièces sont d'une propreté parfaite. Les plan-

147

chers venaient d'être récurés, et tous les draps étaient impeccables. A l'étage, alors que nous empruntions d'étroits passages obscurs, nous avons regardé à travers les judas de petites portes blindées pour voir les cas violents — les hurleurs frénétiques et les formidablement silencieux — allongés, les poings serrés, le front pressé contre le mur. Chacun isolé dans son propre univers, effroyablement seul.

Dans l'une des grandes salles se trouvait un Tchèque — gros homme hagard aux cheveux blonds clairsemés. Pour une raison mystérieuse, il avait attaqué son beau-frère après avoir eu une vision du Christ parmi les nuages. Il venait de recevoir un traitement à l'insuline et il était allongé, épuisé. Cazares m'a demandé de lui parler en allemand. Il m'a répondu d'une voix si faible que j'ai dû m'agenouiller à son chevet et me pencher tout près de son oreiller pour l'entendre. Ce faisant, je n'ai pu m'empêcher de me demander ce qui se passerait si, dans un brusque sursaut d'énergie, il me saisissait à la gorge. Notre conversation n'aboutit à rien. Il s'est plaint d'une douleur au cœur. Cazares m'a dit de lui assurer qu'elle était sans gravité ; son cœur fonctionnait parfaitement. Mais cette nouvelle n'a guère semblé l'égayer. Il s'est mis à marmonner qu'il désirait quitter cet endroit et rentrer en Europe, mais qu'il n'avait pas d'argent. Cazares a répondu qu'il pourrait partir dès qu'il serait remis, et que son beau-frère avait déjà accepté de lui payer le voyage. Mais le malade n'a pas semblé comprendre cela non plus. Au bout de quelques minutes, nous avons renoncé à lui parler.

Du Manicomio, nous sommes allés à la prison Garcia Moreno. Elle se trouve un peu au-dessus de la ville, sur le versant escarpé d'une montagne. Le docteur Vizuete, le gouverneur, nous a fait visiter son établissement. Il m'a donné l'impression d'un homme intègre et humain, qui détestait ses fonctions. Il nous a dit qu'il avait la charge d'environ trois cent cinquante prisonniers, des assassins pour la plupart. En Equateur, comme en Colombie, la peine de mort n'existe pas. La condamnation maximale pour meurtre est de seize années de réclusion, avec une remise de peine de trois ans en cas de bonne conduite. Cette clémence relative est peut-être due à la reconnaissance de la nature de la violence dans un pays tropical, où un meurtre est très rarement prémédité. En tout cas, la plupart des meurtres en Equateur ont lieu dans la région côtière très chaude plutôt que dans les hautes montagnes. Il y a quelques prisonniers militaires à Garcia Moreno, et quelques femmes — presque toutes condamnées pour infanticide —, mais nous ne les avons pas vues.

Un gardien a déverrouillé une porte, que nous avons franchie avant d'être enfermés dans le bâtiment. Il n'y avait apparemment pas de gardiens ni de surveillance régulière à l'intérieur de la prison. Les détenus ne portent pas le moindre uniforme. La plupart d'entre eux étaient dehors, dans la grande cour, où ils discutaient, jouaient au handball, grattaient une guitare ou chantaient. Quelques-uns travaillaient dans les ateliers — spontanément, nous a-t-on assuré — pour fabriquer des meubles ou des chaussures. L'un d'eux parlait anglais, et un groupe s'est bientôt rassemblé autour de nous pour nous poser des questions : que pensions-nous de l'Equateur ? Qu'y faisions-nous ? A quoi ressemblait la vie aux Etats-Unis ? Leur attitude était décontractée et amicale. Ils ne nous ont pas demandé de cigarettes avant que nous leur en offrions. Ils ne nous ont pas harcelés pour nous contraindre à acheter les objets qu'ils fabriquaient, bien qu'ils en aient beaucoup à vendre — surtout des brosses à chaussures, et des échiquiers. En fait, ils étaient beaucoup plus polis que la plupart des gens avec qui l'on devise parfois dans la rue, à l'extérieur.

Une fois par semaine, les prisonniers ont la permission de voir leur épouse — non pas de part et d'autre d'une table ou d'un grillage en présence d'un gardien, mais dans l'intimité que peut leur procurer le bâtiment. Les prostituées ont aussi le droit d'y pénétrer, pour le bénéfice des célibataires.

En 1912, le grand ancien président libéral Eloy Alfaro fut emprisonné à Garcia Moreno par ses ennemis politiques. Il avait mené une politique anticléricale souvent mal comprise par les masses à l'esprit simple et dévot ; il fut alors facile de les monter contre lui. Des soldats pénétrèrent dans sa cellule, l'abattirent, puis jetèrent son cadavre en pâture à la foule. Il fut traîné dans les rues, mutilé et brûlé dans un jardin public.

Par une ironie tragique, Alfaro fut emprisonné et assassiné dans une prison portant le nom d'un homme à l'œuvre duquel il s'opposa et qu'il démantela largement. Le président Garcia Moreno, son prédécesseur, avait en effet rendu à l'Eglise presque tout le pouvoir qu'elle possédait durant l'époque coloniale, y compris le droit de censurer la presse et le contrôle de l'éducation. Il fit de la profession de foi catholique une condition de la citoyenneté équatorienne, et promulgua même une loi qui consacrait l'Equateur au Sacré-Cœur de Jésus. Pendant les deux mandats présidentiels d'Alfaro, toutes ces mesures furent abrogées. Alfaro proclama la tolérance religieuse, autorisa le mariage civil, permit aux femmes d'occuper des postes dans la fonction publique et créa un système d'éducation laïque. Après un long combat avec le Vatican, il priva l'Eglise de ses grandes propriétés foncières et chassa les ordres religieux hors du pays.

Si l'on laisse de côté le problème catholique, il faut reconnaître que les deux hommes firent beaucoup pour l'Equateur. Tous deux construisirent des routes et des ports, améliorèrent l'administration publique, développèrent le commerce et l'agriculture. Garcia Moreno décida la construction du chemin de fer reliant Guayaquil à Quito ; Alfaro réalisa ce projet. Et tous deux furent assassinés. Garcia Moreno fut tué au début de son troisième mandat présidentiel, en 1875. Son assassin fut peut-être inspiré par l'œuvre du célèbre écrivain libéral Juan Montalvo, l'un des ennemis les plus farouches de Garcia Moreno. En apprenant la nouvelle de la mort du président, il s'écria, avec la vanité pardonnable de l'écrivain :

« C'est ma plume qui l'a tué ! »

Aujourd'hui, la cellule d'Alfaro est un sanctuaire pourvu d'un buste, d'une plaque, de guirlandes et des couleurs du drapeau national peintes autour de la porte. Dans tous les pays, maints grands hommes ont été emprisonnés à un moment de leur vie, mais leurs monuments sont élevés ailleurs, dans un lieu public très digne. Ou bien leur prison a été transformée en musée, anoblie et dénaturée. Mais pas ici. Dans le couloir, les cellules situées de part et d'autre de celle d'Alfaro sont toujours occupées. Son monument est destiné à ses compagnons de détention, et non au public — pour leur rappeler quotidiennement qu'un héros de l'Equateur a jadis partagé leur condition.

Tony Mancheno était sincèrement désespéré par cette visite.

« Tout l'argent du pays va à l'armée, dit-il, alors que nous n'avons aucun besoin d'elle. Pourquoi le gouvernement n'en dépense-t-il pas pour améliorer des endroits comme celui-ci ? »

Il avait raison, bien sûr. Un inspecteur des prisons britanniques ou américaines condamnerait tous les aspects de l'établissement Garcia Moreno. Sans doute la nourriture y est-elle médiocre, le logement inadéquat, et les sanitaires antédiluviens. Sans doute la conception officielle des problèmes de la psychologie criminelle et de la réhabilitation sociale est-elle désespérément empirique. Et pourtant, assez curieusement, je suis loin de m'y être senti aussi honteux et déprimé que dans les autres prisons que j'ai visitées. Cela paraîtra peut-être sentimental et réactionnaire, mais je me rappelle sans cesse l'expression des visages de tous ces hommes. Personne n'avait jamais essayé, même avec les meilleures intentions, de les « comprendre ». Personne ne les avait étudiés. Personne ne leur avait jamais fait sentir, même sans beaucoup de tact, qu'ils étaient des ratés, des cas sociaux ou autres. Personne ne leur avait jamais dit que leurs crimes étaient l'expression de certaines conditions sociales, d'un environnement économique néfaste. Non, je ne me moque pas. Je suis perplexe —simplement parce que je défends le parti des psychologues et des réformateurs. Et puis, cette impression est trop forte pour que je l'ignore... Chacun de ces prisonniers a tué un ou plusieurs êtres humains. Certains regrettent peut-être leur geste ; d'autres pas. Mais tous ont l'air d'individus intègres, et non de criminels endurcis ni d'hommes humiliés. On les imagine volontiers retournant dans leur ville et reprenant leur existence là où ils l'avaient laissée, sans effort, comme une évidence. Garcia Moreno est certes un établissement déplorable. Mais je crains qu'il existe beaucoup d'endroits plus propres, plus humains, infiniment plus terribles, où des gens sont contraints de passer le quart de leur vie.

17 novembre. Ce matin de bonne heure, nous sommes partis pour le camp de Shell-Mera dans un break de la compagnie pétrolière. Nous étions avec Frank Bellew et le docteur Antonio Quevedo. Bellew est jeune, écossais, marié à une Equatorienne. C'est un cadre de la Shell, qui effectue l'un de ses tours d'inspection coutumiers. Quevedo, invité comme nous, est un avocat connu de Quito. Il a été ambassadeur d'Equateur en Angleterre et président de la Société des Nations. Il a autrefois refusé d'être nommé président de la République, car il préfère se tenir à l'écart de la politique. Il a environ quarante-cinq ans, il est mince et sec.

Malheureusement, le temps n'était pas très clair ; le Cotopaxi et la plupart des autres pics étaient cachés dans les nuages. Nous sommes partis vers le sud sur le plateau continental accidenté, qu'on a comparé à une échelle horizontale ; à l'ouest et à l'est, les cordillères forment les montants de cette échelle, et la succession des chaînes intermédiaires est comparable aux barreaux. En haut de chacune de ces dernières, nous passions à côté d'une hutte surmontée d'un crucifix. Par superstition, tous les paysans y lancent une pierre en franchissant le col. Nous avons aussi croisé un car nommé *Lénine*. Presque tous les cars équatoriens portent un nom — et plus il est original, mieux c'est. Quevedo nous a dit que, voilà quelques années, il avait remarqué plusieurs *Hitler*.

Bellew nous a parlé de l'histoire et de la géographie du projet Shell-Mera. Il est situé dans l'Oriente, la minuscule portion de jungle sauvage appartenant à l'Equateur, une jungle qui couvre tout le nord du Brésil et s'étend jusqu'à l'Océan atlantique. Au nord, l'Oriente est limité par la Colombie, à l'est et au sud par le Pérou ; mais il s'agit simplement de frontières politiques. La seule barrière naturelle, la double chaîne des Andes, se trouve à l'ouest. Sur tous ses versants coulent des fleuves qui, tôt ou tard, rejoindront l'Amazone. Les villes et les bourgades d'Equateur se trouvent sur le plateau andin, ou plus à l'ouest, sur la plaine côtière. L'Oriente est encore désert, seulement habité par les Indiens de la forêt et quelques communautés villageoises installées près des montagnes.

Il y a dix ans environ, le gouvernement équatorien a donné une concession à la compagnie Shell, qui a alors envoyé ses géologues dans l'Oriente pour procéder à une étude. Les rapports furent favorables, mais les opérations retardées par la déclaration de guerre, si bien qu'elles commencent aujourd'hui seulement à grande échelle. Actuellement, deux forages sont en cours, un troisième sera lancé au printemps prochain, et un quatrième a déjà été temporairement abandonné. Jusqu'ici, on n'a pas trouvé la moindre goutte de pétrole à aucun de ces endroits, mais les experts sont optimistes, et ils montrent des carottes de sable imprégné de pétrole pour justifier leurs espoirs. Il y a sans nul doute du pétrole dans la jungle. Mais y en a-t-il assez pour justifier des investissements supplémentaires ? Dans l'affirmative, Shell devra construire un pipe-line long de quatre cent cinquante kilomètres, l'un des plus élevés au monde, à travers les Andes et jusqu'à l'océan, afin de charger le pétrole sur des bateaux.

En milieu de journée, nous avons atteint Ambato, une ville agréable entourée de jardins fleuris et de vergers, et nous avons déjeuné dans un restaurant allemand où s'arrêtent d'habitude les employés de la Shell lorsqu'ils vont à Shell-Mera ou qu'ils en reviennent. Là, nous avons retrouvé Notchey O'Keefe Starr, un foreur. Le prénom de Notchey est indien d'Amérique du Nord ; mais hormis cela, c'est un Irlandais typique de l'Oklahoma. Il correspond si parfaitement à l'image qu'on se fait de sa profession qu'il pourrait jouer son propre rôle au cinéma — à condition de censurer de façon stricte ses paroles. Sa vie sentimentale et ses exploits de buveur — ou plutôt, ce qu'il nous en dit —sont le scandale et la délectation de la compagnie Shell. Les anecdotes ont commencé dès notre retour dans la voiture, pour atteindre très vite de telles proportions que Bellew a protesté :

« Ah, arrêtez un peu, Notchey ! Vous ne pensez tout de même pas que nous allons croire *ça* ?

— Ecoutez, rétorqua Notchey en souriant. Si ce n'est pas vrai, je vous embrasserai le cul devant la poste, et je vous donnerai trois semaines pour rassembler les spectateurs. »

Dans les faubourgs d'Ambato, Shell a des magasins ainsi qu'une station de radio qui reste en contact permanent avec Shell-Mera afin de transmettre les conditions météorologiques au sommet du col aux aviateurs de la compagnie. Après une trentaine de kilomètres, la route commence à descendre vers la gorge du Rio Pastaza qui marque l'entrée de l'Oriente. Juste avant d'arriver à Baños, on franchit un pont qui surplombe l'étroit abîme creusé par la rivière et profond de plusieurs dizaines de mètres. De nombreux voyageurs y sont tombés, et quelques-uns ont été sauvés, dit-on, par l'intervention de la Vierge locale. Les fresques primitives de l'église de Baños illustrent ces prodiges ainsi que d'autres miracles — dont l'incendie auquel la ville a échappé pendant l'éruption du Tungurahua, le volcan tout proche. J'aime particulièrement l'histoire du vieux prêtre qui, un soir, s'est endormi sur sa mule alors qu'il se rendait à une ferme située de l'autre côté de l'abîme. Le prêtre igno- ·
rait que le pont était brisé, mais le fermier et

sa famille le savaient ; ils ont donc été stupéfiés de le voir arriver sain et sauf. Le lendemain matin, lorsqu'ils sont allés y voir de plus près, ils ont découvert qu'un mince tronc d'arbre était tombé en travers de l'abîme. Et sur ce tronc, la mule divinement guidée avait traversé le précipice.

Baños ressemble à une ville des Alpes, nichée dans un vallon, au pied des montagnes vertes et humides. Il y a plusieurs sources curatives d'eau froide et chaude, que l'on utilise pour remplir les piscines. On vous montre un gros arbre sous lequel Juan Montalvo (qui habitait Ambato) s'asseyait autrefois pour réfléchir à ses pamphlets contre Garcia Moreno.

En dessous de Baños, la gorge s'approfondit encore entre deux murailles couvertes de forêt tropicale et hautes de plusieurs centaines de mètres. Même une cascade magnifique de soixante-dix mètres, qui explose à travers une fissure de lave, semble minuscule à côté de ces énormes parois de jungle sombre. A un endroit nommé Puente del Cielo, une masse de roc surplombe la route, et l'eau tambourine sur le toit de la voiture. Les glissements de terrain sont très fréquents. Bellew nous a montré l'endroit où la maison d'un paysan et la moitié de ses pâtures sont descendues jusqu'à la rivière. Il les a reconstruites avec obstination au même endroit, malgré le risque d'un nouveau désastre. Les hommes de la Shell-Mera travaillent en permanence sur cette route. Presque toutes les semaines, il faut la déblayer ou la consolider à un endroit ou à un autre.

Il y a des ravins latéraux, creusés par d'autres

rivières qui se jettent dans la Pastaza — le Rio Negro, le Rio Blanco et le Rio Verde qui est réellement d'un vert clair et brillant. L'un de ces ravins a été le théâtre du seul accident d'avion mortel subi jusqu'ici par la Shell. Un hydravion Grumman décolla de Shell-Mera avec un chargement très lourd, car à la dernière minute on y avait fait monter des malades qu'il fallait hospitaliser au plus vite à Quito. Lorsque le Grumman pénétra dans la gorge de la Pastaza, un épais brouillard se referma sur lui. Le pilote se trompa sans doute de chemin, car il bifurqua dans un ravin latéral. Des semaines plus tard, après qu'on eut retrouvé l'épave de l'avion et les corps, un autre Grumman, ayant à son bord un chargement tout aussi lourd, décolla par temps clair afin de déterminer la cause de l'accident. L'appareil s'engagea dans le ravin, puis se mit à prendre de l'altitude, mais à quatre mille mètres l'avion refusa de monter davantage, et son pilote dut faire demi-tour. Ce fut sans doute à ce moment-là que le premier Grumman avait percuté la muraille rocheuse dans le brouillard. Et pour comble de malchance, il n'était qu'à une vingtaine de mètres du sommet !

Le camp de Shell-Mera se trouve sur la berge de la Pastaza, au tout début de la plaine. Nous sommes encore assez haut — à plus de mille mètres au-dessus du niveau de la mer ; les journées sont d'une chaleur agréable, et les nuits sont fraîches. Nous sommes arrivés peu avant le coucher du soleil. Le camp est une grande ville de huttes, d'ateliers et de hangars solidement bâtis et bien éclairés, où règne une atmosphère militaire d'ordre et d'organisation. Notre chambre est plus propre et plus confortable que dans la plupart des hôtels. Il y a de cela quelques années seulement, le site était recouvert d'une jungle marécageuse.

Nous avons dîné dans un mess bruyant, parmi une foule d'ingénieurs, de foreurs, de cadres de la compagnie, de pilotes, de radios et de géologues —britanniques pour l'essentiel, et quelques rares Equatoriens, Américains et Hollandais. Ensuite, nous avons rendu visite à M. Humphries, directeur général des travaux et patron du camp. C'est un fumeur de pipe très affable, doté d'une moustache généreuse ; le genre d'individu capable de dire *Non* avec le sourire. Humphries et ses collaborateurs immédiats habitent une rue où les villas paraissent aussi confortables que celles d'un faubourg tropical, et où l'on trouve femmes, enfants, jardins et chiens. En grandissant, certaines personnes se rappelleront cet endroit comme de la maison de leur enfance.

Bellew nous a demandé de signer le livre d'or. Notchey Starr y a écrit :

Pour les gars aux vêtements maculés de pétrole
Que toutes les filles connaissent.

En ce moment, nous l'entendons dans la chambre voisine, en train de hurler et de se battre violemment avec un pilote anglais, petit mais musclé, et fin soûl.

18 novembre. Petit déjeuner et préparatifs avant le décollage. Ce matin, le camp évoque une

159

base militaire à la veille d'une opération à grande échelle ; chacun s'active à son poste — certains courent de hutte en hutte avec des papiers, d'autres se penchent sur des cartes, d'autres encore s'activent dans les ateliers ou règlent les moteurs des avions. Bellew, Quevedo, Caskey et moi sommes sur le terrain d'aviation, en attendant qu'on nous appelle. Ce terrain, long de presque deux kilomètres, est limité par les montagnes d'un côté, et par la jungle de l'autre. C'est une belle matinée, il souffle une légère brise.

La compagnie possède ici huit avions : deux transporteurs Dakota, deux Bristol, deux hydravions Grumman, et deux vieux trimoteurs Ford qu'on utilise seulement en cas d'urgence. Les Grumman vont à Tiputini et longent la rivière Napo, sur laquelle on peut se poser presque partout, si besoin est. Tiputini se trouve à trois cents kilomètres à l'est de Shell-Mera, c'est le plus éloigné des quatre forages, celui qui doit entrer en activité au printemps prochain. Taisha et Ayuy, les deux forages que nous allons visiter, se trouvent plus au sud-est, assez proches l'un de l'autre, respectivement à cent et à soixante-quinze kilomètres de Shell-Mera.

Lorsqu'on s'y rend en avion, le principal problème est le temps, qui est ici extrêmement traître et capricieux. Il pleut presque toujours quelque part dans cette région. Des orages impressionnants éclatent avec une rapidité extraordinaire. En une demi-heure, le brouillard peut descendre et fermer un aéroport. Shell-Mera doit donc communiquer constamment par radio avec ses forages et tous les avions. Ces derniers

160

font la navette entre les camps, du matin au soir ; il n'y a pas d'autre moyen de transport ni d'approvisionnement.

Notre Dakota s'appelait *Star of Sangay*. Son pilote, M. Atkinson, est un homme corpulent à barbe noire de pirate, appendice pileux qu'il a laissé pousser quand des piqûres de simulie se sont infectées, l'empêchant ainsi de se raser. Notchey nous a rejoints, une valise à la main, alors que nous allions décoller ; il travaille en effet à Taisha. Ses blagues et sa présence de grand frère rassurant m'ont soulagé, car je me sentais légèrement inquiet. Le revolver glissé dans la ceinture de M. Atkinson (« juste en cas de pépin »), le papier à signer, par lequel je renonçais à toutes poursuites envers la compagnie (« l'une de ces formalités absurdes »), la carlingue nue et usée de l'appareil, bourrée de caisses de conserves, de pièces détachées et de sacs de farine, tout cela créait une atmosphère d'urgence et d'aventure. Bellew et Notchey le sentaient sans aucun doute — bien que, pour eux, ce voyage ait sans doute été aussi palpitant qu'un trajet en bus dans une ville —, car ils firent de leur mieux pour me rassurer sans manquer de tact. Jusqu'ici, il n'y a jamais eu le moindre accident grave sur cette ligne ; seulement quelques petites anicroches avant qu'on ait convenablement aménagé et drainé la piste d'envol. Mais imaginez que le temps se gâte ? Nous avons assez de carburant pour rejoindre Ambato, ou même Quito. Et si un moteur tombait en panne ? Notre Dakota pourrait facilement rejoindre un terrain avec un seul moteur. Supposez — ce n'est bien sûr qu'une hypothèse

— que les *deux* moteurs… ? Eh bien, on a déjà vu réussir des atterrissages en catastrophe dans des conditions similaires. Il y avait des rations de survie et un fusil dans l'avion. Et puis, quand même, il y avait une chance sur un million pour que se produise une panne pareille.

Tandis que l'avion grimpe en rugissant, la rivière et les huttes minuscules de Shell-Mera s'inclinent sous notre aile, et l'on a pour la première fois un aperçu de l'Oriente. Le premier plan est assez chaotique — montagnes si escarpées que les chemins doivent les contourner, dépressions masquées par un brouillard vaporeux —, tout cela couronné et couvert par la haute végétation d'une jungle de tiges minces, sans que la moindre parcelle de terre nue ne soit visible où que ce soit. Au-delà, l'océan uni de la forêt s'étend jusqu'à l'horizon en un disque vert et monotone. Et derrière l'horizon — cinq mille kilomètres d'arbres. Le soleil brillait, il y avait de gros nuages étincelants dans le ciel. Mais au loin, au-dessus d'une région apparemment minuscule, un voile de pluie tombait du ciel.

A mi-chemin environ de Taisha, Notchey nous a montré un petit terrain d'aviation qui dépendait d'un poste de la mission. Voilà quelques mois, deux missionnaires avaient fait un atterrissage forcé parmi les grands arbres ; leur avion était si petit et léger qu'ils n'ont pas été grièvement blessés. Un missionnaire s'est néanmoins fait une entorse du genou. L'autre, indemne, est parti chercher du secours. Huit jours plus tard, il a atteint Shell-Mera. Il est allé droit au cabinet médical.

« Le médecin est-il ici ? a-t-il demandé à l'infirmière qui lui a ouvert la porte.

— Non, je crains qu'il ne soit absent.

— Ah bon. Je vois. Merci. »

L'examinant de plus près, l'infirmière a remarqué ses vêtements déchirés et ses membres couverts de sang.

« Mais dites-moi, s'est-elle écriée, vous êtes allé dans la jungle ?

— Oui, répondit suavement le missionnaire, j'en reviens. »

On l'a mis au lit, et les recherches se sont aussitôt organisées. Le onzième jour, on a retrouvé l'autre missionnaire, vivant. A Shell-Mera, on raconte cette histoire avec l'amusement sarcastique des professionnels raillant la négligence des amateurs :

« Comme ils faisaient confiance au Seigneur, ils n'ont pas pris la peine de nettoyer leurs bougies. »

Trois quarts d'heure plus tard, nous survolions Taisha. Vu d'avion, le terrain ressemblait à un rectangle parfait découpé dans un tapis très épais. Ce camp porte le nom d'un chef indien jivaro local. Nous avons rencontré Taisha en personne peu après l'atterrissage. C'était un petit homme souriant, en chemise sport rayée et pantalon de coton, avec des cheveux longs qui lui tombaient sur les épaules. Les familles jivaros occupent une grande hutte divisée en plusieurs sections. L'importance d'un chef est proportionnelle au nombre de ses épouses.

Les Jivaros sont l'une de ces tribus de « chasseurs de têtes » à propos desquels on a tant écrit dans les journaux à sensation. Mais il est certes vrai qu'aujourd'hui encore ils coupent et réduisent la tête de leurs ennemis, par un procédé spécial, à la taille d'une petite pomme. On peut voir et acheter ces têtes à Quito — bien que bon nombre d'entre elles soient fausses, et certaines, paraît-il, préparées par des étudiants en médecine à partir des cadavres de la salle de dissection. Assez curieusement, elles ne sont pas le moins du monde répugnantes. Les cheveux se dressent sur le crâne en un fin duvet semblable à la fourrure d'un chat, et les cils, qui ont conservé leur taille normale, paraissent plus séduisants que ceux de Greta Garbo. L'expression du visage ne trahit ni souffrance ni horreur. Les paupières sont closes.

Les Indiens de la forêt chassent le gibier avec de longues sarbacanes et de petites flèches en bois dépourvues de plumes, qui ressemblent à des brochettes. Ces flèches sont plongées dans le curare, un poison d'origine végétale qui paralyse la proie dès qu'elle est touchée. A en croire certains récits, les Indiens seraient convaincus que le secret du curare leur a été transmis par un dieu, qui leur a ordonné en même temps de ne jamais l'utiliser contre l'homme, sous peine d'une malédiction terrible. Si cela est vrai, c'est tout à fait remarquable. Cela signifie qu'un grand chef indien a conçu une idée similaire à celle de la dissuasion atomique.

Les Jivaros, comme les Yumbos de la rivière Napo, sont assez amicaux envers l'homme blanc. Taisha a toujours coopéré avec Shell, et certains de ses parents ont participé à la construction du terrain d'aviation. Seuls les Aucas, qui demeurent cachés dans la jungle, restent farouchement hostiles à tous les étrangers et les tuent à vue. Leur haine remonte sans doute à la période des raids sur le caoutchouc, lorsque des prospecteurs ont assassiné et torturé des centaines d'Indiens de la forêt. Si vous voyagez en territoire auca, vous trouverez peut-être votre chemin barré par une rangée de leurs lances fichées en terre. Il s'agit d'un avertissement. Mieux vaut ne pas insister et rebrousser chemin.

Un jeune ingénieur pétrolier équatorien nous a emmenés en Jeep jusqu'au forage. Il se trouve à une dizaine de kilomètres du terrain de Taisha, à un endroit nommé Cangaime. Nous avons eu beaucoup de mal à rester assis sur notre siège, car la Jeep roulait très vite et la route ressemblait à un lit de rivière plein de boue et de pierres brisées. Elle a été littéralement creusée à travers la jungle par des bulldozers ; à gauche comme à droite, les arbres sont tordus et entassés les uns sur les autres, comme après une tornade. En contraste avec la fraîcheur de Shell-Mera, l'atmosphère évoque ici un bain de vapeur. L'humidité avoisine les quatre-vingt-dix pour cent, la terre et le feuillage ruissellent. Les simulies et les moustiques se sont aussitôt mis à nous piquer. Notre cou et nos poignets ont bientôt été couverts de grosses cloques douloureuses, qui se sont déjà infectées.

Le grand derrick se dresse dans une dépression, parmi toute la machinerie de forage et de pompage. Il y a un bruit terrible. Un peu hébété par tout ce vacarme, j'ai essayé d'entendre les explications que criait Notchey. Ils allaient ajouter un autre segment à la « tige de forage », le bras d'acier pivotant qui creuse le sol. Pour l'instant, la tige de forage a pénétré jusqu'à une profondeur de deux cent cinquante mètres environ, ce qui est un simple début ; car on fore souvent des puits jusqu'à trois mille mètres avant d'atteindre une nappe de pétrole ou d'abandonner. Entre-temps, un garçon équipé d'un jet d'eau fabriquait de la boue à partir de la terre rouge de la colline. Cette boue descend dans le trou de forage et fait office de lubrifiant ; on la pompe sans arrêt pour l'examiner et voir si elle contient des traces de pétrole.

Tandis que nous retournions vers les huttes où vivent les ingénieurs et les foreurs, Notchey nous a dit qu'ici on voyait très rarement des animaux sauvages ; car tous ont fui. Les huttes, construites en bois de palmier, sont aussi confortables que possible, compte tenu des circonstances. Nous avons déjeuné avec deux foreurs hollandais et le jeune ingénieur, que Notchey appelle Equateur. Notchey a taquiné les deux Hollandais. Il échange sans arrêt ces piques amicales qui sont d'ordinaire l'apanage des experts. Il a également accusé Equateur de souffrir de frustration sexuelle. Mais tout le monde est tombé d'accord pour dire qu'il vaut mieux ne pas avoir de femmes au camp. Au bout de six mois, a ajouté Notchey, on n'en a plus besoin, et l'intellect s'améliore. On se retrouve alors « heureux comme un cochon au soleil ».

J'étais content de les voir si joyeux. Personnellement, je détesterais passer ne serait-ce qu'une semaine à Cangaime. Même dans la journée, cet endroit a quelque chose d'oppressant et de sinistre. Autour de toute la clairière, l'entrelacs obscur et vivant de la forêt se dresse comme

166

un mur de prison, une sombre conscience végétale, hostile à l'homme et à son œuvre. Abandonnée à elle-même pendant quelques mois, la végétation commencerait par envahir la route, submerger les huttes, s'enrouler autour du derrick, ramper sur les moteurs. En cinq ans, Cangaime aurait disparu, tel un navire englouti par la mer. Quelle force de caractère il faut avoir pour vivre dans un endroit pareil ! Et comme j'admire Notchey, ses anecdotes croustillantes et ses plaisanteries grivoises ! Il fait partie de ces gens qui rendent la vie plus supportable pour tous leurs compagnons.

Lorsque nous sommes retournés à Taisha, il y avait un groupe d'Indiens jivaros sur le terrain d'aviation. Le visage de certains arborait des peintures de guerre. L'un d'eux, qui paraissait très jeune et innocent, tenait une carabine. Il parlait espagnol avec une voix douce et timide, en évitant de nous regarder. Il connaissait Quito et Guayaquil, nous dit-il, mais préférait vivre dans la jungle ; son foyer se trouvait près d'Ayuy. Il y retournait d'ailleurs, après avoir accompli sa vengeance. Des membres d'une tribu hostile avaient assassiné son père, et il venait d'en tuer trois. Non, il ne les avait pas décapités. Où donc cela s'était-il passé ? s'enquit Bellew. Le garçon fit un geste vague en direction des arbres :

« A huit jours d'ici. »

Il redoutait néanmoins que ses ennemis ne l'aient suivi. Il serait dangereux de continuer sa route à pied. Pourrait-il prendre l'avion jusqu'à Ayuy ? Bellew lui répondit que c'était possible, mais pas dans notre avion, qui était déjà plein. Cette fois, il s'agissait du *Star of Altar*, et son pilote était le garçon qui avait fait un tel tapage avec Notchey la veille au soir. Il portait un chandail et un short kaki, et fumait un cigare d'un air parfaitement blasé.

Le vol de Taisha à Ayuy dure seulement dix minutes. Il y avait plusieurs Indiens dans l'avion avec nous, mais aucun ne paraissait le moins du monde inquiet ; pour eux, un trajet en avion est déjà une banalité. Le puits de Macuma, près d'Ayuy, est celui qui a été temporairement abandonné ; et le camp proprement dit, occupé par une équipe réduite, semble sale et désorganisé. Nous n'y sommes pas restés longtemps.

Dès notre retour à Shell-Mera, M. Humphries nous a emmenés dans sa voiture à Puyo, l'endroit où la route s'achève et où commence la jungle. Comme le village voisin de Mera, celui-ci s'est énormément développé depuis l'arrivée de la compagnie, et il se transforme rapidement en station touristique. On a créé une école et les employés de Shell organisent une campagne de la Croix Rouge pour construire un hôpital. Il y a un restaurant tenu par des réfugiés allemands qui, dit-on, proposent le meilleur gâteau au chocolat de tout l'Equateur.

Sur le chemin du retour, tant l'Altar que le Sangay sont devenus visibles. L'Altar est un énorme cratère brisé, couvert d'une neige épaisse. Avant l'explosion de son sommet, voilà seulement quelques siècles, c'était peut-être la plus haute montagne du monde ; il culmine aujourd'hui à six mille trois cents mètres. Le Sangay est toujours en activité, et l'on s'attend à ce que ses éruptions deviennent de plus en plus violentes dans un avenir proche. La nuit, on aperçoit parfois la lave incandescente qui déborde du cratère ; le jour, il vomit des torrents de fumée noire. Nous n'avons pas vu cette lave brûlante, car peu après la tombée de la nuit les nuages ont obscurci son sommet.

Ce soir, Humphries nous a montré ses films en couleurs. Il a quelques plans très excitants de la rivière jusqu'à Tiputini, filmés à partir de l'avion qui rase l'eau, tandis que la jungle des berges défile très vite. A Tiputini, la Napo est si large qu'on peut s'y poser sans problème. Le Grumman est amarré à un gros radeau appelé un *balsa*. L'autre jour, une Indienne s'était installée sur le *balsa* pour laver ses vêtements quand un boa aquatique a dressé la tête, attrapé et emporté le bébé de l'Indienne. Les boas constricteurs vivent dans les arbres pendant leur croissance, puis ils s'installent dans la rivière. Humphries affirme qu'on les voit parfois nager lorsqu'on est en canoë. On les entend arriver de très loin, car ils émettent un grand bruit d'éclaboussures avec leur queue.

Les hommes qui ont construit les terrains d'aviation ont dû rejoindre à pied les sites prévus. Jusqu'à ce que le terrain soit praticable, il a fallu leur parachuter tout ce dont ils avaient besoin. Humphries a un film où l'on voit des cochons et des moutons descendre à travers les airs, leur parachute orange déployé au-dessus d'eux, devant le ciel bleu foncé. Les animaux semblent prendre ces sauts avec le plus grand calme. Quelques secondes après qu'ils ont touché le sol, les moutons broutaient déjà l'herbe. D'ailleurs, après quelques mois d'inactivité, le terrain d'atterrissage des parachutistes de Taisha est déjà recouvert d'une végétation haute d'environ deux mètres.

19 novembre. Ce matin, le temps a montré de quoi il était capable. Une couche nuageuse est arrivée de la jungle, fermant l'aéroport et clouant les appareils au sol. Il a plu à torrents. Bellew nous a fait visiter le camp ; la scierie, la boulangerie, la station de pompage près de la rivière, l'usine électrique, les bâtiments des ouvriers, la tour de contrôle, les rings de boxe et les terrains de handball. Sur la piste d'envol, les mécaniciens faisaient tourner les moteurs des avions ; c'est là une précaution indispensable tous les jours où ils ne volent pas, sinon ils rouilleraient à cause de l'humidité.

Il y a des cours du soir pour les ouvriers illettrés, et une école accueille les enfants des employés. Une jeune Anglaise, nommée Brenda Nicholls, s'occupe de cette école ; pendant la guerre, elle était spécialiste du décodage. C'est une jeune femme intelligente et optimiste qui aime voyager dans le monde entier et s'essayer à divers emplois originaux. Elle dit qu'elle écrit un roman sur Shell-Mera. J'espère qu'elle le terminera. Cet endroit, avec son mélange d'exotisme et d'atmosphère de banlieue, de danger et de vie domestique, ferait un cadre absolument idéal pour un roman.

Une pancarte devant l'un des bureaux : « Les courts sur pattes sont priés d'utiliser le tabouret. »

Après le déjeuner, le ciel s'est dégagé, et nous avons pris l'avion pour Arajuno. Il s'agit du forage le plus ancien et le plus proche, car situé à quarante-cinq kilomètres. En avion, on y est en vingt minutes. A pied, c'est un voyage pénible de quatre jours ; la jungle est si dense qu'on ne peut se servir d'une mule. Le docteur Quevedo était un peu inquiet, car notre chargement incluait plusieurs gros barils de pétrole. Je me suis assis en m'adossant à l'un d'eux, fermement décidé à ne pas y penser davantage.

Arajuno est un site beaucoup plus séduisant que Taisha ou Ayuy, car il n'est pas entièrement encerclé d'arbres. D'un côté du camp, on a une large vue sur la rivière Arajuno. Beaucoup d'ouvriers habitent l'autre rive et traversent la rivière en canoë. Quand le niveau de l'eau est élevé, ils se noient parfois. Quelques familles poursuivent actuellement la compagnie devant les tribunaux pour obtenir des dommages et intérêts.

Les Indiens aucas constituent un danger supplémentaire. Ainsi, alors que plusieurs hommes travaillaient au bout du terrain d'aviation, des lances ont jailli de la forêt. Un jeune Noir a été touché. Il a coupé la lance avec sa machette pour pouvoir s'enfuir en courant, mais deux autres lances l'ont alors atteint et tué. Les autres ouvriers n'ont pas vu les Aucas. Il est inutile de les poursuivre, car ils détalent incroyablement vite dans la jungle. Une autre fois, les Aucas ont pillé un magasin proche du camp, tué deux hommes, dont ils ont retiré les pantalons pour les agiter vers un avion qui arrivait. Lorsque les pilotes de la Shell survolent un campement auca à basse altitude, tous les Indiens envoient des lances vers l'avion. Quinze hommes ont déjà été tués par les Indiens depuis l'arrivée de la compagnie en Oriente.

Après la visite du camp et celle du derrick,

171

nous nous sommes assis sur les falaises dominant la rivière en attendant que l'avion nous ramène. Le docteur Quevedo nous a parlé de l'Equateur. La géographie a divisé le pays psychologiquement ; les habitants de la côte sont devenus très différents des montagnards. S'il y a une élection présidentielle, chaque partie du pays aura son propre candidat. (L'année prochaine, par exemple, la Côte défendra Trujillo, et les Montagnes Galo Plaza.) Il existe un problème économique plutôt que racial — car le métissage s'étend même à la classe dirigeante. Le système des castes fonctionne toujours, héritage néfaste de l'époque coloniale. Le mépris des Indiens, lorsqu'il s'affiche, n'est que la peur d'une immense majorité brimée. L'Equateur souffre toujours des conséquences pernicieuses de son exploitation coloniale par l'Espagne. On lui a seulement permis de produire ce dont l'Espagne avait besoin, moyennant quoi l'économie nationale demeure déséquilibrée. Quant aux prétendues révolutions, elles se sont d'habitude réduites aux tentatives d'une petite clique pour prendre le pouvoir. Afin de gagner le soutien du peuple, il fallait camoufler leurs ambitions par des slogans. Mais les gens se méfient de plus en plus des slogans, et l'on peut donc espérer que de tels coups d'Etat deviendront un jour impossibles. Le dernier a échoué, et le meneur s'est exilé en Argentine.

Quevedo est bien sûr entièrement gagné à la cause de Shell. Pour lui, si la compagnie ne trouvait pas de pétrole ici, ce serait une catastrophe nationale. En revanche, si le projet aboutit, le peuplement de l'Oriente ne saurait être qu'une question de temps. Des villes se développeront autour des forages, des routes les relieront, de grandes surfaces de jungle seront dégagées pour l'agriculture, les Indiens de la forêt seront absorbés dans la population, et l'Equateur gagnera ainsi des centaines de kilomètres carrés économiquement viables.

J'ai interrogé Bellew sur les rapports avec les syndicats. C'est un fervent partisan du syndicalisme, mais il croit que les syndicats existants sont mal dirigés ; leurs exigences sont disparates dans les divers secteurs industriels. Leur journal, *Subsuelo*, circule à Shell-Mera ; il critique la compagnie librement et souvent avec férocité. Mais jusqu'ici, il n'y a pas encore eu de véritable affrontement. Les dirigeants syndicaux s'excitent parfois énormément sur de petits détails, au point de se ridiculiser. Par exemple, à l'un des camps de forage, le dirigeant syndical s'est plaint auprès du représentant de la compagnie de ce que les ouvriers n'avaient pas assez de soupe. Ils sont donc allés faire leur enquête à la cuisine. Il semblait y avoir énormément de soupe pour tout le monde. Le dirigeant syndical a aussitôt changé son fusil d'épaule :

« Les assiettes sont trop petites.

— Mais alors, rétorqua le représentant de la compagnie, pourquoi ne demandez-vous pas à vous resservir ?

— Je suis mécanicien, répondit le dirigeant syndical, et j'ai les mains sales quand j'arrive du travail. Les assiettes sont si petites que je trempe forcément mon pouce dans ma soupe.

— Eh bien, fit le représentant de la compagnie, pourquoi ne pas vous laver les mains ? »

Cette dernière question laissa le dirigeant syndical sans voix. Les ouvriers qui écoutaient la discussion éclatèrent tous de rire, et l'incident fut clos.

Ce soir, nous avons pris un verre au club fondé et tenu par les pilotes de Shell-Mera — dont la plupart étaient membres de la Royal Air Force pendant la guerre. Leur club, qui s'appelle l'auberge *Ye Finger Welle*, est construit dans le fuselage d'un avion Budd bon pour la casse ; il y a un bar, un piano, les sièges de l'appareil d'origine et des rideaux en toile de parachute. Des cravates déchirées — qui témoignent du jeu favori des membres de la R.A.F., la traction à la corde — pendent au plafond. L'endroit est parfaitement calme ; il y aura demain une grande soirée pour fêter le mariage de Philip avec la princesse Elisabeth. Mais le pilote en short déplorait d'une voix puissante que les transports aériens de Shell ne bénéficient pas d'une publicité suffisante :

« Nous transportons cinquante pour cent de plus que la B.O.A.C. Alors pourquoi ne pas le crier haut et fort ? »

20 novembre. Aujourd'hui, nous sommes retournés à Quito dans le break. La première nouvelle apprise en arrivant a été qu'il y avait eu une bagarre à Garcia Moreno. L'un des prisonniers — surnommé El Chino à cause de ses traits mongols — a été poignardé à mort par un autre détenu. Nous avons peut-être rencontré et bavardé avec ces deux prisonniers.

6. Vers le Pérou.

26 novembre. Voilà une ville charmante. J'y passerais volontiers six mois, ou même un an. Mais je n'aimerais pas m'installer définitivement dans les hautes montagnes. Ici, pourtant, la tristesse andine n'est qu'un voile ténu qui obscurcit à peine l'esprit. Par temps clair, lorsqu'une partie de la grande avenue éblouissante des pics enneigés est visible, le cœur se réjouit pour de bon. Assez bizarrement, ni Caskey ni moi ne souffrons de l'altitude autant qu'à Bogota. Peut-être nous acclimatons-nous. A moins que ses effets désagréables ne soient atténués par notre humeur plus allègre.

J'ai déjà noté dans ce journal que Frau Schneider appartenait à l'espèce rare des réfugiés heureux. Cette espèce paraît néanmoins assez répandue à Quito. Les Schneider nous disent qu'il y a actuellement quatre cent trente-six Tchèques en ville. Après la guerre, lorsque les voyages devinrent plus faciles, cinquante seulement partirent pour les Etats-Unis — bien que ce dernier pays ait ici la réputation d'être un Eldorado moderne —, et dix seulement choisirent de rentrer en Tchécoslovaquie — même si le gouvernement tchèque offrait le voyage à tous ses citoyens désireux d'être rapatriés.

Et puis il y a le cas de Hippi Seckel, une

175

vieille amie que j'ai connue à Berlin avant l'arrivée de Hitler au pouvoir. Hippi aime voyager, elle pourrait facilement s'installer aux Etats-Unis si elle le désirait, mais elle affirme qu'elle préférerait vivre en permanence à Quito plutôt que n'importe où ailleurs. Avant la guerre, elle a habité l'île de Minorque jusqu'à ce que Franco, sous la pression des nazis, ordonne à tous les réfugiés de partir. On les a sommés d'embarquer à bord d'un certain navire, sans leur indiquer sa destination. Lorsqu'ils furent en mer, ils découvrirent que ce bateau était en route vers l'Italie, où ils devaient être remis à la Gestapo et emmenés dans les camps de concentration allemands. Le bateau arriva à Gênes et les autres réfugiés furent arrêtés, mais Hippi et son frère s'enfermèrent dans un cabinet de toilette où ils se tinrent cachés jusqu'au départ du bateau. Certains membres de l'équipage se révélèrent amicaux, et tous deux purent rester à bord jusqu'à Marseille, où ils débarquèrent et entamèrent leur voyage vers l'Equateur.

Hippi s'occupe aujourd'hui d'une petite boutique à Quito, où elle vend des objets en cuir. Comme tant de réfugiés venus en Amérique latine, elle a dû trouver une nouvelle profession. Deux de ses amies, une artiste et une ancienne entraîneuse de cabaret, ont ouvert un atelier de couture florissant — le premier à voir le jour en ville. Des femmes riches, qui profitaient autrefois de leurs vacances à l'étranger pour y acheter leurs toilettes, sont devenues leurs clientes et se rangent à leurs avis pour le dernier cri en matière de mode. Cela me rappelle un autre réfugié allemand en Colombie, dont j'ai oublié de parler. Ce photographe de métier s'aperçut qu'il ne pouvait pas gagner sa vie avec son appareil photo à Bogota ; il fit donc la tournée des magasins les plus importants, à qui il offrit ses services en tant que décorateur de vitrine. Les directeurs de magasin n'avaient jamais entendu parler de ce métier.

« A quoi bon nous préoccuper de nos vitrines ? objectèrent-ils. Si les gens veulent acheter quelque chose, ils entrent dans le magasin. »

Le réfugié leur fit remarquer que beaucoup de clients potentiels étaient indécis, et qu'il fallait les appâter pour les faire entrer.

Les directeurs restèrent perplexes, mais acceptèrent de faire un essai. Cela se passait il y a dix ans. Aujourd'hui, Bogota compte une douzaine de décorateurs de vitrine —et, soit dit en passant, le réfugié est retourné à la photographie.

On nous a affirmé que les réfugiés européens étaient mal vus en Equateur. C'est tout à fait naturel. Le changement est toujours impopulaire, et les réfugiés incarnent ce changement. Ils constituent un élément perturbateur. Par leurs propres efforts pour entamer une vie nouvelle, ils imposent des critères nouveaux et plus stricts dans les affaires, une efficacité qui constitue un défi aux habitudes ancestrales et au laisser-aller local. Si cela est vrai des réfugiés pauvres et peu nombreux, ça l'est évidemment encore plus des Américains du Nord, qui sont riches et nombreux. On constate le même antagonisme, le même conflit psychologique, ici et en Colombie. Les étrangers apportent l'argent et les compétences techniques ; très peu d'entre eux méritent vraiment d'être qualifiés d'exploiteurs. Leurs interventions tendent d'ordinaire à promouvoir de meilleures conditions de travail et des salaires plus élevés. Néanmoins, ils sont indubitablement étrangers et différents ; leur simple présence est ressentie comme un reproche par le patriote autochtone. Pourquoi, se demande-t-il, l'Equateur ne pourrait-il accomplir tout cela sans eux ?

Et par-dessus le marché, l'étranger ne peut s'empêcher d'affirmer sa supériorité, ou du moins de se comporter en maître d'école bienveillant. Il a sa propre idée de l'efficacité, ses méthodes personnelles de travail ; il lui est difficile d'accepter un autre rythme, une autre conception des choses. Tout au fond de son cœur, la souffrance couve. Il est venu dans ce pays — il n'est pas chez lui, il se sent parfois seul et mal à l'aise ; dans ses moments d'abattement les moins raisonnables, il a le sentiment d'avoir fait un sacrifice. Il aimerait juste recevoir un peu de gratitude. Cela arrive parfois. Le plus souvent, ses remerciements sont polis et formels. Il est glacé, abattu. L'Equatorien, inutile de le dire, ne peut partager son point de vue.

« Ces gens, pense-t-il, sont ici parce qu'ils veulent quelque chose. Je reconnais qu'ils aident mon pays, mais ils s'aident eux-mêmes avant tout. S'ils n'aiment pas les coutumes et la mentalité d'ici, eh bien — il y a tous les jours une excellente liaison aérienne avec Miami... »

Je ne vois pas comment résoudre ce conflit, même avec la meilleure volonté du monde, sinon en faisant confiance au temps et au processus graduel du changement économique. Peu à peu, les autochtones reprendront les projets inaugurés par les étrangers. Lorsque ce processus sera arrivé à son terme, alors il sera temps de parler d'amitié, voire peut-être de gratitude.

En attendant, de nombreux jalons ont été posés. Au cours des années passées, le gouvernement équatorien, avec l'aide d'un architecte et de l'argent de l'Institut des affaires interaméricaines, a fait construire un superbe hôpital psychiatrique. Très bientôt, on y soignera les cas les plus bénins, et le Manicomio pourra offrir davantage de place à ses malades. Une maternité est aussi presque terminée. Et il y a d'autres travaux publics en cours —tout cela fait partie d'un ambitieux plan d'ensemble pour Quito, qui développera et redistribuera les bureaux du gouvernement, les cliniques, les quartiers scolaires, résidentiels et industriels sur des régions plus vastes du plateau, situées au nord et au sud de ce ravin surpeuplé où se cantonne actuellement presque toute la ville, laissant le vieux quartier au centre et le transformant en monument historique. Mais il s'agit là d'un projet dont la réalisation prendra peut-être cinquante ans.

Les ouvriers s'activent sur la nouvelle Casa de la Cultura, dont certaines salles sont déjà ouvertes au public. Ce sera l'une des plus importantes en Amérique latine. Il y aura un théâtre, des salles de conférences et de concerts, des logements pour les visiteurs, une galerie d'art et une bibliothèque internationale. Oswaldo Guaya Tsamin et Diogenes Paredes, deux des artistes modernes les plus distingués d'Equateur, créent les fresques de l'entrée.

Quito a toujours été une ville de peintres.

Pendant les XVIIᵉ et XVIIIᵉ siècles, l'art y est devenu une véritable industrie, ses tableaux et ses statues s'exportaient tout le long de la côte ouest, vers Santiago, Lima et Bogota. De grands artistes locaux émergèrent — Miguel de Santiago, Nicolas Javier de Gorivar, et le sculpteur Caspicara. Mais l'Espagne et l'Italie s'imposèrent ensuite radicalement, dans la forme, la conception, le sujet, et l'on retrouve peut-être la seule trace d'influence indienne autochtone dans une certaine splendeur païenne des draperies et des ornements. Aujourd'hui, cette tendance s'est inversée. Le sujet de presque tous les tableaux quitenos est à prédominance indienne, leur forme s'inspire souvent de motifs issus des cultures inca et pré-inca, et sa seule dette occasionnelle envers l'Espagne est l'influence de Picasso — si tant est qu'on puisse qualifier Picasso de peintre espagnol.

Cela est même vrai d'un artiste étranger comme Jan Schreuder, que nous avons déjà rencontré plusieurs fois. Schreuder est un Hollandais installé en Equateur, pas simplement au sens physique du terme, mais aussi émotionnellement et esthétiquement. Son style doit quelque chose à Rouault, mais il est difficile de l'imaginer peignant ailleurs qu'ici. Ce pays constitue son seul sujet ; la pesanteur magnifique de son paysage austère, le mystère et l'intensité de ses visages sombres et vivants. La qualité de ce peintre tient à ce qu'il n'oublie pas son statut d'étranger, d'Européen. Il ne fait pas semblant de voir les choses comme s'il était indien. Ce n'est pas un truqueur. Ses portraits représentent superbement l'excitation d'une rencontre authentique ; les yeux

180

bleus et interrogateurs de l'artiste plongent au fond du regard noir de son modèle.

Nous avons aussi rendu visite à Guayasamin. Agé d'une trentaine d'années, il a l'air d'un enfant brouillon et confiant ; le genre de garçon dont on devient aussitôt l'ami, avec ou sans l'aide de la langue espagnole. Son grand visage et ses yeux expressifs sont à la fois gais et tragiques. Le soir, nous a-t-on dit, il aime jouer des airs populaires indiens à la guitare, et il pleure.

Je crois que jusqu'ici les plus belles œuvres de Guayasamin sont ses portraits, ainsi que ses aquarelles et ses dessins de dimensions plus modestes. Ses fresques possèdent une signification sociale trop évidente, et sont trop proches d'Orozco. Rivera et Orozco constituent les influences étrangères « naturelles » de n'importe quel peintre sud-américain qui s'intéresse aux problèmes sociaux et aux thèmes des Indiens autochtones. Leur philosophie politique fournit un langage esthétique à ceux qui ne trouvent plus d'inspiration dans la pensée du christianisme romain. La souffrance des masses se substitue à celle du Christ. La mère paysanne remplace la Vierge à l'enfant. Dieu le père — dans l'une des fresques de Rivera — a été chassé de sa position centrale par le personnage de Karl Marx.

Guayasamin est aussi un sculpteur de grand talent. Dans la cour minuscule située derrière son atelier, entourée du linge des voisins qui sèche là, se trouve son immense et austère statue de plâtre d'Hermano Miguel — le prêtre qui a créé bon nombre des premières écoles de Quito.

Cette statue attend d'être fondue en bronze, puis installée dans un nouveau jardin public. Mais comment diable, nous sommes-nous demandés, vont-ils s'y prendre pour la sortir dans la rue ?

Grâce à Guayasamin, nous avons rencontré Humberto Navarro, le poète et journaliste, Jaime Valencia, le peintre et architecte, Luis Moscoso, le peintre, et Leopoldo Moreno, un autre architecte qui est l'un des principaux artisans du plan général de Quito. Ces hommes et quelques autres — tous âgés d'une trentaine d'années — ont fondé un groupe qu'ils ont nommé *Los Contemporaneos*, les Contemporains. Ils se retrouvent chaque samedi à l'atelier de Guayasamin, et ils viennent de lancer une revue.

Les Contemporains insistent sur le fait qu'ils ne forment pas une clique d'artistes comme tant d'autres. Ils ne veulent pas fonder une société d'admiration réciproque, ni perdre leur temps à attaquer d'autres groupes ou individus. Leur but est la création et la promotion d'un art moderne équatorien authentiquement indigène. Mais il faut d'abord déblayer le terrain. Ils sont très mécontents de l'état actuel de la peinture, de la sculpture et de la littérature équatoriennes. De manière générale, disent-ils, elles souffrent de trois défauts : le culte du passé, l'imitation aveugle des modèles étrangers contemporains, et le manque de technique.

« A force de regarder derrière nous, nous ressemblons à des statues de sel. Nous connaissons mieux Homère et Virgile que Valéry ou Claudel, mieux Sophocle que Sartre. »

Ils veulent créer « un classicisme moderne,

un classicisme pour le XXᵉ siècle ... un art national sans provincialisme ni folklore ». Autrement dit, les membres de ce groupe espèrent développer un type de sensibilité correspondant au mélange spécifique de races, de traditions et de forces sociales qui font de l'Equateur ce qu'il est aujourd'hui. Ils sont certes fiers de leurs ancêtres espagnols et de l'héritage de l'art colonial quiteno, mais ils ne désirent pas se fossiliser en antiquaires ou en adorateurs du passé. Ils sont sans doute tout aussi fiers de leur sang indien, mais ils ne regrettent pas les beaux jours de la culture inca ; ils n'ont pas le moindre désir de se perdre dans le culte des contes folkloriques autochtones, des superstitions charmantes, des costumes pittoresques et des danses originales. Ils reconnaissent certes l'influence des génies européens, mais ils ne laisseront pas Quito devenir une simple annexe de Paris. Leur problème est bien sûr celui des artistes de tous les pays — apprendre les leçons du passé pour les appliquer de façon créative aux circonstances présentes. Mais en Equateur, ce problème est rendu particulièrement difficile par l'extraordinaire complexité du passé et du présent. Néanmoins, *Los Contemporaneos*, s'ils réussissent, produiront peut-être des œuvres plus subtiles, originales et puissantes que celles de leurs voisins mieux lotis. Quoi qu'il en soit, je leur souhaite bonne chance.

28 novembre. Hier matin, nous sommes retournés au Manicomio pour voir Cazares et Jarrin administrer des électrochocs. Ils voulaient que Caskey prenne des photos. Quant à M. Smith, c'est un médecin frustré, comme moi ; pour rien au monde, nous ne manquerions une occasion d'assister à un traitement médical.

Jarrin et Cazares emploient un appareil Offner, qui n'est pas beaucoup plus gros qu'une machine à écrire. Les électrodes qui y sont reliées sont placées sur chaque tempe, et il faut bâillonner le malade. Aujourd'hui, il n'y a que des femmes. Elles font la queue, bavardent et rient en attendant leur tour. Aucune ne manifestait la moindre inquiétude. On ne garde en effet aucun souvenir de ce traitement. La décharge proprement dite dure seulement une fraction de seconde — sinon, elle serait mortelle —, et ensuite commencent les convulsions. Les bras se raidissent et se tendent soudain, le corps se contorsionne, les doigts tendus décrivent lentement un arc de cercle, les yeux s'écarquillent et fixent le vide. Enfin, les muscles des membres se relâchent, et le malade inconscient reste calmement allongé. J'ai remarqué dans plusieurs cas que les paumes des mains se rejoignaient sur le buste en une attitude de prière.

Parfois, on utilise des injections de Metrazol au lieu de l'électrochoc. Le Metrazol provoque la peur, et, contrairement à l'électrochoc, il n'est suivi d'aucune amnésie. Cazares affirme que son emploi se justifie psychologiquement dans certains cas. En langage non médical, on pourrait dire que certains types de maladie mentale représentent le stade ultime de la bouderie. Et l'on peut parfois guérir la bouderie par un bon coup de pied aux fesses.

Ensuite, nous avons rendu visite au malade tchèque. Il est quasiment guéri ; son comportement est redevenu tout à fait normal. Il quittera le Manicomio dans quelques jours et entamera bientôt son voyage de retour vers l'Europe.

Ce soir, il y a eu une fête de Thanksgiving à l'ambassade américaine. M. Simmons, l'ambassadeur, et sa femme sont tous deux des gens très charmants et intelligents qui démentent radicalement tout ce que j'ai écrit plus haut sur les fonctionnaires américains en poste à l'étranger. Ainsi, ils ont passé toute la soirée dans une pièce extérieure pour accueillir leurs invités ou leur dire au revoir, ce qui était réellement plein de tact ; car cela nous a tous laissés libres de nous livrer à nos excentricités nationales qui auraient fasciné les Indiens guambias. Je regrette seulement que Hernandez n'ait pas été là pour prendre des notes. Tout ce que je peux rapporter de la confusion de mon esprit et de celui des autres invités est ce dialogue entre Caskey et un compatriote, dont je n'ai jamais su le nom :

Lui : Salut, vous.

C : Bonsoir.

Lui : Acceptez-vous de boire avec moi ?

C : Bien sûr.

Lui : Buvons aux Etats-Unis.

C : Tout dépend de ce que vous entendez par les Etats-Unis.

Lui : Ah bon ... alors ... buvons à l'Union des Républiques Socialistes Soviétiques.

C : Tout dépend de ce que vous entendez par là.

Lui : Peu importe ce que je veux dire. Acceptez-vous de boire à l'Equateur ?

C : Tout dépend de ce que vous entendez par Equateur.

Lui : Savez-vous ce que *vous* entendez par Equateur ?

C : Je sais très bien ce que j'entends par là, *moi*. Mais je ne crois pas que vous sachiez ce que *vous* entendez par ce terme.

Lui : Ah bon — vous ne croyez pas que je sais ce que moi j'entends par Equateur ? Vous ne le croyez vraiment pas, hein ?

C : Non, je ne le crois pas.

A ce stade de la conversation, une rixe aurait pu éclater, si l'interlocuteur de Caskey n'avait été fermement rappelé à l'ordre par sa femme.

30 novembre. Je viens d'achever cette traduction d'un poème de Humberto Navarro — *Ballade d'absence.*

Haut mur de la distance qui nous sépare,
Nuits sans fin ni commencement,
L'océan s'élargissant de jour en jour.

Accoudé au plat-bord de ma solitude,
J'observe ici, tel un vieux marin
Désenchanté, le navire qui s'éloigne
A nouveau, à travers la goutte d'une larme.

Comme elle s'élève — la ligne salée de l'eau —
Vers le dernier horizon de ma tendresse !
Comme je désire t'envoyer mon message
Niché dans l'aile d'une mouette !

Etre écrivain à Quito est très difficile d'un point de vue économique. Le mieux qu'on puisse espérer, c'est de publier ses textes dans les journaux ou les revues littéraires — la *Casa de la*

Cultura en publie une excellente. Il n'y a pas d'éditeur en dehors du gouvernement. Si vous désirez publier un livre, il vous faut acheter votre propre papier. Presque tout l'argent que vous pourrez ensuite gagner vous servira à rembourser la fabrication de votre ouvrage.

1er décembre. Aujourd'hui, au centre culturel britannique, j'ai parlé de Hollywood et de l'industrie cinématographique. Les pièces sont déjà en plein déménagement. La bibliothèque sera vendue à Shell et installée au camp de Shell-Mera. Le malheureux Tony Mancheno est très triste, d'autant que Smith part bientôt pour rejoindre un poste en Argentine. Guayasamin est venu à ma conférence et y a assisté jusqu'à la fin. Sachant qu'il ne comprend pas un mot d'anglais, j'ai trouvé ce geste de solidarité très touchant.

3 décembre. Quelques informations sur l'Equateur, glanées de sources diverses, surtout américaines.

Le vrai problème du pays est le manque de travail. L'économie équatorienne restera fondamentalement agricole, même si Shell trouve du pétrole en Oriente. La région côtière est l'une des plus fertiles d'Amérique du Sud. Mais ses habitants manquent d'énergie, à cause du climat et des effets débilitants de diverses maladies. La mortalité infantile est très élevée dans tout le pays, et la syphilis largement répandue. Les médecins de la clinique prénatale de Quito ont découvert, au cours du premier semestre de cette année, que plus de dix-sept pour cent de leurs patientes avaient une syphilis déclarée, sans compter les cas douteux ; les statistiques comparables des cliniques américaines et britanniques varient entre deux et sept pour cent.

Il y a vingt ans, l'Equateur possédait un quasi-monopole mondial de la culture du cacao, jusqu'à ce que cette plante soit attaquée par un parasite appelé le balai de sorcière. Le résultat fut une crise économique majeure. Les propriétaires fonciers sont revenus en toute hâte de Paris, et bon nombre d'entre eux ont été ruinés. Les experts ont aujourd'hui mis au point un plant de cacao immunisé contre la maladie du balai de sorcière, mais l'Afrique occidentale produit désormais beaucoup de cacao, si bien que le riz est devenu la principale culture de l'Equateur. Des plantations de bananes sont aussi envisagées, mais aucune entreprise étrangère n'est disposée à investir beaucoup d'argent dans ce projet tant que la stabilité du gouvernement ne sera pas assurée.

L'atmosphère politique est essentiellement anticléricale et socialiste ; les conservateurs n'ont aucune chance de l'emporter. L'Eglise constitue une minorité puissante, mais elle est contrôlée par une législation qui a suivi les grandes lignes tracées par Eloy Alfaro. L'armée est anticléricale et indépendante ; elle fait à peu près ce qu'elle veut. Il existe ici un énorme potentiel révolutionnaire, chez les Indiens des montagnes et dans les populations ouvrières de Quito ou de Guayaquil, mais jusqu'ici ces dernières n'ont jamais été coordonnées ni organisées. Si certaines franges populaires se révoltent de temps à autre, elles suivent volontiers des chefs qui ne représentent pas vraiment leurs intérêts.

Une douzaine de Quiteños au moins m'ont dit :
« J'espère que vous n'allez pas écrire sur nous à la manière de Ludwig Bemelmans. »

Ce à quoi j'ai répondu :

« Je ne le ferai pas et je ne veux pas le faire, mais j'aimerais bien en être capable. »

Bemelmans est un auteur dont j'envie sincèrement l'œuvre. Il a beaucoup trop de maturité et d'humanité pour se moquer de quiconque, et je crois que *The Donkey Inside* était sa manière de dire combien il aimait l'Equateur. Seulement voilà : les Equatoriens ne le croient pas. Pour eux, Bemelmans est devenu le symbole de l'étranger qui arrive en Equateur, y voit une énorme et merveilleuse blague, un pays étrange et formidable de révolutions irresponsables, d'excentriques et de coutumes aussi absurdes que pittoresques. On peut bien sûr considérer n'importe quel pays sous cet angle — et avant tout les Etats-Unis. Le problème est que les Etats-Unis, avec leur puissance et leur gloire, ont besoin qu'on se moque d'eux ; l'Equateur, avec sa pauvreté et ses faiblesses, n'en a aucun besoin. Ce n'est pas que les Equatoriens ne supportent pas les plaisanteries ; ils ont beaucoup d'humour. Mais actuellement, ils n'ont vraiment pas besoin de cela. Ils veulent de l'intelligence et de la compréhension. Ils veulent qu'on les prenne au sérieux. Vraiment, les critiquer — même sévèrement — leur rendrait un bien meilleur service que de les traiter en adorables écervelés.

La fierté équatorienne est sans doute très susceptible, et cela se comprend. Chaque citoyen et chaque citoyenne responsables ont conscience des défauts de ce pays ; ils les analysent beau-

189

coup plus finement que n'importe quel étranger ne pourrait le faire. Ils n'ont pas de honte et n'auraient aucune raison d'en avoir, car ils œuvrent dans le bon sens. Au cours de ces dernières années, ils ont accompli beaucoup de choses, mais la tâche qui leur incombe encore est énorme. Ils ont donc foi en l'avenir, et leur fierté fait partie de leur foi.

La morale de cette histoire est donc : lorsqu'on est un Bemelmans, il faut choisir un sujet de la même taille que soi — disons, la Russie.

Nous partons demain pour Guayaquil, en train. Je regrette beaucoup de m'en aller. Devoir quitter une fois encore Hippi après de si brèves retrouvailles, voilà qui m'attriste. Et puis nous sommes tous deux devenus les amis de Frau Schneider, de M. Smith et de Tony Mancheno. Aujourd'hui, nous sommes allés au centre culturel britannique pour une dernière visite. Jorge Carrera Andrade était là pour faire notre connaissance, ce qui a été non seulement un honneur inattendu, mais un réel plaisir ; il est aussi sympathique que sa poésie. Dans quelques semaines il va partir pour Londres, comme ambassadeur équatorien ; c'est là un exemple particulièrement admirable de la diplomatie culturelle de l'Amérique latine. Pourquoi les Britanniques ne demanderaient-ils pas à T. S. Eliot d'aller en poste à Quito ?

6 décembre. Nous avons quitté la capitale avanthier, au lever du soleil. Ce qui veut dire que nous nous sommes levés à quatre heures du matin, car Frau Schneider nous avait prévenus que, sinon, nous ne trouverions pas de place dans la voiture observatoire, à cause des foules entières qui descendaient à Guayaquil pour les matches de football inter-américains. Mais notre précaution s'est révélée superflue : la voiture était à moitié vide.

Il faisait assez beau, mais sans plus. Néanmoins, alors que nous quittions Riobamba, les nuages se sont dispersés et nous avons découvert le Chimborazo dans toute sa splendeur, avec le soleil qui se reflétait sur la neige. Il n'y a rien à en dire. Il est tout bonnement là, ce vieux chef-d'œuvre formidable. J'ai pensé au poème de W. J. Turner :

Les maisons, les gens, les voitures semblaient
De minces rêves diurnes et fuyants,
Le Chimborazo, le Cotopaxi
M'avaient volé mon âme !

Il n'aurait pas été déçu. Quel dommage qu'il ne nous ait pas accompagnés pendant ce voyage.

Malgré ce qu'annoncent les guides, il n'y a pas de cobaye grillé à vendre dans les gares où nous avons fait halte. J'ai lu *Bolivar and the Independence of Spanish America* de J. B. Trend. Quel récit déprimant ! Voici les dernières paroles d'un Bolivar revenu de tout :

« Les trois plus grands *imbéciles* de l'histoire de l'humanité sont Jésus-Christ, Don Quichotte et... moi ! »

Nous désirions beaucoup voir le *Nariz del Diablo*, où le train descend le long de la paroi vertigineuse d'un précipice en une succession d'épingles à cheveux. Mais tout compte fait, cela n'a pas été vraiment palpitant. Le chauffeur de la locomotive était d'une prudence inattendue.

Et puis cette gorge est si brune et nue qu'elle en devient presque laide. Nous avons atteint Duran, le terminus, longtemps après la tombée de la nuit, puis nous avons traversé le fleuve vers Guayaquil.

Cette ville est si différente de Quito qu'on a peine à se convaincre qu'elles appartiennent toutes les deux au même pays. La ville est située sur la rive ouest de l'estuaire, qu'elle borde de parcs, d'agences maritimes délabrées, de quais et de petits bateaux aux couleurs vives, échoués dans la boue à marée basse. Tout cela paraît très bas et plat, au même niveau que la mer, à demi englouti dans la chaleur paresseuse. Les maisons sont vastes, construites surtout en bois, pourvues de persiennes et de fenêtres fixées par le haut, qui s'ouvrent vers l'extérieur. Elles se dressent au-dessus des trottoirs, sur des piliers couverts de tôle ondulée qui forment des arcades. Ici, à midi, on voit des hommes dormir et des graines de cacaoyer sécher par terre. L'endroit est d'une propreté inhabituelle et il y a peu de mauvaises odeurs. Cet ancien foyer de diverses maladies, parmi lesquelles la malaria, la fièvre jaune et la peste bubonique, a été enfin désinfecté au tout début du XXᵉ siècle. Ce traitement semble avoir laissé la ville passablement épuisée.

Comme à Carthagène, c'est seulement la nuit que la ville devient réellement vivante. Des centaines de Costeños envahissent les rues et les cafés. Ils sont nettement plus beaux et plus séduisants que les habitants de Quito, peut-être à cause de la proportion plus grande de sang noir qui court dans leurs veines. Le soir, même les taudis deviennent beaux, car leurs maisons sont faites de bambous coupés, et les rais de lumière qui brillent par les fissures leur donnent l'apparence de lanternes. La disposition intérieure de ces habitations est très bizarre et compliquée ; il y a toutes sortes de plates-formes situées à différents niveaux, reliées par des escaliers et des échelles.

Nous sommes descendus dans une pension polonaise appelée *Chez Nous*, appellation justifiée à tous points de vue. Le seul inconvénient de l'endroit est un coq — qui n'appartient pas à la direction —, qui vit au fond du conduit d'aération situé entre ce bâtiment et celui d'à côté. Il doit faire très sombre au fond de ce puits, car ce coq ne respecte aucun horaire, chante dès qu'il en ressent l'envie, à n'importe quelle heure du jour et de la nuit.

Tout voyageur de passage dans cette ville doit visiter le cimetière, situé au pied d'une petite colline, parmi des jardins et des palmiers superbes. Il est d'un blanc éblouissant — plus blanc que le ciel lui-même ne le sera jamais —, et rempli d'un assortiment d'anges, de colonnes, de guirlandes, de bustes, de mausolées et de cryptes tel que vous n'en trouverez nulle part l'équivalent sinon au Père Lachaise, à Paris. Et puis, sur le front de mer, il y a un monument qui commémore la rencontre de Bolivar avec San Martin, ici en 1822. Aussi imposants que l'Histoire, mais les genoux un peu faibles, les personnages du Libérateur et du Protecteur échangent une poignée de mains languide.

« Mon cher, paraît dire Bolivar, vous êtes sans doute mort. Vous ne trouvez pas tous ces Péruviens *insupportables* ? »

Hier soir, tandis que nous étions assis à la terrasse d'un café, j'ai été propulsé en avant par ce que j'ai pris pour un violent coup de pied décoché contre ma chaise. Je me suis retourné, mais il n'y avait personne derrière moi. J'ai alors remarqué que les enseignes des boutiques et les lampadaires accrochés dans la rue se balançaient d'avant en arrière, et que plusieurs personnes étaient sorties des maisons en courant pour rejoindre le trottoir. C'était un tremblement de terre bénin. Ils sont fréquents sur toute la côte. L'un d'eux, l'autre jour à Lima, a provoqué beaucoup de dégâts et il y a eu de nombreux blessés.

Le consulat américain de Guayaquil conserve dans ses archives les lettres de voyageurs évoquant leurs tribulations ou des péripéties inhabituelles dans cette partie du pays — on y apprend ainsi des informations intéressantes sur les prix, le kilométrage, la durée des étapes, et puis les règlements de police et des douanes. Selon l'un de ces voyageurs, nous devrions rejoindre Tumbes (la ville la plus au nord sur la côte péruvienne) de la manière suivante : prendre d'abord un bateau pour traverser le golfe de Guayaquil jusqu'à Puerto Bolivar. Ensuite, prendre une vedette, appelée *Faraon* (dont le capitaine est un vieillard souffrant de cataracte à un œil) jusqu'à un village nommé Hualaca (?). Puis louer un âne pour nos bagages, et faire à pied les quatre ou cinq kilomètres qui nous séparent de la frontière péruvienne. De là, on trouve aisément un camion pour aller jusqu'à Tumbes... Nous avons noté tous ces renseignements avec grand soin. Néanmoins, ils ressemblent étrange-

194

ment à l'une de ces merveilleuses recettes de cuisine qui ne réussissent jamais *tout à fait* comme prévu.

9 décembre. Nous avons embarqué en temps voulu dans le bateau de Puerto Bolivar. Il part à dix heures du soir, et l'on passe environ huit heures sur l'eau. Comme le bateau était bondé, nous sommes restés sur le pont, à l'avant, pour somnoler inconfortablement. Juste avant l'aube, il a fait très froid, et c'est avec plaisir que nous avons sorti nos lourds manteaux. Cela nous a paru étrange d'en avoir besoin ici, au niveau de la mer, à deux ou trois degrés seulement au sud de l'équateur.

Puerto Bolivar est un gros bourg crasseux, construit dans une clairière de la jungle, laquelle est très dense le long de cette rive du golfe. Ses maisons en joncs se dressent sur des plates-formes au-dessus du sol marécageux. Des dizaines de cochons se vautrent dans la fange et nagent dans les étangs d'eau stagnante. Nous avons vainement cherché la vedette *Faraon* et son vieux capitaine. Personne, apparemment, n'avait entendu parler ni de l'une ni de l'autre. Plusieurs camions attendaient néanmoins d'emmener des passagers vers Machala, un village situé à une dizaine de kilomètres à l'intérieur des terres. Nous avons opté pour ces camions.

Mais nous devions d'abord recevoir la permission de quitter l'Equateur. Il faut d'ailleurs obtenir cette permission deux fois lorsqu'on va vers le sud ; une fois à Guayaquil, et une seconde à Puerto Bolivar. Je suis donc resté assis une heure aux douanes, en attendant que les deux fonctionnaires aient épuisé les ragots des environs, et s'ennuient suffisamment pour s'intéresser à nos passeports. Entre-temps, tous les camions étaient partis, sauf un, dans lequel nous avons sauté alors qu'il démarrait.

Encore une longue attente à Machala, où il s'est mis à faire de plus en plus chaud. Nous sommes restés assis sur les marches d'une boutique, sans oser nous éloigner de peur de rater un moyen de transport. Personne ne faisait vraiment attention à nous. Et personne n'a pu nous donner le moindre renseignement précis sur les cars ou les camions. Mais j'ai choisi de me fier à un gros homme qui avait annoncé d'une voix forte qu'il devait être à Tumbes le soir même. Il paraissait très décidé.

Vers midi, un camion est arrivé et nous sommes partis. La région frontalière est sans intérêt : nue, quelques parcelles de terres cultivées parmi des étendues sablonneuses et stériles. Ici, la jungle luxuriante des terres basses d'Equateur commence à disparaître au profit du désert côtier qui s'étend, presque sans interruption, à travers tout le Pérou jusqu'au nord du Chili. Nous avons traversé à tombeau ouvert une rivière à gué afin de pouvoir remonter sur la berge opposée, raide et boueuse, puis nous sommes passés sur un pont de chemin de fer en roulant acrobatiquement sur deux planches étroites posées le long des rails. Près de la frontière, se trouve un grand camp militaire, avec un monument très étonnant qui se dresse au milieu du terrain de manœuvres : une main géante tenant un flambeau.

La frontière proprement dite traverse une région sauvage et aride. Elle est signalée, à cet endroit, par un groupe de huttes, un pont qui enjambe un petit cours d'eau coulant au fond d'un canal en ciment, deux drapeaux nationaux, deux types de soldats, et un grand nombre de chèvres neutres. Cela ressemble à une frontière dans un livre pour enfants. L'idée abstraite d'une frontière, réduite à son absurdité élémentaire et lamentable, manifestant ainsi ce que sont toutes les autres frontières : un fléau public. Irrités et en sueur, nous avons traîné nos bagages de douanier en douanier, et l'on nous a enfin permis de traverser le pont en titubant pour retrouver d'autres douaniers de l'autre côté de celui-ci. Après de longues palabres entre le gros homme et les soldats, notre camion vide a reçu l'autorisation de nous suivre. Apparemment, il était maintenant décontaminé des dangereuses radiations équatoriennes, et pouvait donc nous emmener jusqu'à Tumbes. En fait, ainsi que nous l'avons découvert plus tard, les formalités d'hier ont été plus expéditives que d'habitude, à cause de la *fiesta* qui se déroule à Tumbes. D'ordinaire, les voyageurs équatoriens sont assez mal accueillis au Pérou. Beaucoup d'animosité subsiste encore entre les deux pays. De temps à autre, la frontière est même fermée pendant plusieurs jours.

En temps normal, il y a un autre contrôle douanier à mi-chemin entre la frontière et Tumbes, mais le gros homme, qui jouissait évidemment d'une certaine influence, nous a évité cette nouvelle corvée. Au lieu de quoi nous nous sommes arrêtés près d'une hutte pour boire une *Chicha*, variété d'alcool de maïs, avec les

197

douaniers, nous passant cérémonieusement de main en main un bol de ce puissant breuvage. Son goût m'a déplu, et je n'en ai bu qu'une petite gorgée. Plus tard, j'ai regretté de ne pas en avoir avalé une bonne lampée pour être convenablement détendu, car notre chauffeur, stimulé par un groupe de soldats qui s'étaient joints à nous, a décidé de finir le voyage à la vitesse requise par l'occasion. Je me suis assis à même le plancher du camion, préférant ne rien prévoir de l'avenir immédiat, et j'ai essayé, sans grand succès, de me concentrer sur les choses éternelles. Plusieurs fois, j'ai eu l'indubitable impression que nous volions. Les soldats considéraient ce trajet comme un important événement sportif. A l'approche d'un danger nouveau — un virage, une dépression inondée, ou une voiture arrivant en sens inverse —, ils délibéraient ensemble avec une excitation inquiète, pesant nos chances. Après un cahot particulièrement violent, l'un d'eux a été projeté sur moi. Caskey se tenait accroupi à mes côtés, renfrogné et désapprobateur ainsi qu'il l'est toujours les rares fois où il a peur. Lorsque Tumbes fut enfin en vue, les soldats se mirent à crier :

« *La Meta ! La Meta !* — le but. »

Nous sommes entrés à Tumbes en fin d'après-midi ; la *fiesta* était à son comble. La place centrale était bordée d'éventaires et couverte de gens. Deux orchestres jouaient, un à chaque extrémité. Nous ne nous sommes pas attardés pour voir le spectacle, préférant chercher aussitôt à nous loger, car on nous avait prévenus que la ville était submergée par le flot des visiteurs.

198

Tumbes a beau être un petit village perdu, il y a un bel hôtel bon marché — l'un de ceux que le gouvernement vient d'ouvrir dans diverses parties du pays. (Le Pérou est beaucoup plus conscient de l'importance du tourisme que l'Equateur. Le consul péruvien de Quito nous a même offert des dépliants touristiques lorsque nous lui avons rendu visite pour obtenir nos visas.) Nous avons d'abord essayé de nous loger dans cet hôtel du gouvernement, mais il était plein. J'ai donc laissé Caskey avec nos bagages dans un café de la place, et j'ai repris mes recherches, avec le gros homme et deux autres passagers du car. L'un de ces derniers était un garçon de Tumbes qui avait un grand-père en ville, un vieux monsieur très poli qui semblait habiter derrière un magasin sous une espèce de tente qui abritait aussi un poulailler. Ce grand-père a eu une longue conversation avec le gros homme, où j'ai seulement surpris la répétition fréquente des mots *muy suave*, très doux, très agréable. Dans mon ignorance, j'ai supposé qu'ils parlaient du genre de lit que nous désirions, et j'ai aussitôt pensé qu'il manifestait ainsi une exigence superflue. J'ai seulement découvert plus tard que le gros homme demandait où il pourrait acheter des chevaux — suave signifiant aussi paisible, docile — et qu'il ne s'intéressait pas le moins du monde à d'éventuels lits. Quant au grand-père, il n'en connaissait aucun de libre, et il nous a assuré qu'en ville toutes les auberges étaient pleines.

Entre-temps, le quatrième membre de notre groupe s'était arrêté pour bavarder avec deux jeunes filles penchées au balcon de ce qui était sans doute un bordel. Il y est bientôt entré, et je suis resté seul avec le garçon. Nous avons ensuite visité une arène de combats de coqs — ils sont très populaires ici —, où le directeur a été très aimable. Mais il a seulement pu nous proposer le plancher de son salon. J'étais alors assez fatigué pour accepter n'importe quoi avec reconnaissance ; pourtant, l'image de l'hôtel du gouvernement apparaissait sans arrêt sous mes yeux comme une vision du paradis au milieu de toute cette misère. J'ai demandé au garçon d'y retourner avec nous pour plaider notre cause auprès de la propriétaire. Il a accepté, et le discours qu'il lui a tenu a été digne d'une situation infiniment plus héroïque — je me souviens en particulier de cette phrase :

« Le corps humain supportera cette épreuve, mais pas davantage. »

Cela a profondément ému la propriétaire. Elle a accepté de nous laisser dormir sur des divans dans la salle de bal. Comme il y en avait plusieurs, Caskey et moi avons longtemps essayé de convaincre le garçon de se joindre à nous en qualité d'invité. Mais il a refusé. Un décor aussi somptueux l'intimidait sans doute. Il nous a écrit son nom sur un bout de papier — que j'ai déjà perdu —, puis il est sorti de notre existence. J'aimerais trouver le moyen de le remercier. Il s'est montré merveilleusement patient et aimable — et il a même compris mon espagnol.

Nos divans présentaient un seul inconvénient. Comme une soirée de fiançailles devait avoir lieu le soir même dans la salle de bal, nous ne pouvions pas les occuper avant la fin des festi-

vités. Nous sommes donc retournés au café de
la place. (Compte tenu de ce que j'ai écrit ailleurs sur la moralité des Latino-Américains, je
dois souligner le fait que nous avions laissé nos
bagages dans un coin, sans la moindre garde et
pendant assez longtemps, tandis que nous nous
lavions à l'hôtel. Aucun de ces bagages n'était
fermé à clef — et aucun objet n'en a disparu.)
Un orchestre de danse jouait ce que les autochtones appelaient « el Buggi Buggi ». L'un des
musiciens vint nous avertir qu'ils allaient nous
« dédier » un morceau et qu'ils espéraient que
nous leur « retournerions cette courtoisie » —
ce qui signifie, en clair, que nous devions offrir
à boire à tous les musiciens. Ensuite, nous nous
sommes promenés dans le marché, qui était un
peu décevant. Nous avions espéré y découvrir
de belles poteries indiennes, des bijoux en argent et des tissages. Mais la plupart des marchandises à vendre étaient laides et de mauvaise
qualité. Plus tard, il y a eu un magnifique feu
d'artifice, après lequel nous sommes rentrés à
notre hôtel pour lancer des regards lourds de
reproche par les fenêtres de la salle de bal où
se déroulait la fête de fiançailles, très formelle
et guindée. Ma conscience des différences sociales se réveille soudain chaque fois que je me
retrouve du mauvais côté de la barrière, et j'ai
émis quelques jugements impitoyables sur
l'égoïsme ostentatoire des classes supérieures péruviennes. Comment osent-ils boire du cham-
pagne au milieu de toute cette pauvreté, de cette
crasse et de ces maladies ? Comment osent-ils
exhiber leur bonheur à la face de tant de misère ? Comment osent-ils, autrement dit, nous

201

tenir ainsi éloignés de nos lits ? Eh bien, ils l'osaient. La fête a duré jusqu'à deux heures du matin, lorsque la direction y a mis fin en éteignant brutalement les lumières. A ce moment-là, nous somnolions déjà depuis plusieurs heures dans les fauteuils de la réception.

Aujourd'hui, on nous a donné une chambre dans laquelle nous avons déjà rattrapé presque tout le sommeil que nous avions en retard. Nous partons en car vers le sud demain matin à huit heures.

11 décembre. Nous sommes à Trujillo, à mi-distance environ de Tumbes et de Lima le long de la côte. Nous sommes arrivés ici ce matin à l'aube. Il n'y a pas grand-chose à dire de ce voyage ; même son inconfort et ses désagréments ne nous ont pas vraiment surpris. En chemin, nos passeports se sont vus examinés six fois aux divers postes de police, mais assez vite et sans tracasserie superflue. Pour l'essentiel, le paysage se résume à un désert inintéressant. La route pourrait être pire ; de longs tronçons en sont même goudronnés. Pendant la nuit, nous avons néanmoins été ballottés par des nids-de-poule vraiment cruels. Je n'ai cessé de m'endormir et de me réveiller car ma tête tambourinait contre le flanc du car comme un pic-vert.

C'est une belle ville tranquille et aérée. Elle a été fondée par Pizarro, et inclut de nombreuses vieilles églises ainsi que des demeures où des peintures décorent les murs des cours. Elle se trouve à trois kilomètres environ à l'intérieur des terres, dans une oasis perdue au milieu d'un paysage de désert sablonneux et de montagnes de roc nu qui paraissent jaillir de la plaine. Nous sommes descendus dans un nouvel hôtel du gouvernement. Il est plus grand et encore plus confortable que celui de Tumbes. L'hôtel se dresse sur une grande place dont le centre est occupé par une fontaine ridicule (école de Rodin). La pose du personnage principal est si extraordinaire que son bras, qui tient une torche, ressemble à une jambe supplémentaire décochant un violent coup de pied en arrière. Tout autour se pressent des gaillards musclés dans un état de décomposition avancée.

13 décembre. Hier matin, nous avons loué une voiture pour aller visiter les ruines de Chan-Chan, à cinq kilomètres de Trujillo. Chan-Chan était la capitale d'un royaume pré-inca qui s'étendait jadis sur les trois quarts de la région côtière du Pérou. C'est aujourd'hui un vaste labyrinthe désolé de cours, de tumulus, d'étroites ruelles bordées par d'épais murs en terre qui perdent peu à peu leurs contours pour se fondre à nouveau dans le paysage. Çà et là, on trouve quelques modestes fragments de sculptures ; étranges formes d'hommes et d'oiseaux à l'air maléfique. Tout le reste a été pillé par les conquérants espagnols et les archéologues modernes. On a même retourné et pillé le cimetière ; la terre est jonchée d'ossements, de crânes ayant encore des cheveux, de vêtements funéraires en lambeaux. Et, comme si cette nécropole antique n'était pas déjà assez sinistre, Chan-Chan a récemment servi de lieu d'exécution. Au début des années 1930, le parti Apra de Trujillo tenta vainement une rébellion armée. Ses chefs furent capturés, emmenés à l'extérieur de la ville et fusillés devant les murailles en terre. Celles-ci sont d'ailleurs couvertes de graffitis, emblèmes et slogans apristas — car ce parti est devenu puissant et peut honorer ouvertement ses martyrs. Voici une inscription : « Que nos morts nous apprennent la liberté. »

L'après-midi, nous sommes allés à Chiclin, où il y a une plantation de sucre et un célèbre musée privé appartenant à la famille Larco Herrera. En fait, ce musée est davantage public que privé. Des guides vous font visiter les salles, et il n'y a pas ici la moindre trace du désordre surréaliste de la collection du docteur Buenaventura à Cali. Néanmoins, les poteries sont fascinantes. On peut admirer des centaines de *huacos* incas et chimus, ces récipients sculptés qui ressemblent à des ancêtres lointains des chopes de bière anglaises. Plus que tout autre objet d'artisanat, ces *huacos* vous font comprendre la psychologie de ces civilisations primitives. Elles ont d'ailleurs quelque chose de cauchemardesque. Toutes sortes d'individus et d'occupations sont représentées : chefs et domestiques, infirmes, prisonniers de guerre, animaux et démons, paysans cultivant la terre, soldats en train de se battre, amants qui copulent, femmes qui accouchent. Les portraits, étonnamment expressifs, frisent la caricature ; ils rappellent un peu Rowlandson. Quelle laideur exubérante ! Aucune douceur, aucune amabilité sur ces visages. Aucun idéal de beauté masculine ou féminine. Les chefs sont graves, d'une dignité austère ; leurs sujets sont humbles, comiques et rusés. On les imagine ricanant avec une satisfaction hypocrite dès qu'un voisin commet un faux pas et se fait taper sur les doigts.

A Tumbes, nous sommes devenus les amis d'une jeune fille très avenante et séduisante nommée Sarita Cisneros. Sa présence s'expliquait par son travail, qui consistait à inspecter les hôtels du gouvernement ; elle vient d'arriver. Sarita nous a fait connaître le *Pisco Sour*, un breuvage dangereusement puissant préparé en mélangeant du *Pisco*, le cognac local, avec du jus de citron, des blancs d'œufs battus en neige, du sucre et de l'Angostura amer. Caskey, lorsqu'il a un peu bu, est porté à la discussion. Hier soir dans la salle à manger, quand les Piscos eurent fait leur effet, il s'est penché vers moi pour me gifler — mais ni lui ni moi ne nous rappelons plus maintenant la raison de son geste. Par chance, je ne lui ai pas retourné sa gifle, si bien que cet incident n'a pas dégénéré en scandale public.

14 décembre. Ce matin à six heures, nous sommes partis pour Lima en car, une étape de cinq cents kilomètres environ. Je regrette de multiplier mes doléances envers les conducteurs sud-américains, mais ce trajet restera longtemps gravé dans mon souvenir. Le plus curieux est sans doute le complet fatalisme des passagers. Un grand nombre sont manifestement inquiets, mais ils acceptent cette vitesse homicide comme un aléa du voyage ; il ne leur viendrait jamais à l'esprit d'insister pour que le car ralentisse. J'ai élaboré une théorie selon laquelle cette attitude est liée aux corridas. De même que le torero doit travailler le plus près possible du taureau, de même le chauffeur se sent tenu par

205

l'honneur de frôler l'aile de tous les véhicules qu'il rencontre. Lorsque deux voitures s'approchent l'une de l'autre en sens contraire, elles restent toutes les deux au milieu de la chaussée jusqu'à ce que la collision paraisse inévitable, puis les conducteurs donnent un brusque coup de volant. Cette embardée ultime est l'équivalent de la passe effectuée par la cape du torero au-dessus des cornes de l'animal qui charge. Et comme cette passe, elle n'est pas toujours couronnée de succès.

La route est pavée tout du long ; il serait agréable d'y voyager à une vitesse raisonnable. Mais le sable qui la borde constitue un danger lorsqu'on y roule trop vite ; si les roues le touchent ne serait-ce qu'un instant, la voiture risque de se retourner. Voilà sans doute pourquoi des croix signalent des accidents à plusieurs endroits où la chaussée est pourtant rectiligne et horizontale. Il y a aussi quelques vallées verdoyantes le long de la route, mais pour l'essentiel le paysage se résume à un désert lunaire de grandes étendues sablonneuses, parfois hachurées de dunes, qui s'étendent depuis les montagnes déchiquetées jusqu'au rivage vide, où les rouleaux indistincts explosent et jaillissent hors du brouillard océanique avant de se dissiper en embruns.

J'ai remarqué un officier de l'armée qui lisait ce que j'ai d'abord pris pour des bandes dessinées américaines chiffonnées. Puis j'ai découvert qu'il s'agissait de *L'Enfer* de Dante — une œuvre qui convenait parfaitement à notre environnement. Alors que nous traversions un paysage sauvage, sans âme qui vive ni la moindre habitation en vue, un passager a demandé à descendre.

Il a quitté le car, étendu les bras, puis regardé autour de lui avec une expression de plaisir non déguisé, comme pour dire : « Enfin chez moi ! »

Quelques kilomètres au nord de Lima, la route contourne une succession d'énormes falaises sablonneuses qui tombent à pic dans l'océan. Ici, il faut balayer la chaussée plusieurs fois par jour pour en retirer le sable. Elle est beaucoup trop étroite dans les virages, et presque entièrement dépourvue de garde-fou le long des précipices. C'est le plus grand péril de tout le voyage, mais aussi le dernier. Une fois qu'on l'a franchi sans encombre, on est presque sûr d'atteindre Lima sain et sauf.

Nous y sommes arrivés à cinq heures et demie cet après-midi. Nous sommes maintenant à l'hôtel Maury, une vieille bâtisse étouffante, somptueusement miteuse, dans le style des années 1860, et célèbre pour ses fruits de mer. Nous occupons la chambre la plus élevée que j'aie jamais vue dans n'importe quelle ville du monde.

7. Lima et Arequipa

18 décembre. Le lendemain de notre arrivée à Lima, nous avons quitté l'hôtel *Maury* pour nous installer dans une pension du quartier de Miraflores, en bord de mer. Cet établissement est tenu par la Señora Lily Cisneros, une cousine de notre amie Sarita. C'est une grosse dame élégante, maligne et bavarde, liée à plusieurs grandes familles de Lima. Pour notre première soirée, la Señora Cisneros nous a emmenés à une fête dans la maison d'un riche collectionneur nommé Osma —, une demeure splendide et fantastique, mais parfaitement inhabitable selon moi, meublée de fond en comble avec des trésors inestimables de l'art colonial espagnol ; tableaux, autels, crucifix incrustés de pierres précieuses, etc. L'atmosphère créée par les cocktails sophistiqués et les élégantes au chic presque parisien interdisait l'examen sérieux de quoi que ce fût. Retranchés dans un coin, nous avons échangé des plaisanteries stupides sur les invités, et nous étions tentés de casser ou de voler quelque chose, histoire de briser le charme d'une telle munificence. J'ai néanmoins remarqué qu'Osma n'était pas un simple dilettante. En effet, il connaît sa collection sur le bout des doigts ; il l'aime pour ce qu'elle est réellement, et non pour l'impression qu'elle donne.

Miraflores est essentiellement un riche quartier résidentiel, traversé par des boulevards bordés de grandes villas au milieu de jardins tropicaux. Il y a des fleurs partout ; elles font la célébrité de Lima. On utilise même des géraniums pour la signalisation routière ; posés sur des piquets, ils avertissent les automobilistes que des ouvriers travaillent sur la chaussée. Il y a ici énormément de familles britanniques et nord-américaines ; leurs enfants envahissent tous les marchands de glaces. Dans ce quartier, les adolescents péruviens de la bonne société s'habillent comme des lycéens américains, mais leur tenue est trop soignée pour être vraiment authentique. Il y a aussi beaucoup de Chinois — comme dans toutes les villes que nous avons traversées en descendant le long de la côte. Ils sont d'habitude propriétaires de restaurants ou de petites épiceries. Ils ont, paraît-il, bonne réputation, car ils épousent souvent de jeunes Péruviennes. En revanche, les Japonais ont mauvaise presse car ils ne se marient presque jamais en dehors de leur communauté.

On compare souvent Miraflores à Beverly Hills, en Californie. Il y a sans doute des ressemblances superficielles, mais le climat et l'ambiance font toute la différence du monde. Beverly Hills est lumineux, gai et fruste, fièrement illuminé par un soleil éclatant. La ville nord-américaine ressemble à une publicité qu'elle ferait pour elle-même ; aucun de ses charmes n'est laissé à l'imagination du visiteur. Presque toutes ses maisons, même les plus somptueuses, sont conçues pour être regardées de la rue ; car la villa d'une vedette de cinéma est aussi la propriété de ses *fans*, et la démocratie implique le droit de chacun à rester planté sur le trottoir pour regarder. A Miraflores, au contraire, le luxe se retire derrière les murs, des chiens féroces montent la garde autour de lui. Quant au climat, il est mélancolique et languide. Un plafond nuageux surplombe Lima toute l'année, et se dissipe rarement plus d'un jour ou deux. L'hiver, entre juin et novembre, le degré d'humidité devient si élevé que l'eau ruisselle presque dans l'air ambiant, même s'il pleut très rarement. Le brouillard apporté par le courant froid de Humboldt arrive sans cesse au-dessus des eaux grises et se presse contre les falaises marron et nues. Lorsqu'on se tient là, tourné vers la mer, on ressent la tristesse immense et douce du Pacifique —cette même tristesse qui envahit Hong Kong, San Francisco et les îles japonaises.

De Miraflores, on rejoint le centre-ville par l'Avenida Arequipa, longue de six kilomètres. L'Arequipa est un circuit de course automobile plus ou moins officiel. Il n'y a aucune limitation de vitesse, et mieux vaut ne pas trop se fier aux feux si vous traversez cette artère à pied. La ville originale de Pizarro, disposée selon un motif rectangulaire autour de la Plaza de Armas, n'a guère changé depuis l'époque coloniale. Les rues sont bruyantes et étroites ; chaque pâté de maisons porte un nom spécifique en plus du nom de la rue — l'Œuf, les Sept Péchés, les Sept Seringues, la Poche du Diable, tels sont les exemples cités par notre guide. Pour le reste, le centre de Lima ressemble aux quartiers les plus lugubres du Paris du XIXe siècle ; il y a de larges avenues et de beaux parcs, mais le charme et le cachet de Quito en sont absents. Malgré tout, Lima est sans conteste la ville la plus impressionnante que nous ayons visitée jusqu'ici en Amérique du Sud.

Hier, nous avons fait la connaissance de l'ambassadeur américain, M. Prentice Cooper. Il nous a dit qu'il venait de réussir à régler le problème du remboursement d'un prêt sur seize ans, accordé au gouvernement péruvien par les investisseurs américains. D'autres avant lui s'étaient déjà frottés à ce problème, mais tous avaient échoué parce que les négociations se déroulaient invariablement à Washington et non à Lima — ce qui froissait les dirigeants du Congrès péruvien et leur faisait refuser de ratifier le moindre accord. M. Cooper s'est présenté directement au Congrès et a réussi là où ses prédécesseurs s'étaient cassé les dents. Mais maintenant, les porteurs de titres américains se plaignent de ce que le nouveau taux d'intérêt est trop bas, quand bien même ils n'ont pas touché un seul sou depuis des années. M. Cooper se sent blessé par une telle ingratitude. Lorsque nous avons sympathisé avec lui, il nous a invités à déjeuner. J'en suis fort heureux ; sinon, j'aurais sans doute eu la bêtise de le classer, soit dans la catégorie péjorative des politiciens du Sud assez ordinaires (il a été gouverneur du Tennessee), soit parmi ces gens qui croient possible de résoudre n'importe quelle crise internationale à l'aide de méthodes commerciales directes et provinciales.

Au déjeuner, une autre facette, beaucoup plus fascinante, de la personnalité de M. Cooper nous a été révélée ; c'est un naturaliste passionné. Dans son jardin, il a un jaguar, un ocelot, un *vicuña*, un cerf et un héron. Le héron occupe le patio et son bassin ; le cerf et le *vicuña* sont enfermés dans un enclos, car sinon le jaguar les tuerait. C'est une belle créature aux mouvements souples et furtifs, aux écarts vifs comme l'éclair, mi-timide, mi-dangereuse. Ce jaguar est capable d'attaquer trois ou quatre gros chiens sans hésiter et de les traquer longtemps ; il fait peur à l'ocelot, mais tolère sa présence. L'ambassadeur joue avec lui sans crainte. Ils se poursuivent parmi les fourrés, le félin agile et le petit homme aux cheveux gris. Le jaguar s'accroupit, gronde, fait mine de bondir, mais roule brusquement sur le flanc et se laisse caresser. Nous n'avons pas pris part à ces ébats, mais j'ai caressé prudemment le *vicuña* ; lorsqu'on ennuie ces animaux, ils ruent, mordent et crachent. Il a paru apprécier ma veste, qui est presque de la même couleur que sa fourrure, mais de qualité nettement inférieure.

Autrefois, M. Cooper possédait aussi un boa constricteur et deux condors. Mais il a dû se séparer du boa, car il attaquait constamment les autres animaux, lorsqu'il ne s'échappait pas pour terrifier les voisins. Quant aux condors, ils se sont envolés, ce qui est vraiment dommage ; perchés sur le toit, ils faisaient certainement ressembler cette villa à un dessin de Charles Addams dans le *New Yorker*.

L'une des qualités les plus estimables de M. Cooper en tant qu'ambassadeur est qu'il s'intéresse sincèrement au Pérou. Il a fait plusieurs excursions dans des régions reculées de ce pays, en particulier sur le site d'un tremblement de terre spectaculaire, lors duquel une faille béante

213

s'est ouverte sur des kilomètres. Il nous a raconté comment un groupe de ses amis marchaient un jour sur un étroit sentier de haute montagne quand ils aperçurent trois condors ; aussitôt, ils firent feu sur les oiseaux qui disparurent —apparemment pour aller chercher du renfort, car ils revinrent quelques minutes plus tard avec vingt-cinq de leurs semblables, qui fondirent avec un bel ensemble sur les humains. Dans la confusion qui en résulta, deux chevaux tombèrent dans le précipice, leurs cavaliers bondirent à terre juste à temps. D'habitude, les condors crèvent les yeux des vaches, puis, de leurs ailes, ils les dirigent vers une falaise ; les vaches se tuent au fond de l'abîme, et les condors les dévorent.

19 décembre. Ce matin, je suis allé voir M. John Harriman, directeur du centre culturel britannique ; c'est une belle et vieille maison, qui abrite une assez bonne bibliothèque. Harriman connaît bien l'Amérique latine ; il a passé de nombreuses années en Colombie. Les Sud-Américains l'enthousiasment ; il les trouve très ouverts, spontanés et affectueux. Il ne supporte pas ces Anglo-Saxons qui ne s'entendent pas avec eux ; selon lui, la faute incombe uniquement à l'Anglo-Saxon — car il est froid et dominateur ; il ne sait pas s'y prendre avec les autochtones. Entendre quelqu'un déclarer cela est agréable. Cela mérite une mention spéciale dans la colonne des compliments du registre de l'Amérique du Sud, car Harriman est manifestement un homme plein d'expérience et d'intelligence.

Il m'a raconté une histoire charmante pour

me montrer comme les Colombiens sont parfois spontanés. Dans un village proche de Medellin, pendant une *fiesta*, il a vu une procession sortir de l'église avec une statue du Christ. Cette statue était surmontée d'un chapeau de scout. Et l'orchestre jouait *I can't give you anything but love, baby*. Les musiciens ne connaissaient aucune musique sacrée, et ce chapeau était sans doute le plus beau qu'ils avaient pu trouver. Après tout, pourquoi pas ?

Avec un pilote américain — ami de M. et de Mme Knox, clients de la même pension que nous —, nous avons ensuite parlé des vols commerciaux au-dessus des Andes. Les appareils qu'il pilote habituellement sont conçus pour une altitude de croisière maximale de cinq mille deux cents mètres. Plus haut, ils ne sont plus fiables, mais ils doivent souvent monter jusqu'à sept mille mètres. La radio ne fonctionne pas bien au-dessus des montagnes, et l'on ne peut faire confiance aux cartes ; l'altitude et la position d'un pic sont parfois erronées. Ainsi, l'on ne peut voler qu'à vue — vous n'allez pas là où vous ne voyez pas. Moyennant quoi les retards et les changements d'itinéraire imprévus sont monnaie courante ; certains passagers, qui ne soupçonnent pas tous ces problèmes, se répandent en invectives. Ils feraient mieux de se rappeler qu'il n'y a pas eu le moindre accident mortel sur ces lignes aériennes depuis 1940.

Quant au pilote lui-même, il paraît considérer son travail avec beaucoup de calme :

« Que je vole du Pérou au Brésil, ou de Kansas City à Los Angeles, c'est du pareil au même. Je préfère néanmoins atterrir à Los An-

215

geles. Car pour moi, le plus important, c'est ce qu'on vous propose comme distractions une fois qu'on a retrouvé le plancher des vaches. »

Aujourd'hui, on peut faire le tour de l'Amérique du Sud en avion pour une somme très raisonnable ; on descend la côte Est jusqu'en Argentine, on survole les Andes pour entrer au Chili, puis on remonte vers le nord et les Etats-Unis. Bien sûr, on est libre de s'arrêter n'importe où en chemin si on en a le temps, mais beaucoup de gens n'ont pas le temps. Ils essaient de fourrer tout le continent dans un congé annuel à peine assez long pour visiter une seule ville. Ce genre de voyage global deviendra probablement de plus en plus populaire, jusqu'au jour où une génération aura vu tous les principaux aéroports du monde — et rien d'autre. A l'hôtel *Maury*, j'ai rencontré une Américaine hébétée qui souffrait d'une indigestion de voyages si grave qu'elle paraissait ne plus savoir où elle était, d'où elle venait, ni où elle allait.

28 décembre. Un trou dans mon journal. Cela tient en partie à Noël, et à ses gueules de bois. Et puis au climat ; Lima vous rend paresseux et faible. On raconte qu'il faut prendre des vitamines supplémentaires. Il n'y en aurait pas assez dans les légumes à cause du ciel couvert en permanence.

Nous avons eu droit à un authentique repas de Noël américain, grâce à la gentillesse de M. et de Mme Tauch. (Il travaille dans l'administration aéronautique civile, c'est le frère d'un ami new-yorkais de Caskey.) Les Tauch ont proposé à leur jardinier de faire venir ses enfants chez

216

eux pour qu'ils voient le sapin de Noël. Mais le jardinier a refusé parce que, expliqua-t-il, cela les attristerait de ne pas en avoir un dans leur propre maison. Mme Tauch a donc préparé un arbre miniature, qu'elle leur a fait porter avec des cadeaux. Comme tous les étrangers conscients de leurs avantages, les Tauch se sentent coupables et impuissants devant la misère qu'on trouve juste au-delà de leur porte. Il règne actuellement à Lima une grave pénurie de denrées alimentaires. On voit des files d'attente devant beaucoup de magasins pauvres.

Les Tauch nous ont aussi invités à une soirée d'avant Noël, pendant laquelle nous avons rencontré de nombreux autres membres de la colonie américaine de Lima. Principaux sujets de conversation : l'éventualité d'une guerre avec la Russie, la chute du dollar, la malhonnêteté des Péruviens. En Amérique du Sud, les gens sont souvent très pessimistes sur la situation en Europe, et cela n'est guère étonnant ; leurs informations viennent pour l'essentiel des journaux américains les plus alarmistes. La chute du dollar s'est produite récemment, juste avant notre arrivée ici. Il valait auparavant entre seize et dix-huit soles péruviens, et il a chuté à neuf quatre-vingts, car le gouvernement péruvien essaie d'économiser sur ses importations. M. Knox ne croit pas que cette dévaluation durera très longtemps, mais pour l'instant il règne une franche panique. Les résidents américains s'étaient habitués à dépenser beaucoup. Les couples mariés ont de merveilleuses collections de couverts en argent massif. L'argent est bon marché à Lima, et comme la plupart de ces couples sont en cheville avec le corps diplomatique ou l'armée, ils pourront rapatrier leur argenterie aux Etats-Unis sans payer de taxes à la fin de leur contrat.

La malhonnêteté des Péruviens est un sujet qui revient régulièrement sur le tapis. Même les résidents étrangers qui aiment beaucoup Lima vous raconteront comment ils se sont fait voler les enjoliveurs et les essuie-glaces de leurs voitures, comment les employés des postes enlèvent les timbres sur le courrier non oblitéré et détruisent les lettres, comment leurs subordonnés mentent et trichent, et sont plus généralement indignes de la moindre confiance. Ce qui me choque surtout, c'est le ton doucereux et supérieur sur lequel ces anecdotes sont d'ordinaire rapportées : cela est bien sûr fatigant, mais en définitive assez charmant, amusant et cocasse — une coutume latino-américaine à laquelle on ne peut rien. Je respecte bien davantage l'attitude de Mme Knox qui rétorque avec passion :

« Comment s'attendre à autre chose — puisque tout le monde est sous-payé ? »

Mais ce n'est pas là toute la réponse. Il n'y a pas que les affamés qui volent, ou les miséreux qui sont malhonnêtes. Un environnement économique de meilleure qualité améliorerait sans doute les choses. Mais comment le créer tant qu'on ne peut faire confiance à personne pour coopérer ? Tous les fondements de l'organisation sociale sont pourris. Bolivar s'est écrié avec désespoir :

« Ici, dans ce pays, personne ne peut vivre. Trop d'escrocs. »

Et sans doute ne faisait-il pas seulement allusion à la Colombie. J'imagine qu'il faut avant

218

tout blâmer les Conquistadors ; leur crime originel hante ce malheureux pays telle une malédiction. L'oppression a avili les opprimés, comme toujours ; leur cynisme et leur mépris de soi se sont transmis, comme toujours, aux héritiers des oppresseurs. Les Espagnols ont apporté le christianisme, qui aurait pu constituer un ciment social de premier ordre — mais l'Eglise catholique a été désespérément compromise par la politique de l'Espagne impériale. Le nationalisme sud-américain impliquait nécessairement l'anticléricalisme, moyennant quoi, en temps voulu, le bébé a été jeté avec l'eau du bain, laissant derrière lui une baignoire vide et crasseuse. Qui accepterait d'y entrer ? Mais cela me ramène à la politique. Je ne veux pas encore écrire à ce sujet, pas avant d'avoir parlé à d'autres gens.

Parmi les Américains que nous avons rencontrés, je dois mentionner M. Parsons, un géologue. Il est l'auteur d'un roman très intéressant bien qu'assez improbable, sur une colonie imaginaire de Blancs, située dans une lointaine vallée des Andes, et qui cachent volontairement leur existence au reste du monde. Parsons a une excellente entrée en matière, il décrit un accident d'avion en haute montagne, puis le voyage à pied de deux survivants, à travers les gorges. Relisant son manuscrit, je m'aperçois qu'une connaissance pratique de la géologie peut être très utile à un romancier ; car elle rend les descriptions de paysage exactes et scientifiques. L'auteur n'est plus contraint d'égrener des adjectifs fastidieux pour évoquer la taille d'un objet — gros, grand, vaste, énorme, démesuré, monstrueux, gigantesque — qui sont seulement des

219

bruits évocateurs invitant le lecteur à faire lui-même tout le travail. Ils sont la plaie de la plupart des récits de voyage, y compris de celui-ci.

Nous avons aussi fréquenté assidûment Cyril Donnelly, qui est ici premier secrétaire de l'ambassade britannique et qui occupe les fonctions de chargé d'affaires en l'absence de l'ambassadeur. Donnelly a tout un cercle d'amis écrivains ou artistes péruviens : le poète Emilio Adolfo Westphalen et sa femme, le peintre Fernando de Szyszlo, le dramaturge Sebastian Salazar Bondy et le peintre Alicia Bustamante qui préside une *peña* ou un club où nous avons rencontré plusieurs autres personnalités. La poésie de Westphalen est surréaliste, mais ma piètre connaissance de l'espagnol ne me permet pas de la lire. Il est rédacteur en chef de *Las Moradas*, la meilleure revue littéraire péruvienne. Tant lui que sa femme, qui est peintre, sont d'une beauté remarquable. A certains moments, le visage de Westphalen paraît si intelligent qu'il en semble presque transparent — un mince masque d'or cachant une lucidité mélancolique et subtile. Ses manières sont douces, empreintes de timidité et d'une politesse extrême. Il est toujours ponctuel à ses rendez-vous avec nous — qualité des plus inhabituelles parmi les Limeños, ainsi que nous commençons déjà à nous en apercevoir.

Fernando de Szyzslo, comme Salazar Bondy, est un jeune homme — grand et brun, à l'expression de fanatisme romantique. Son style et ses sujets sont de toute évidence influencés par Picasso, mais il possède un sens de la couleur original et excitant. Donnelly le considère comme le plus prometteur parmi les jeunes peintres.

La *peña* de la Señorita Bustamante se réunit dans ce qui ressemble à une échoppe sombre et inconfortable, bourrée d'artisanat et de céramiques paysannes modernes. Nous regrettons seulement que sa collection ne soit pas réellement à vendre. Elle a été rassemblée dans tout le pays ; et comme chaque ville se spécialise dans certains objets, il faudrait voyager pendant des mois pour en dupliquer n'en serait-ce qu'une partie. Nous aimons surtout les retables, créations d'un artisan d'Ayacucho. Ces petites boîtes peu profondes ressemblent à des sanctuaires domestiques, mais ne sont pas nécessairement de nature religieuse ; certaines contiennent des scènes villageoises, des groupes de paysans et d'animaux, grossièrement sculptés et peints de couleurs brillantes. Elles fascineraient n'importe quel enfant.

L'atmosphère de la *peña* est très vivante. En comparaison de réunions similaires à Londres ou à New York, on remarque qu'ici les femmes sont davantage traitées comme des membres du sexe opposé ; les traditions de la galanterie latine sont conservées, même parmi les artistes bohèmes. Nous buvons du *pisco* et mangeons de petits pâtés de viande. Un romancier siffle des airs folkloriques. Tout le monde désire nous parler, mais la barrière du langage rend la conversation passablement hachée — la réduisant à une série de déclarations abruptes, sans contexte ni nuance :

« Le Pérou est un pays très triste. »

« Le meilleur poète américain est anglais, et le meilleur poète anglais est américain. »

« Un jour, j'ai fait l'amour dans la bibliothèque du Vatican. »

1ᵉʳ janvier. Hier, Westphalen nous a emmenés rendre visite au docteur Basadre, directeur de la bibliothèque nationale. C'est un bâtiment magnifique, encore inachevé ; il est en construction depuis l'incendie qui a détruit l'ancienne bibliothèque il y a six ans. A cette époque, le bâtiment abritait environ cent mille volumes. On ne les avait jamais répertoriés, et un groupe de jeunes étudiants entamaient justement ce travail lorsque le désastre est arrivé. On soupçonne, mais cela n'a jamais été prouvé, que cet incendie n'avait rien d'accidentel, car ce catalogue aurait sans doute révélé le vol de nombreux volumes et manuscrits rares, ensuite revendus à des collectionneurs étrangers. Le docteur Basadre fait aujourd'hui appel aux bibliothèques et aux universités du monde entier pour l'aider à réunir une nouvelle collection.

Nous avons ensuite fait la connaissance du docteur Porros, qui travaille au ministère des Affaires étrangères. Un homme très amusant. Dans son bureau, il y a une carte du Pérou qui paraît confirmer toutes les accusations équatoriennes d'accaparement des terres ; en effet, la frontière péruvienne s'est déplacée vers le nord et vers l'ouest jusqu'aux Andes, comme une marée montante. Lorsque j'en ai fait la remarque au docteur Porros, il m'a répondu en riant :

« Bah ! Il ne faut pas prendre cela trop au sérieux. A quoi vous attendiez-vous donc, dans un ministère des Affaires étrangères ? Nous aimons les Equatoriens, alors nous voulons nous approcher plus près d'eux. Nous croyons au *rapprochement* *. »

Au déjeuner, nous avons parlé de Pizarro, que Porros admire beaucoup. Il croit que *The Conquest of Peru* est injuste envers Pizarro, et il défend une théorie étonnante selon laquelle Prescott avait un préjugé contre l'invasion espagnole parce qu'il la considérait comme une infraction à la doctrine Monroe !

Hier soir, nous sommes allés à plusieurs fêtes, finissant chez des gens que nous ne connaissions absolument pas. J'ai demandé à un homme de me montrer la Croix du Sud, que nous n'avions jamais vue. Il m'a emmené sur le balcon et m'a solennellement montré une croix d'ampoules électriques sur le toit d'une église voisine. Toute la soirée s'est déroulée sur ce ton : absurde mais sans gaieté. Beaucoup de discussions, comme d'habitude sur la Russie et la possibilité d'une guerre.

Une charmante coutume domestique pratiquée ici par un couple d'Américains : avant de prendre leur premier Martini, ils s'embrassent pour se prémunir contre d'éventuelles querelles. Cette technique semble efficace. Chaque fois que nous les avons croisés à une soirée, ils paraissaient tous deux dans les termes les plus affectueux.

Le docteur Porros a beaucoup parlé de politique, hier, et cela me rappelle que je ferais bien de résumer ce que j'ai appris de divers informateurs. En dehors de la guerre civile, la situation actuelle du Pérou pourrait difficilement être pire. Tout est bloqué, et l'on ne voit pas

---

(*) En français dans le texte.

comment sortir de cette impasse politique, sinon par la violence.

Les problèmes commencèrent il y a un an, lorsque le docteur Francisco Grana, propriétaire d'un journal conservateur appelé le *Prensa*, fut abattu à la sortie de son bureau. La droite a aussitôt accusé l'Apra, le parti du peuple, et plusieurs Apristas furent arrêtés. L'Apra est très puissant au Congrès, mais il n'a pas la majorité des deux tiers indispensable pour former un quorum. Et comme les représentants de la droite ont boycotté le Congrès, celui-ci ne peut plus se réunir.

Si l'Apra était vraiment lié à l'assassinat de Grana, alors ses dirigeants auraient commis une bêtise monstrueuse. Car ce scandale leur a fait perdre beaucoup de voix et une grande part de leur popularité. De plus, ses membres ont dû démissionner du cabinet, afin de laisser le président Bustamante libre de diriger l'enquête. Bustamante a fait appel aux militaires pour occuper les postes vacants, à d'anciens ministres du général Benavides, l'ancien dictateur. On s'accorde à dire que Bustamante est un homme honnête qui essaie réellement d'accomplir sa tâche en accord avec la Constitution. Mais comme sa liberté de manœuvre est limitée par l'armée, ce qui est par nature anticonstitutionnel, sa position est désespérément ambiguë. Il est même possible que l'armée soit elle-même divisée en plusieurs factions. Personne ne sait dans quelle mesure l'Apra a infiltré ses rangs. On découvrira la vérité seulement le jour où des combats éclateront.

Les communistes, un parti relativement modeste au Pérou, détestent tant l'Apra qu'ils ont passé alliance avec la droite, laquelle, dans son optimisme, croit qu'elle va d'abord liquider l'Apra avant d'éliminer ensuite les communistes. La droite et les communistes ont réussi ensemble à bloquer un accord qui aurait ouvert le Sechura, le désert septentrional, aux intérêts pétroliers anglo-américains. Les communistes sont bien sûr anti-américains. L'Apra, qui est pro-américain et anti-U.R.S.S., soutient l'accord du Sechura.

Nous avons déjà entendu maintes opinions sur Victor Raul Haya de la Torre, le chef de l'Apra. Dans l'ensemble, elles ne sont guère favorables. On l'accuse d'être un snob, un imposteur, un fat. Il paraît même qu'il prend un plaisir érotique à s'exprimer en public. Un jour, avant de s'adresser à la foule massée sur la Plaza San Martin, il a levé les yeux vers la lune, et deux larmes ont roulé sur ses joues. Ces larmes — « les larmes de Haya » — ont été largement commentées dans la presse aprista, et décrites comme « deux diamants ». Il a été chroniqueur mondain dans sa jeunesse. Il a mis au point une philosophie aprista qu'il appelle l'Espace-Temps historique. Une dame m'a décrit « sa manière primitive de tendre l'oreille pour écouter, en vous offrant son profil, comme un Indien qui écoute les bruits au-dessus de sa récolte et qui pense : "c'est sans doute le vent d'est", ou les bêlements d'un mouton perdu très loin sur le plateau ». Néanmoins, tous nos informateurs sont d'accord pour dire qu'il a beaucoup de charme.

Ces accusations sont sans grande portée politique. Plus graves sont les allusions aux méthodes brutales de Haya, qui ne répugne pas à employer la violence. On dit qu'il a son propre garde du corps ainsi que des troupes de choc, que ses ennemis reçoivent des menaces par téléphone et que, le cas échéant, ils sont éliminés. Son parti est très organisé — beaucoup mieux que n'importe quel autre au Pérou —, et Haya ne donne jamais aucun ordre personnellement.

4 janvier. Aujourd'hui, nous sommes allés en voiture dans les montagnes avec Cyril Donnelly. Les Andes s'élèvent si abruptement à partir de l'étroite plaine côtière qu'on atteint une altitude de plus de cinq mille mètres à une gare ferroviaire située à moins de cent cinquante kilomètres à l'intérieur des terres. La construction de cette voie pendant les années 1870, sous la direction de l'aventurier américain Henry Meiggs, posa aux ingénieurs des problèmes très compliqués (soixante et un ponts, soixante-six tunnels, vingt et un virages), et nécessita beaucoup d'argent et de main-d'œuvre. Sept mille ouvriers moururent d'une fièvre mystérieuse accompagnée de verrues, une fièvre que l'on attribua à la piqûre d'une mouche appelée la Verruga. Un jeune médecin, Daniel Carrion, se fit une injection de ce poison afin d'étudier les symptômes du mal, décéda et devint un héros national. On découvrit enfin que la Verruga fréquentait une région relativement réduite, située entre mille et trois mille mètres, et qu'elle piquait seulement la nuit ; le problème fut donc résolu, du moins pour les ouvriers qui construisaient la voie de chemin de fer : il suffisait de leur faire quitter la zone dangereuse avant le coucher du soleil. Mais cette Verruga n'a jamais été exterminée — bien qu'une commission médicale gouvernementale travaille dans ce sens —, et l'on a dernièrement constaté la présence de cet insecte dans d'autres régions du pays. Selon une théorie, leur poison viendrait d'une plante sur laquelle les Verrugas s'installent d'habitude.

Nous avons pique-niqué dans une vallée verdoyante et subtropicale, en pleine zone de la Verruga, puis nous avons poursuivi notre voyage, empruntant des virages sur une route de plus en plus raide jusqu'à un village. Sur la falaise qui le surplombe, se trouve en équilibre un énorme bloc de roc ; si jamais un tremblement de terre le fait tomber, il détruira presque certainement la gare de chemin de fer. Sur ce rocher, les militants de l'Apra ont peint le nom de leur parti en grandes lettres rouges. L'Apra, ainsi que les communistes, ont fait l'impossible pour défigurer le Pérou de la sorte — bien que ces réalisations paraissent dérisoires, comparées à celles des grandes firmes publicitaires américaines.

Plus haut encore, on pénètre dans la gorge noire, humide et nuageuse du Rio Rimac. Elle est aussi étroite que Wall Street ; les murailles nues, sans fenêtres, engendrent une claustrophobie plus horrible que le centre de New York. La rivière gronde et rugit sur les pierres, comme les voitures dans la rue. Et tombant du sommet, perçant le brouillard, on entend le menu sifflet désespéré d'un train qui ahane dans une montée, émerge d'un tunnel ou traverse l'abîme sur un pont qui paraît mince comme une allumette. La partie la plus affreuse de cette ruelle sordide et naturelle est justement nommée *El Infiernillo*, le Petit Enfer.

Entre-temps, Donnelly nous abreuvait de commentaires fort intéressants sur Churchill, Roosevelt, Bevin et sur son propre travail à Whitehall pendant la guerre. C'est là mon souvenir le plus marquant de cette excursion. Les touristes transportent leur conversation au même titre que leurs sandwiches, et ils ont seulement quelques instants à accorder au paysage entre deux bouchées.

5 janvier. Aujourd'hui, nous avons acheté nos billets d'avion pour Arequipa. On est là-bas en trois heures. L'autre solution — un voyage d'une soixantaine d'heures en car le long de la côte — est trop désagréable pour être envisagée.

Une autre rencontre avec Westphalen. Il nous a présenté le peintre Ricardo Grau. Grau est un Aprista enthousiaste, il promet de nous obtenir un rendez-vous avec Haya de la Torre. Westphalen et lui paraissent bons amis, même si Westphalen est un libéral et ne partage pas ses opinions politiques —une position tragique et honorable dans ce pays de violence. Je l'ai interrogé sur les espions politiques et les informateurs. Il m'a répondu qu'il n'y en avait pas actuellement, mais qu'ils se multipliaient sous le régime de Benavides. Westphalen lui-même a été arrêté et emprisonné à cette époque, mais sans être battu. Lorsqu'il évoque cet épisode, il paraît très doux et las. C'est le genre d'individu qui accepterait la torture et la mort si sa conscience ne lui proposait aucune alternative, mais à contrecœur, avec une espèce de gêne et presque en s'excusant.

6 janvier. Tout le long de la côte, au sud de Lima, il y a des plages splendides ; elles portent le nom de la borne kilométrique la plus proche. Cet après-midi, nous sommes allés en voiture à la Plage Cinquante-cinq avec Donnelly, un peintre belge nommé Maes, et Greta de Verneuil, une dame suisse rencontrée à la *peña* de Bustamante. La Plage Cinquante-cinq est protégée des rouleaux du Pacifique par de gros rochers qui forment des brisants naturels. Entre deux de ces derniers, sur un récif, une riche famille de Lima fait construire une villa — bâtisse laide et trapue, surmontée d'une tour de phare. La mer écume à travers un goulet impressionnant, explose contre les rochers, puis les vagues retournent un instant vers le large sous un pont étroit réservé aux piétons. Il y a beaucoup d'oiseaux de mer, et le toit de la maison sera bientôt couvert d'une belle couche de guano. (Cela me rappelle que, le jour de notre arrivée dans ce pays, nous avons remarqué le gros titre d'un journal : « Seul le *guano* peut sauver le Pérou » — affirmation presque aussi pessimiste, à sa manière, que le sang, le labeur, les larmes et la sueur de Churchill.) Donnelly, qui est un esthète inflexible à l'ancienne mode, a été très choqué par cette villa. Le mauvais goût, dit-il, est pire que l'immoralité.

Le soleil s'est bientôt couché, illuminant le rivage nu et les petites huttes cubiques en boue qui ressemblent aux toutes premières habitations de colons sur une planète jusque-là inhabitée. Derrière elles, le désert couleur gris souris s'est assombri en splendides nuances écarlates. Le soleil a ensuite franchi l'horizon, les nuages scintillaient comme des éclats de cristal entre lesquels on apercevait des échappées de ciel d'un bleu lumineux, virginal et très ancien, semblables à celui des tableaux des primitifs italiens. Toutes ces métamorphoses nous ont laissés sans voix, jusqu'à ce que Donnelly objecte que cela allait vraiment trop loin et frisait la vulgarité.

7 janvier. Cet après-midi, tandis que nous étions assis au bar de l'hôtel *Bolivar*, plusieurs garçons distribuaient des tracts dans la rue en contrebas. Ils tenaient une banderole où l'on voyait une grenouille portant le drapeau américain sur le ventre gonflé de dollars, avec cette inscription : « Le plus grand Congressiste ». Un passant a levé les yeux vers les baies vitrées du bar, reconnu en moi un gringo, puis m'a lancé d'une voix méchante :

« Aujourd'hui, le dollar vaut dix *soles*. Un jour, le *sol* vaudra dix dollars. »

C'est aujourd'hui l'anniversaire de l'assassinat de Grana. Plusieurs manifestations commémoratives sont prévues, dont une sur sa tombe, au cimetière. L'animosité est, paraît-il, très vive contre le parti Apra, et l'on s'attend à des violences. Mais les apristas ont trouvé une autre raison de se réunir : le centenaire de la naissance de Manuel Gonzalez Prada — un libre penseur, anarchiste convaincu, dont Haya de la Torre fut le disciple dans sa jeunesse. Gonzalez Prada n'aurait sans doute jamais approuvé l'Apra, mais le parti se l'est désormais annexé en qualité de grand précurseur.

Nous avons décidé d'assister à cette réunion,

qui a eu lieu dans la *Casa del Pueblo*, quartier général de l'Apra. C'est un vaste bâtiment assez attrayant, décoré d'affiches et de graphiques illustrant les problèmes sociaux du pays. Il y a un restaurant ouvrier à prix coûtant, et un auditorium en plein air. Nous avons été accueillis à bras ouverts —peut-être à cause d'un malentendu que je n'ai rien fait pour dissiper : on nous a pris pour des envoyés de *Time Magazine*. On nous a même installés sur l'estrade. J'espère que cela ne causera aucun préjudice à Henry Luce.

Malheureusement, Haya n'assistait pas à cette réunion. L'invitée d'honneur était la veuve de Gonzalez Prada, décrite par une connaissance comme « une vieille Voltairienne aigrie qui déteste tout ». En réalité, elle semblait plutôt digne et assez touchante. Elle a écrit une biographie de son mari, qu'on voit dans toutes les librairies. Elle s'intitule *Mon Manuel*, et possède une jaquette répugnante : on y voit une femme minuscule qui lève les bras pour adorer le gigantesque visage de granit du grand homme. Ses yeux sont clos comme ceux du Bouddha, et au-dessus de sa tête l'étoile du Pérou luit.

Cette réunion s'est déroulée sans la moindre interruption. Si des trublions tentèrent d'y assister, ils furent sans doute arrêtés aux portes du bâtiment. Très discipliné, le public saluait chaque slogan du parti par des applaudissements rythmés et parfaitement organisés — un-deux-trois, un-deux-trois. En pareilles occasions, les orateurs ne sont pas censés faire des déclarations inédites ou fracassantes ; leur fonction rappelle assez celle d'un chef d'orchestre, et leur succès

231

ou leur échec dépend de leur talent à créer des silences dramatiques, des crescendos excitants, et de brillantes apothéoses d'ovations délirantes. Et puis le contact physique est très important. Il y a eu un jeune orateur musclé qui s'est d'abord débarrassé de sa veste, puis a remonté ses manches de chemise. Quand il a eu terminé, nous étions tous survoltés et agréablement fatigués, comme si nous venions de participer à un match de lutte amical et général.

8 janvier. Cet après-midi, Grau nous a emmenés voir Haya. Il est très différent du portrait qu'on nous en avait fait — il n'a rien du charmeur sûr de lui. (A moins, bien sûr, que cette absence de charme même ne soit un ultime raffinement de sa technique —, d'autant qu'on nous a très souvent répété qu'il se targuait d'être tout ce que les hommes désirent être.) La cinquantaine puissante, petit, assez gras, il a des cheveux clairsemés et un grand nez busqué comme le bec d'un aigle. Ses traits sont assez indiens. Il paraît fatigué et usé par la vie. Son regard est celui d'un vieil homme las. Il parle un anglais excellent.

Nous avons d'abord évoqué son séjour en Angleterre, où il s'est enfui après le soulèvement avorté de Trujillo, quand de nombreux apristas furent fusillés et que le parti entra dans la clandestinité. Il devint alors très lié avec le vieux George Lansbury (indubitablement un bon point en sa faveur), lequel intervint personnellement pour lui lorsqu'il rentra ensuite au Pérou et fut emprisonné.

Je lui ai demandé ce qu'il pensait de Gaitan.

Haya a répondu avec précaution que Gaitan comptait parmi ses amis, mais qu'il n'avait pas de vrai programme.

« Nous avons toujours eu un programme très clair, ajouta-t-il. Depuis les premiers jours. Vous savez, nous avons commencé en tant que mouvement d'éducation. Nous avons construit le parti en ouvrant des cours du soir pour les ouvriers. L'Apra est une grande université prolétarienne, et je suis son doyen. »

Il désire laisser les entreprises américaines s'installer dans le pays.

« A Talara, les pétroliers américains ont fait pour leurs ouvriers tout ce que l'Apra pouvait souhaiter. Bien sûr, il existe aussi des compagnies étrangères où les conditions de travail sont mauvaises, mais même ces dernières ont un avantage paradoxal : elles contraignent les ouvriers à mieux s'organiser et à prendre davantage conscience de leurs droits... Dans ce pays, les conditions de vie des paysans sont notre principal problème. Les Conquistadors ont volontairement détruit le système d'irrigation mis sur pied par les Incas. Aujourd'hui, la classe au pouvoir possède toutes les terres situées sur les versants les plus élevés des montagnes, et elle monopolise l'eau. L'Apra a mis au point un plan d'irrigation pour toute la région côtière, mais les riches ne l'accepteront que contraints et forcés ; s'il y avait davantage de terres cultivables, les paysans auraient la possibilité de travailler ailleurs et pourraient ainsi réclamer des salaires plus élevés. »

(Haya ne nous a pas donné davantage de précisions sur ce plan d'irrigation. Peut-être est-

233

il viable. Mais un expert britannique nous a dit qu'on ne voyait pas très bien comment le désert péruvien pourrait devenir cultivable. L'arrosage des champs par avion, tel qu'il est pratiqué aux Etats-Unis, ne donne pas de bons résultats ici, car il fait beaucoup trop chaud. Et les barrages risquent de se fissurer à cause des tremblements de terre fréquents. Un tremblement de terre suivi d'un glissement de terrain a récemment pollué la réserve d'eau de Lima en mêlant de l'arsenic à la rivière.)

J'ai fait une allusion, plutôt hésitante, à l'assassinat de Grana. Haya a semblé parfaitement d'accord pour en parler. Il s'en est défendu avec cet argument évident que ce crime avait causé beaucoup de torts à l'Apra. Pour lui, il a été commis par des personnes privées et pour des raisons étrangères à la politique, sans doute après une provocation. Pour Haya, le principal témoin de l'accusation est un garçon que l'on a interrogé après lui avoir administré « la drogue de la vérité », et ses déclarations ont varié selon les occasions.

« Vous avez sans doute vu ce film américain, *Boomerang* ? Eh bien, ce film vient d'être interdit au Pérou. Nous croyons que c'est parce qu'il explique comment un innocent peut être reconnu coupable à cause de preuves purement indirectes, si les autorités ont intérêt à l'envoyer en prison. »

Je lui ai demandé son opinion sur le président Bustamante.

« Bustamante, répondit Haya, nous a déçus. L'Apra l'a soutenu, et il n'aurait jamais été élu sans nos votes. Nous pensions que c'était un homme fort —mais ce n'est qu'un légaliste, un juriste. Vous avez entendu parler de la grève des sénateurs — de la manière dont la droite boycotte le Congrès afin de nous lier les mains ? Le président devrait insister pour que ces sénateurs retournent au Congrès ou perdent leur salaire. Mais il ne le fera pas, car, dit-il, notre constitution ne stipule aucune mesure en cas de grève des sénateurs. Quelle importance ? Notre constitution dit que les sénateurs doivent accomplir leur travail consciencieusement. N'est-ce pas suffisant ? »

Avec une nouvelle hésitation, je l'ai interrogé sur la réputation de violence du parti. Haya s'est alors enflammé :

« Et la réputation de nos adversaires ? Qui, à votre avis, a commencé toutes ces violences ? Dois-je dire à ces garçons, à tous ces jeunes gens courageux, qu'ils ne doivent pas riposter, qu'ils doivent se laisser battre, emprisonner et assassiner ? (Se calmant, il est devenu plus vague, moins direct.) Naturellement, il y a eu quelques incidents... des bavures que nous regrettons. Tous les partis politiques ont leurs têtes brûlées. De temps à autre, certains éléments deviennent incontrôlables... »

Nous nous sommes quittés cordialement. Comme il nous raccompagnait en voiture, Ricardo Grau a loué Haya avec beaucoup d'émotion et une sincérité évidente. C'était un homme tellement merveilleux et incompris.

« Vous devez dire la vérité sur lui », m'a demandé Grau.

Je lui ai promis d'essayer d'être juste. Et c'est ce que je viens de faire. Le problème est que je ne sais toujours pas quoi penser de Haya. Sans doute m'étais-je flatté qu'un contact personnel avec lui me révélerait tout de sa personnalité, mais je me trompais. Caskey ressent la même chose que moi. On ne reconnaît probablement d'emblée que les gens absolument honnêtes ou complètement corrompus. Si Haya n'est pas aussi impressionnant que son programme social, il n'est certainement pas aussi méprisable que le prétendent ses ennemis.

9 janvier. Ce matin à sept heures, nous nous sommes envolés pour Arequipa. Nous avons survolé le désert presque tout du long, et les fils verts épars des vallées qui suivent le cours des rivières. Vu d'en haut, le paysage évoque un pain jaune et croustillant, moucheté de collines rondes, en forme de miches, telles les empreintes du pouce du boulanger. A un moment, on aperçoit des lignes sur le sable, qui forment d'énormes triangles, comme des routes qui ne mènent nulle part. Personne ne sait qui les a tracées ni ce qu'elles signifient. Elles remontent sans doute à plusieurs siècles. Parce qu'il ne pleut jamais ici, rien ne disparaît.

Sur notre gauche, les remparts brisés des Andes nous dominent, avec leurs pics pointus, couverts d'une neige scintillante ; sur la droite, s'étend l'immensité grise et douce du Pacifique, l'hémisphère liquide et silencieux, au-delà des limites du monde humain. Figé entre ces trois immensités stériles —la montagne, le désert et l'océan —, l'avion bourdonnant paraît rapetisser jusqu'à la taille d'un insecte minuscule. De temps à autre, il pivote et rebondit inconfortablement sur les courants chauds ascendants qui montent d'un profond ravin. Même par une belle matinée comme celle-ci, la nature semble hostile. Je ne me suis jamais vraiment détendu avant de sentir les premiers cahots agréables du train d'atterrissage sur les pierres du terrain d'Arequipa.

« Vous descendrez bien sûr au *Quinta Bates*, nous ont dit nos amis de Lima. Vous ne pouvez pas visiter le Pérou sans rencontrer Tia. C'est la femme la plus célèbre de toute l'Amérique du Sud. Si vous lui plaisez, elle fera n'importe quoi pour vous. Sinon — eh bien, elle vous fera expulser de la ville en vingt-quatre heures. »

Ils nous ont ensuite raconté comment Tia, alors jeune fille originaire du nord de l'Etat de New York, avait épousé un Anglais avant de le suivre dans un camp minier au fin fond des Andes, où ledit Anglais mourut ; comment elle s'est ensuite installée à Arequipa, dont elle n'a pas bougé depuis, devenant au fil du temps non seulement arrière-grand-mère, mais aussi « tante honoraire » (d'où son surnom) de centaines de clients qui lui envoient des lettres des quatre coins du monde ; comment elle a reçu le duc de Windsor, Henry Wallace, le général Pershing, Noel Coward ; comment elle règne sur Arequipa, indépendamment des responsables officiels ; comment elle réclame des sommes astronomiques ou dérisoires, selon l'opinion qu'elle a de vous ; comment elle déteste les mandarines et méprise les corsets. Tout cela m'a rempli de méfiance, car je redoute les « personnages », et malgré les protestations de Caskey, j'avais plus ou moins décidé de descendre dans un hôtel du gouvernement et de l'éviter. Mais lorsque nous sommes arrivés à l'aéroport, montés dans un taxi, et que le chauffeur a dit « *Quinta Bates* » sans ajouter le moindre point d'interrogation, je n'ai pensé qu'à une toilette rapide avant un petit déjeuner, et j'ai cédé.

Je suis maintenant ravi de ne pas avoir fui. Car Tia est beaucoup plus impressionnante et moins fatigante que sa légende. Cette vieille dame belle et majestueuse, qui frise sans doute les quatre-vingt-dix ans, nous a accueillis avec l'aisance désinvolte d'une reine incontestée :

« D'où êtes-vous donc originaire, fils ? Très bien... mettez-vous à l'aise. Demandez aux garçons tout ce que vous voudrez. »

Sa maison ressemble à sa personnalité — vieillotte, pleine de recoins et de souvenirs. Elle est recouverte de vigne vierge, il y a un jardin sur le toit, d'où l'on a vue sur toute la ville, et, en amont, sur les montagnes. La cuisine est délicieuse, surtout les glaces, qui sont quasiment les meilleures que j'aie jamais mangées. Les lits sont recouverts d'une pièce de soie, et chaque chambre est équipée de serviettes moelleuses d'avant-guerre, de stylos, d'encre, de papier à lettres et des romans d'Edith Wharton. Les sanitaires ne datent pas exactement d'hier — mais tout est si impeccable, et l'eau chaude arrive si vite grâce aux domestiques aussi nombreux qu'efficaces, que ce manque de modernisme paraît renforcer l'impression de sécurité et de confort. On a le sentiment d'habiter chez sa grand-mère — non, je devrais dire chez son arrière-grand-mère, ou peut-être, afin de prendre toutes mes précautions, chez son arrière-arrière-grand-mère —, car l'une des petites-filles de

Tia, qui séjourne ici avec elle, a déjà des enfants en âge de se marier.

Selon une légende citée par notre guide, le nom d'Arequipa apparaît au début de l'époque inca, lorsque des coureurs qui se relayaient pour transporter les poissons du bord de mer jusqu'au palais de Cuzco demandèrent à s'arrêter ici pour reprendre haleine.

« *Are quepay,* leur répondit-on — ce qui signifie en langue quechua : Oui, reposez-vous. »

J'espère que cette légende est authentique, car · ce « Oui, reposez-vous » traduit parfaitement mon impression. L'atmosphère ici a quelque chose de délicieux, de suave et de limpide, d'apaisant en même temps que de stimulant, qui vous invite aussitôt à rester, à vous installer et à travailler. Je n'étais pas arrivé depuis dix minutes que je me suis mis à avoir des idées inédites pour mon prochain roman, auquel je n'avais même pas réfléchi depuis des semaines. On raconte que Noel Coward a écrit une pièce entière pendant son séjour à Arequipa. Rien d'étonnant à cela.

Bien que cette ville soit à deux mille cinq cents mètres d'altitude, on n'a pas l'impression d'être très haut, car l'agglomération se trouve juste au pied du rempart des Andes. L'extrémité supérieure de sa vallée très raide est fermée par trois énormes montagnes, le Chachani, le Misti et le Pichu-Pichu. Le Misti est un volcan éteint. Les lignes douces et ascendantes de son cône entraînent le regard en un instant jusqu'au sommet, et rendent ce géant trompeusement accessible ; on s'imagine déjà en haut du volcan après deux ou trois heures de marche. Ici, le

239

soleil brille presque tous les jours. Les jardins de la ville sont remplis de fleurs en toutes saisons. Les vieilles églises et demeures coloniales paraissent construites en sucre candi ; il s'agit en fait d'une roche volcanique rose et blanche. Devant l'une des églises se trouve un grand crucifix d'une espèce dont j'ignorais l'existence. Au lieu du corps du Christ mort, la croix exhibe les emblèmes de la Passion — la tunique, le suaire, la lance, le crâne du Golgotha, les trente pièces d'argent, le coq qui chanta pour avertir Pierre, et la tête avec sa couronne d'épines.

12 janvier. Ce soir, nous partons pour Cuzco, après un séjour paisible et beaucoup trop court, que nous avons surtout consacré à lire et à nous reposer au soleil sur le toit. Sommes-nous dans les bons papiers de Tia ? Plus ou moins — à en juger par notre note très modique. Lorsque Caskey lui a demandé la permission de la photographier, elle a mis sa plus belle robe ainsi que beaucoup de rouge à lèvres, ce qui est tout à fait charmant de sa part. D'un autre côté, depuis notre arrivée ici, elle nous a invités une seule fois à sa table dans la salle à manger. Tia paraît réserver ses faveurs aux jeunes soldats américains et aux jeunes aviateurs. L'un de ces derniers réside actuellement ici. Il nous a décrit les dangers des atterrissages sur certains des plus petits aéroports du sud du Pérou. Il y a un terrain où il est sage de se préparer à atterrir en lestant de pierres la queue de son appareil. Sinon, vous risquez de ne pas vous arrêter à temps, de dépasser le bout de la piste, qui est beaucoup trop courte, et de basculer jusqu'au pied de la montagne.

Le matin qui a suivi notre arrivée ici, nous avons vu Tia en action. Un homme, relativement bien habillé et assez ivre, est entré dans le salon en titubant, s'est jeté aux pieds de Tia avant de se répandre en jérémiades dans un mélange d'anglais et d'espagnol :

« Mère ! Maman ! *Madrecita* ! Trois jours je ne mange rien ! *Tres dias* ! Mère ! Donne-moi du pain ! »

Il s'est alors mis à tirer sur ses jupes. De toute évidence, son propre numéro l'amusait assez.

« Debout », lui a commandé Tia, ni impressionnée ni inquiète — les gens entrent et sortent de la maison toute la journée ; elle a sans doute l'habitude de recevoir des visiteurs bizarres. « Ne perds pas ta dignité ainsi, fils, pour l'amour du ciel ! » Puis, fouillant dans son sac pour en tirer de l'argent : « Tiens — prends. Voici l'obole de la veuve. Et maintenant, du vent ! »

Tia semble obtenir la plupart de ses avantages en forçant la main à des personnages importants pour qu'ils procurent des postes à ses protégés. A propos des dignitaires locaux d'Arequipa, elle nous a confié : « Ils ont tous peur de moi. Parce que je les ai bluffés. Car en réalité, c'est *moi* qui ai peur d'*eux* ! »

8. Sur le plateau.

13 janvier. Nous avons quitté Arequipa en train hier soir à dix heures. Cette ligne — celle du sud — relie Mollendo sur la côte à Puno sur le lac Titicaca, puis elle repart vers le nord et Cuzco. Je crois que c'est la plus longue et la plus ancienne du pays. Notre wagon-couchette était aussi vieillot, propre et confortable que la maison de Tia, et si nous n'y avons pas très bien dormi, cela s'explique seulement par la brusque différence d'altitude. Crucero Alto, le point le plus élevé de la voie, se trouve presque de même niveau que le sommet du Cervin.

Au lever du jour, nous avions déjà franchi le col et redescendions sur le *puna*, le haut plateau qui, à quatre mille mètres d'altitude, inclut le lac Titicaca et s'étend loin jusqu'en Bolivie. Le paysage est plat et dégagé, couvert d'une herbe rêche vert vif, parsemé de petits étangs et de marécages. Tant que le soleil brille, il conserve un aspect printanier et aéré. Mais dès que les nuages envahissent le ciel, il devient infiniment lugubre. De soudaines bourrasques descendent des champs de neige des hautes montagnes. De ce point de vue élevé, elles ressemblent à de simples collines qui se dressent au bout de la plaine. Ce paysage évoque beaucoup le Tibet tel que je l'imagine.

Vers l'heure du petit déjeuner, nous sommes arrivés à Juliaca, où l'on change de train pour Cuzco. C'est une ville presque exclusivement indienne, faite de constructions basses en terre marron. Dans la lumière crue du début de matinée, elle paraît très humble, sale et désolée. A côté de la gare, des femmes vendaient des couvertures, des écharpes, des chandails et des bonnets pointus en laine, pourvus d'oreillettes. Nous avons acheté deux chandails. Ils sont décorés de rangées de lamas et de paysannes aux jupes larges, gaiement colorés, comme des découpages sur le mur d'un jardin d'enfants.

Là-haut, on devient étonnamment conscient de la présence des Indiens. Cuzco fut autrefois la capitale de l'empire inca, et le *puna*, malgré la conquête et les expropriations, est toujours leur patrie. On les voit, seuls ou en groupes, dans toute la plaine. Certains cultivent des parcelles de terre arable, d'autres surveillent leurs troupeaux de vaches, de moutons, de lamas ou de *vicuñas*. Dans la limpidité extraordinaire de l'atmosphère, le moindre être vivant prend un relief saisissant ; les jupes des femmes indiennes, aux roses brillants, aux oranges et aux rouges profonds, font des taches de couleurs nettement visibles, même de très loin. Ces gens, comme les paysans chinois, donnent l'impression étrange d'appartenir à leur paysage — d'être, au sens le plus profond du terme, ses habitants. On s'étonnerait à peine de les voir jaillir des entrailles de la terre, ou bien y disparaître.

Un village nommé Pucara est célèbre pour sa poterie. De petits taureaux d'argile — aux guirlandes fantaisistes, à la queue relevée sur le dos — coûtent un dollar environ, et l'on peut les revendre vingt-cinq dollars à New York. Il y a toute une variété d'autres animaux, de pichets, de pots et de plats disposés tout le long du quai de la gare. Toutes ces poteries ne sont pas d'égale qualité ; il faut les choisir soigneusement et très vite, car l'arrêt du train dure seulement sept minutes. Caskey et moi sommes remontés dans notre wagon alors que le convoi s'ébranlait, en serrant une brassée de taureaux, un cheval à petite tête de serpent, ainsi qu'un autre, jaune et très beau, qui paraissait bizarrement chinois. Nous espérons seulement pouvoir les rapporter intacts aux Etats-Unis.

Ensuite, le train entame sa lente ascension, passe devant un énorme glacier avant d'atteindre la ligne de partage des eaux à La Raya. Deux rivières naissent ici — l'une rejoint l'Amazone, l'autre descend vers le Pacifique, via le lac Titicaca. L'altitude —plus de quatre mille sept cents mètres — est désagréable ; même en restant immobile dans notre wagon, nous souffrons de migraines et de légères nausées. A mesure que nous redescendons, le cours d'eau se transforme en une rivière de montagne, l'eau boueuse et rouge se teintant parfois de reflets bleu ardoise. Les vallées deviennent vertes et fertiles. Elles sont cultivées depuis des siècles, et l'on voit encore les champs incas en terrasses étayées de maçonnerie, qui gravissent les versants de la montagne comme de vastes escaliers. Des garçons accourent vers le train en gesticulant et en criant ; ils portent des masques noirs en laine, pourvus de longs nez sinistres et mous, avec des trous bordés de fils écarlates à la place des yeux.

A l'une des gares, nous avons observé un jeune Indien, grand et filiforme, s'avancer furtivement derrière son ami, pour lui accrocher un morceau de laine de *vicuña* sur le fond de son pantalon — cela avec un sérieux et un soin rares. Plus loin sur le quai, une petite femme éméchée et plusieurs hommes buvaient du *pisco* ; elle levait la bouteille vers les lèvres de chaque homme à tour de rôle, comme si elle nourrissait des bébés. Ces visages semblaient sortir des *huacos* que nous avons vus au musée de Chiclin ; mêmes longs nez aquilins et lèvres à demi ouvertes comme le rebord d'une cruche. Tout près, un groupe de lamas attachés jetaient des regards méprisants à cette scène bruyante. Ce sont les plus dédaigneux des animaux, qui marchent d'un pas gracile et capricieux, en incurvant leur cou d'aristocrates. Muni de son appareil photo, Caskey s'est approché un peu trop près de l'un d'eux — cette bête avait des mèches de laine colorée dans l'oreille, ce qui la désignait comme le chef de la bande. Le lama lui a décoché un regard glacé et injurieux, a retroussé la lèvre supérieure, puis craché.

Pendant tout ce voyage, nous avons remarqué plusieurs types de couvre-chefs indiens. Près de Juliaca, les femmes portent un chapeau melon blanc à bande rose ou dorée ; plus loin, on note une espèce de chapeau de jardin pourvu de rabats latéraux ; encore au-delà, c'est un chapeau plat décoré de motifs circulaires. Les hommes portent d'habitude des feutres informes, par-dessus un bonnet de laine qui leur tient chaud.

Un jeune Indien est monté dans le train et

nous a proposé un petit taureau de marbre. Deux de nos compagnons de voyage, des missionnaires protestants américains, nous ont appris qu'il s'agissait là d'un des dieux domestiques que les Indiens continuent d'adorer en secret, malgré leur profession de foi chrétienne. On a très rarement l'occasion de les voir.

Arrivés à Cuzco peu après six heures du soir, nous avons emménagé à l'hôtel du tourisme du gouvernement, vaste, propre et assez confortable, malgré l'absence momentanée d'eau chaude. Nous nous sommes déjà plaints de ce désagrément auprès de Sarita Cisneros. Car pour notre plus grande joie, sa tournée d'inspection l'amène maintenant ici. Sa gaieté est un excellent antidote au temps médiocre, humide et très froid.

Dans le salon, il y a quelques gravures religieuses coloniales aussi belles qu'absurdes. Ma préférée représente un ange, une fillette de conte de fées dotée d'une épée et d'une jupe à papillons dorés, dont le pied coquet est posé sur un démon vautré à terre. Ce démon, assez âgé pour être son père, adore manifestement ça. Il glousse de plaisir et caresse le pied de la fillette avec l'enthousiasme d'un fétichiste de la botte.

Un chevreuil apprivoisé se promène en toute liberté dans les chambres et les couloirs, donnant sans doute au personnel un surcroît de travail avec ses excréments. Sarita nous a prévenus qu'il mangerait tout manuscrit, photographie ou lettre passant à sa portée. Il nettoie également les cendriers, et de nombreux clients lui donnent des cigarettes à manger. Quand il est effrayé, il rue méchamment et dérape sur toute la longueur du parquet ciré.

Cuzco est une étape obligée du tourisme trans-
andin. Cet hôtel est donc plein de touristes. Ils
sont en majorité nord-américains — des institu-
trices d'âge mûr pour la plupart. Débordant
d'une sombre dévotion, elles se plaignent mais
s'obstinent, et progressent petit à petit dans les
montagnes, de Lima à Buenos Aires — haletant
en altitude, vomissant et terrifiées dans les avions,
ballottées comme des sacs par les cars, tirées
du lit avant l'aube pour se ruer sur des routes
vertigineuses, empoisonnées par des mets bizarres, dupées par les boutiquiers, scandalisées
par les sanitaires.

Le Machu Pichu et son précipice, à une cen-
taine de kilomètres au nord de Cuzco, font partie
des principales stations de ce gigantesque chemin
de croix. Plusieurs excursions y sont organisées
chaque semaine pendant la saison. Peu après
notre arrivée, les pèlerins du jour sont revenus
en boitant dans le salon et se sont vantés des
périls encourus afin d'effrayer les nouveaux arri-
vants.

« *Eh bien* ! Je ne recommencerais pas cela
pour dix mille dollars !

— Je n'ai pas pu arrêter cette satanée brute,
mais le guide s'est contenté d'éclater de rire et
m'a dit de m'accrocher.

— La mule de Muriel était la plus vicieuse
du lot. Elle broutait de l'herbe, *juste au bord*,
et elle refusait de bouger.

— Quand la mienne s'est mise à *déraper*, j'ai
simplement fermé les yeux en pensant : mon
vieux, c'est vraiment *la fin* ! »

248

15 janvier. Toute tentative de description de Cuzco serait absurde de ma part ; je devrais me contenter de citer le guide. Après deux jours de visites, je suis tellement ahuri d'impressions diverses que je sais à peine ce que j'ai réellement vu et ce que j'ai lu. Ce qui demeure, c'est un sentiment de grand outrage, magnifique mais impardonnable. Les Espagnols ont abattu les temples incas avant de greffer des églises et des demeures splendides sur leurs fondations. Ces bâtiments comptent parmi les plus beaux monuments élevés à la bigoterie et à la brutalité imbéciles qu'on puisse voir dans le monde.

Cuzco n'a presque pas changé depuis le début de l'époque coloniale, mais elle est sans doute beaucoup plus sale. Les étroites venelles pavées puent comme autant d'égouts, les cours sont pleines d'ordures, et la plupart des maisons ne devraient pas être habitées. Au marché, on vous met en garde contre les poux porteurs de typhus. Les Indiens sont tavelés, crasseux, d'une pauvreté effrayante. Les femmes semblent prématurément vieillies. Accroupies sur le sol détrempé, elles arrangent sans cesse leurs marchandises. Presque tout le monde a quelque chose à vendre, même si cela se réduit à deux ou trois oignons, ou à une poignée de haricots.

Du coup, on se pose une question : que diable faut-il faire d'un monument historique habité ? Evacuez-le, et il durcit aussitôt en une espèce de fossile. Modernisez l'intérieur ainsi que les sanitaires, et il se transformera, plus lentement mais tout aussi sûrement, en un arrogant masque mortuaire. Pourtant, la solution actuelle est impensable : condamner des milliers de gens à une existence crasseuse et malsaine pour le simple plaisir des archéologues et des touristes à l'esprit romantique.

Aujourd'hui, nous avons gravi la colline qui domine la ville pour visiter les ruines de Sacsahuaman, la forteresse inca. Ses murailles sont constituées d'énormes moellons taillés avec une précision presque incroyable, puis assemblés sans mortier. Les plus gros blocs pèsent vingt tonnes. Comment les a-t-on transportés à partir de la carrière ? Sans doute avec de petits pieds de biche en bronze, car les Incas ne connaissaient pas la roue. Pourquoi les a-t-on apportés ici ? Peut-être pour satisfaire à quelque profonde pulsion psychologique liée aux notions de poids et de masse ; peut-être, aussi, pour trouver un labeur supplémentaire à tous les contribuables, soumis au travail obligatoire. L'empereur Huayna Capac a, paraît-il, fait déplacer toute une colline parce qu'il n'imaginait pas d'autre tâche à laquelle atteler ses sujets. Quand on ne transportait pas des blocs de roc, on servait dans l'armée, on travaillait dans les mines, on cultivait les champs, on était au service des nobles, ou l'on courait sur les routes avec des messages ou des poissons. Grâce à leurs relais, les coureurs incas allaient de Lima à Cuzco en trois jours. Pendant la période coloniale espagnole, au XVIIᵉ siècle, le courrier transporté à cheval mettait douze jours pour accomplir le même trajet.

La moindre faute aboutissait parfois à des châtiments atroces — une grosse pierre était lâchée sur le dos du coupable, on le pendait par les pieds, on lui fracassait le crâne avec une masse, ou encore on le jetait dans un précipice.

Les nobles étaient passablement mieux lotis ; leurs faux pas bénins étaient simplement punis par une réprimande publique et la perte de leurs fonctions. Malgré tout, les nobles plus que le bas peuple étaient sujets à la haute trahison ; on les punissait alors en les enfermant dans un donjon plein de bêtes fauves et de serpents venimeux. Le sort des épouses favorites et des domestiques de l'empereur n'était pas plus enviable. A la mort de ce dernier, ils devaient se porter volontaires pour l'accompagner. On les enivrait à l'occasion d'un bal public, puis on les étranglait.

Quand on n'avait pas la chance de naître empereur, la position la moins risquée et la plus confortable était celle du prêtre. La divination, certes, est une affaire risquée, mais si vos prédictions se révèlent erronées, vous pouvez toujours mettre votre échec sur le compte de quelqu'un qui aurait oublié de confesser un péché. Un minimum de connaissances en astronomie vous permet d'accomplir le miracle annuel consistant à « lier le soleil » lors du solstice, et à le ramener peu à peu vers un nouveau printemps et l'été. Les nombreuses cérémonies religieuses ont sans doute fourni aux prêtres incas toutes sortes de profits, ainsi les restes des sacrifices. Et puis il y avait les femmes du temple, choisies spécialement pour leur beauté.

La plupart de ces informations viennent du livre de John Rowe, que j'ai relu pour l'occasion. De toute évidence, Rowe éprouve une affection considérable pour les Incas, ainsi qu'un grand respect. Ce respect est facile à partager. Ce fut sans aucun doute un peuple impressionnant. Mais personnellement, les Incas provoquent chez moi une espèce d'horreur. Je les trouve, comme on disait durant la période Evelyn Waugh, follement lugubres.

Le meilleur compliment que l'on puisse faire à la culture inca est qu'elle offrait une sécurité absolue à tous ses membres — en échange, bien sûr, d'une obéissance tout aussi absolue. C'était une culture des masses, de l'autorité, de l'ordre. Une culture fondée sur la loi naturelle ; matérialiste, raisonnable, et, à l'intérieur de ses hiérarchies sociales, d'une stricte justice. Une culture des montagnes, formidable, magnifique et sombre. Beaucoup de rituels, peu de spiritualité. Beaucoup d'or, peu d'élégance. Beaucoup de fêtes, peu d'amusement.

La relation de conquis à conquérant est toujours intéressante. Les Incas « méritaient-ils » l'invasion des Conquistadors ? Certes pas. Seuls des criminels mériteraient pareille punition. Malgré tout, on ne peut pas les considérer simplement comme un peuple inoffensif et pacifique envahi et massacré par des aventuriers assoiffés de sang. Les Incas, eux aussi, étaient des impérialistes. A l'apogée de leur puissance, ils avaient soumis toutes les autres tribus du Pérou, conquis les hauts plateaux boliviens, presque tout l'Equateur actuel, le nord-ouest de l'Argentine et le nord du Chili. Leurs chefs n'avaient apparemment pas d'autre motif que l'ambition pour guerroyer ; ils n'avaient pas besoin de terres, et bon nombre des tribus conquises étaient si pauvres qu'elles constituèrent d'abord un véritable handicap économique. Comparés aux Espagnols, les Incas étaient généreux ; mais comme les Espagnols, ils imposèrent leur propre religion ainsi que leur langue. Ils déplacèrent également les populations d'un endroit de l'empire à un autre, afin de se prémunir contre les soulèvements nationaux.

Rowe souligne incidemment la chance incroyable qu'eut Pizarro d'arriver exactement quand il fallait. Car eût-il débarqué un an plus tard seulement, il aurait trouvé la guerre civile terminée, Atahualpa solidement installé au pouvoir, et toutes les armées des Incas liguées contre lui.

Aujourd'hui, les Indiens, ni maîtres ni esclaves, constituent une masse nombreuse et indigeste dans l'estomac du corps politique. Sont-ils tristement résignés, obstinément rebelles, ou simplement indifférents — encore sous le coup du choc culturel ? Aimeraient-ils accéder à l'enseignement ? Préféreraient-ils coopérer à la vie de la nation ? Ou bien attendent-ils tout simplement, dans le calme et sans impatience, que les hommes blancs s'en aillent ? Pour l'instant, ils ne reçoivent aucune éducation officielle, ne bénéficient d'aucune transaction officielle en langue quechua. Moyennant quoi, si vous ne parlez pas espagnol (et trente-cinq pour cent de la population ne parle pas cette langue !), vous êtes automatiquement exclu des écoles et des tribunaux, sans parler des postes de fonctionnaires. Ce boycott est rendu doublement efficace par le fait que les Incas ne possèdent pas de langue écrite. On peut aujourd'hui transcrire le quechua, mais il faudrait apprendre à le lire aux Indiens eux-mêmes. Tant que la situation présente se prolongera, on ne peut décrire le Pérou que comme une colonie espagnole. Et la Bolivie est pire, à tous points de vue.

Nous avons parlé de tout cela ici avec un libraire communiste. Mais notre conversation n'a pas apporté beaucoup de lumière sur ce problème, malgré les talents d'interprète de Sarita. Ce libraire paraît obnubilé par sa haine de l'Apra. Il a accusé ses membres de promesses vides ; quand ils étaient au pouvoir, dit-il, ils n'ont rien fait. Et puis, ajouta-t-il, ce sont des fascistes. Je l'ai interrogé sur le programme de son propre parti. Voici sa réponse :

« Nous croyons aux actes, pas aux paroles. »

Pressé de se montrer un peu plus spécifique, il m'a déclaré que les communistes voulaient démanteler les grands domaines pour donner ces terres aux Indiens. J'ai volontiers reconnu que tous les partis progressistes aimeraient bien sûr faire cela ; ce n'est qu'un acte de justice élémentaire. Mais comment le parti communiste allait-il régler le problème racial ? Que faire de la langue espagnole contre le quechua ? Quels rapports établir entre le système éducatif et l'Eglise ? J'ai peut-être énoncé ces questions trop vite, car mon libraire n'a répondu qu'à la dernière :

« Notre parti, a-t-il déclaré, ne s'intéresse absolument pas au problème religieux. »

Cette réponse me frappa comme étant si incroyablement stupide ou si foncièrement hypocrite que je perdis tout désir de poursuivre notre conversation.

16 janvier. Aujourd'hui, nous avons visité le Machu Pichu.

Un tortillard vous conduit presque à destination — il zigzague le long des collines situées au nord de Cuzco, traverse les terres cultivées de la vallée d'Anta, redescend dans la gorge luxuriante et rugissante de l'Urubamba. Après le froid de Cuzco, l'atmosphère ici paraît oppressante et tropicale. La gorge est si profonde que, du tortillard, on l'aperçoit à peine ; il faudrait un avion pour l'explorer correctement.

Nous avons quitté la petite gare en voiture, pour rejoindre le pont qui traverse les rapides. D'ici, juste au pied des parois du Machu Pichu, on ne distingue presque rien des ruines au-dessus. Des mules attendaient pour nous emmener au sommet sur le sentier sinueux.

« Vous avez la meilleure, m'a dit notre guide, mais il faut bien la surveiller. »

J'ai souri faiblement en me rappelant les anecdotes inquiétantes que nous avions entendues à l'hôtel. Nous sommes partis à la queue leu leu — nous étions assez nombreux. Il y avait Sarita, qui riait et plaisantait comme à son habitude ; Caskey, écroulé sur sa mule avec la décontraction blasée d'un vieux garçon vacher ; Al Johnson, un jeune Américain qui fait des recherches pour sa thèse de doctorat sur un aspect de la culture latino-américaine ; Señor Penard, un gentleman argentin qui voyage avec sa sœur et une autre dame, impeccablement habillée et d'une politesse raffinée ; enfin, un autre Argentin, jovial et corpulent, qui chantait.

Bien que le sentier soit très raide et par endroits presque vertical, cette ascension n'a rien de désagréable. Les innombrables fourrés et taillis poussant sur les parois vous donnent une impression réconfortante, et peut-être trompeuse, de sécurité. On se convainc de pouvoir aisément agripper quelque chose si l'on devait tomber dans l'abîme. Mais quel endroit époustouflant ! On croit monter vers un monde plus vaste, vers un paysage construit par des titans dans une crise de pure mégalomanie. A partir de l'étroite plate-forme où se dresse la ville en ruines, le précipice plonge d'une seule traite jusqu'à la rivière tumultueuse aux eaux marron, quelque cinq cents mètres en contrebas. Lever la tête est encore plus vertigineux que de la baisser, car tout autour de la vallée se trouvent des montagnes noires striées de névés qui planent au-dessus de vous à travers les nuages mobiles, et juste devant, au bout de la chaîne, trône un énorme et terrifiant bloc de roc, tel le fragment d'une lune déchue. Cela s'appelle le Huayna Pichu. Les Incas, qui pouvaient sans doute monter là-haut comme les mouches, ont construit une tour de guet sur son sommet, afin de surveiller l'approche de la citadelle.

Personne ne connaît avec certitude l'âge de cette ville. Elle a peut-être été habitée par les premiers Incas, avant que Cuzco devienne leur capitale. En tout cas, elle servit certainement de redoute aux derniers empereurs, après que les Espagnols eurent envahi leur pays. Elle abritait un temple très sacré. Là, lorsque tout le reste fut perdu, les survivantes parmi les Elues du Soleil furent probablement cachées. Et les Espagnols ne les découvrirent jamais. L'une après l'autre, les prêtresses vieillirent et moururent. Les siècles passèrent. La cité fut oubliée. Et puis, en 1911, l'archéologue américain Hiram

Bingham, se fiant à un ensemble flou de rumeurs locales, monta jusqu'à la plate-forme et découvrit suffisamment de choses pour éveiller sa curiosité. L'année suivante, il retourna sur les lieux avec un groupe d'assistants. Se frayant un chemin dans une épaisse jungle de lianes où les serpents venimeux grouillaient, ils mirent peu à peu au jour le grand amphithéâtre de terrasses, le palais, les temples, les entrepôts et le cadran solaire sacré. Ainsi le Machu Pichu fut-il ajouté aux merveilles du monde que l'on connaissait déjà.

Notre guide, qui avait trop bu la veille au soir, souffrait d'une gueule de bois carabinée. Il prit très mal que j'insiste pour avoir une version anglaise de ses commentaires, car la plupart des membres de notre groupe parlaient espagnol. Son laïus était de toute manière assez vague, un résumé confus des hypothèses et des théories de Bingham. Je n'y ai pas fait très attention. Ce site est trop impressionnant pour une quelconque architecture. Même le Parthénon paraîtrait dérisoire ici. La maçonnerie inca est un miracle d'habileté technique ; mais je ne peux m'empêcher de penser que leurs bâtiments ont sans doute ressemblé à des toilettes municipales ou à des mausolées. J'ai surtout admiré un petit autel à la forme étrange, dans une grotte. On aurait dit la marche sur laquelle vous posez le pied pour vous faire cirer les chaussures.

Entre-temps, Caskey était parti escalader le flanc de la montagne pour prendre des photos. J'ai parlé du tempérament latino-américain avec Al Johnson. Pendant la guerre il avait été instructeur d'un groupe de pilotes originaires d'Amérique du Sud. Une sacrée bande, me dit-il. Deux d'entre eux s'étaient un jour querellés, et l'un avait provoqué l'autre en un duel aérien à la mitrailleuse. Leur dessein a été découvert, et on les a retenus à terre au dernier moment. Johnson trouvait que les Brésiliens et les Argentins étaient les plus efficaces, les Argentins les plus remuants et agressifs, les Péruviens les plus fous, et les Equatoriens les plus agréables.

Pendant que nous déjeunions à la petite pension agréée par le gouvernement, il a plu à verse. Sarita, qui avait envisagé de passer la nuit sur place, décida qu'elle en avait assez vu et qu'elle rentrerait avec nous à Cuzco. Nous avons bu une infusion de coca et ensuite mâché quelques feuilles, mais sans ressentir le moindre effet excitant. (Je crois que les Indiens mélangent cette plante avec une autre afin d'obtenir l'effet de la cocaïne. Ici, ils mâchent tous, comme en Colombie ou en Equateur.) Le directeur de l'hôtel nous a offert un récital de chansons folkloriques avec énormément d'expression, dans un style grandiose de chanteur d'opéra.

Puis nous avons entamé le chemin du retour. Cela a été beaucoup moins agréable que la montée, d'autant que la pluie avait rendu le sentier dangereusement traître. Il y avait un passage particulièrement délicat où il fallait se laisser glisser le long d'une pente de roc nu et mouillé, puis bifurquer aussitôt afin de négocier un virage en épingle à cheveux. J'ai très vite découvert ce que le guide avait voulu me dire au sujet de ma mule. C'était sans doute celle qu'avait montée Muriel. Elle s'arrêtait à chaque virage, choisissait un buisson à peine à sa portée, puis tendait le cou au-dessus de l'abîme pour le brouter. Et je me retrouvais assis sur ma selle, le regard perdu dans le vide ; un précipice est infiniment plus terrifiant, contemplé par-dessus la tête baissée d'une mule. Cela ne m'ennuyait pas trop. Mais le gros Argentin qui chevauchait derrière moi avait un sens de l'humour parfaitement sadique : avec un grand *Vamos* ! qui résonnait dans toute la gorge, il décochait alors à ma mule un coup de pied bien ajusté, qui la faisait plonger en avant, chercher une prise à tâtons, et déraper le long du sentier. Je l'aurais volontiers tué, mais je devais rire, car pour rien au monde je n'aurais perdu la face devant les Penard, qui étaient juste devant moi, très élégants sur leur monture, tels des membres de la *gentry* anglaise. J'ai été ravi d'atteindre le fond de la vallée.

Ces montagnes sont pleines de légendes. En voici une. Un Indien perdit une vache appartenant à son maître. Il la chercha vainement pendant plusieurs jours. Il arriva enfin près d'un bois dans une vallée d'altitude. Alors qu'il allait y pénétrer, un homme étrange lui apparut et lui dit :

« Tu ne peux pas passer. C'est interdit.

— Avez-vous vu notre vache ? lui demanda l'Indien.

— Oui, répondit l'inconnu. Nous avons vu ta vache. Mais tu ne la retrouveras pas. Apporte plutôt cela à ton maître, et il te pardonnera. »

L'inconnu tendit à l'Indien une petite vache en or pur. Plus tard, l'Indien revint avec son maître et d'autres domestiques sur les lieux de ce dialogue, mais le bois avait disparu.

Je suppose que cette histoire reflète la croyance indienne selon laquelle la civilisation inca survit quelque part, et attend de manifester son pouvoir en temps voulu.

17 janvier. Nous sommes réveillés tous les matins par une série d'explosions. Des garçons font sauter des fusées et des pétards dans différents quartiers de la ville. Je me rappelle une pratique identique lorsque j'habitais Tenerife. Il s'agit peut-être d'une espèce de soupape de sécurité psychologique pour le tempérament sud-américain. Si jamais des émeutes étaient sur le point d'envahir les rues, si la guerre civile couvait, nous connaîtrions peut-être des matinées lugubrement silencieuses.

Nous sommes allés faire des courses avec Sarita Cisneros. Elle veut acheter un tableau colonial espagnol, car ici il en reste encore chez certains particuliers. Alors que nous traversions la place devant la cathédrale, un garçon poli et charmant, qui ressemblait à un jeune étudiant, nous a accostés. Il nous a dit connaître une famille qui avait justement des tableaux à vendre, puis a proposé de nous emmener jusqu'à la maison en question. Nous avons accepté. A notre arrivée, la maîtresse de maison nous a étonnés en entrant dans une violente colère :

« Sors d'ici, a-t-elle crié au garçon. Comment oses-tu me montrer ton visage, après ce qui est arrivé la dernière fois ? Nous ne voulons plus d'ennuis. Dehors ! »

Une discussion animée a suivi, après laquelle la dame s'est calmée, et Sarita nous a expliqué la situation, à Caskey et à moi. Il semble que le gouvernement ait fait passer une loi interdisant aux étrangers d'acheter et de faire sortir des antiquités hors du pays, voire hors de Cuzco. (Cette loi ne s'applique bien sûr pas à Sarita, citoyenne péruvienne.) Cette interdiction paraît assez raisonnable, mais la police locale l'a transformée en racket. Elle fait appel à des *agents provocateurs** — ce garçon en fait partie — qui guettent les touristes, les convainquent d'acheter quelque chose et promettent d'arranger une vente secrète. Les touristes sont ensuite dénoncés aux autorités et contraints de payer une lourde amende. Ce garçon ne paraissait nullement honteux de son trafic. Il nous a fièrement montré son permis officiel l'autorisant à exercer cette activité crapuleuse. Je regrette seulement de ne pouvoir me rappeler son nom pour le retranscrire ici, afin d'avertir les imprudents.

18 janvier. Ce matin, nous avons fait l'excursion dominicale à Pisac ; dimanche est jour de marché là-bas, et toute une flottille de voitures sont mobilisées pour y emmener les touristes. Le trajet fait moins de trente kilomètres, mais est malheureusement inoubliable ; car la route, à mesure qu'elle descend dans la vallée de Pisac, se rétrécit en une corniche étroite et sinueuse, accrochée à flanc de montagne, à peine assez large pour une voiture, et recouverte à plusieurs endroits par de petits glissements de terrain.

Ce marché est trop touristique pour conserver son charme, mais les prix ne sont pas beaucoup plus élevés qu'à Cuzco, et l'on peut y acheter

---

(*) En français dans le texte.

de très belles vestes de paysan ainsi que plusieurs sortes de chapeaux. Il y avait toute une ribambelle de garçonnets joyeux qui jouaient sur la place. Lorsqu'ils se trouvent à proximité d'un touriste, ils tordent leurs traits en d'affreuses grimaces de souffrance et mendient en poussant les gémissements déchirants de professionnels endurcis.

L'église est à moitié en ruine, l'angle ouest de son toit est percé d'un grand trou ; un inconvénient pour les fidèles lorsqu'il pleut, mais un avantage inestimable pour les photographes quand le soleil brille. On peut photographier le service religieux et l'assemblée en lumière naturelle. Les Indiens pénètrent dans l'église en une procession ordonnée et s'agenouillent sur le sol de terre battue. Pendant l'élévation, ils soufflent dans des conques. Le prêtre prêche en quechua. Après la messe, il rencontre les maires des villages voisins et dit à chacun quelles offrandes il désire : un agneau, deux poulets, ou un panier d'œufs.

Chaque maire tient le bâton cérémonial, emblème de sa charge, décoré de bandes d'argent. Le prêtre bénit ces bâtons. Puis l'un des maires les prend tous au creux de son bras, s'agenouille pour réciter une prière pendant que ses pairs font cercle autour de lui. Les maires s'avancent ensuite à tour de rôle, décrivent un cercle autour du gardien des bâtons, et chacun s'approche pour récupérer le sien. Les deux hommes l'embrassent avant que son propriétaire s'éloigne. Il s'agit peut-être d'un des nombreux éléments de rituel inca qui ont été intégrés aux pratiques du christianisme indien.

J'ai détesté le voyage de retour encore plus que l'aller, d'autant que nous roulions maintenant au bord du précipice. Comme les Penard n'étaient pas dans la voiture avec nous et que toute manifestation de courage était superflue devant Sarita, je ne me suis pas gêné pour fermer les yeux et demander à Caskey de me prévenir quand l'épreuve serait terminée.

L'un des missionnaires protestants que nous avons rencontrés dans le train nous a rendu visite plus tard ce jour-là, et il est resté dîner. C'est un homme respectable à sa manière, un travailleur honnête et charitable — sauf sur le chapitre des catholiques. Il a commencé par nous raconter une anecdote sur un ranch bolivien, proche d'une ville où lui-même avait travaillé pendant de nombreuses années. Un Indien de ce ranch trouva un jour une petite image d'un saint chrétien dans son champ. Il l'apporta au prêtre local, qui lui déclara qu'il s'agissait d'un miracle et que l'Indien devrait construire un sanctuaire à cet endroit précis et à ses propres frais. L'Indien alla donc trouver le propriétaire du ranch pour lui demander une avance sur son salaire. Le propriétaire demanda à voir cette image. Il y avait marqué au dos *Made in Germany*. Le prêtre l'avait lui-même enterrée dans le champ. Couvert d'opprobre, il dut quitter la région.

Cette histoire est sans aucun doute authentique, mais le missionnaire a poursuivi en la généralisant. A l'en croire, presque tous les prêtres catholiques d'Amérique du Sud sont cupides, paresseux et corrompus. La plupart ont engendré des enfants, et soutirent des offrandes exorbitantes à leur congrégation afin d'entretenir leurs maîtresses. Ils se servent également du confessionnal pour glisser des idées érotiques dans la tête des jeunes. Le venin du missionnaire était sans limites. La même chose, disait-il, était vraie aux Etats-Unis. Caskey, qui a autrefois fréquenté une école catholique, s'est mis très en colère et l'a traité de menteur. Le missionnaire est aussitôt descendu d'un cran, pour reconnaître qu'il avait simplement lu tout cela dans un livre. Mais il a bientôt ajouté que l'Eglise catholique devenait toujours corrompue dans les pays sur lesquels elle avait fait main basse.

Chaque fois que je pense à ce sujet, je me trouve réduit à un désespoir impuissant et furieux. Même en éliminant cinquante pour cent de toutes ces critiques, on ne peut nier que l'Eglise en Amérique du Sud est une honte pour le catholicisme, et que dans certaines paroisses les choses vont suffisamment mal pour réjouir le producteur d'un film russe anti-religieux. Mais je méprise la pruderie du protestant moyen, qui juge seulement le comportement extérieur et refuse de reconnaître que les catholiques, même dans leurs pires comportements, ont beaucoup à lui apprendre sur la valeur des sacrements et la psychologie de la prière. Et comment un pasteur confortablement marié ose-t-il railler les errements du clergé voué au célibat ? Il ne connaît tout simplement pas ces tentations. Quant aux athées militants de gauche, leur bêtise bornée m'atterre. C'est très bien de dénoncer certains cultes et légendes comme des superstitions, et d'attaquer les crimes politiques des sectes au cours de l'Histoire, mais se sont-ils jamais posé la question de savoir à quoi *sert* la religion ? Comment diable imaginent-ils qu'ils vont faire fonctionner leur communauté libre et démocratique lorsqu'ils auront éliminé tous les éléments de consensus spirituel ? Ignorent-ils tout de la nature humaine ? Pensent-ils vraiment que la justice et l'éthique publique puissent opérer dans le vide ? Non — ils sont trop occupés à faire avancer leur révolution. Ils la considèrent comme un acquis, avec un optimisme proprement mystique, au pire sens du terme, qui les persuade que le problème fondamental se résoudra de lui-même.

Il y a aujourd'hui entre trois et quatre millions de protestants en Amérique du Sud, et leur nombre est en progression constante. Selon notre missionnaire, cette croissance n'est pas le résultat d'une propagande anti-catholique avouée. Quand un pasteur protestant arrive dans une région, il rend simplement public un calendrier de réunions, puis il se met au travail. Il laisse sa congrégation s'habituer progressivement à l'idée qu'il existe des différences entre les catholiques et lui-même. Notre missionnaire pensait que cette rivalité religieuse avait réellement un effet stimulant sur les catholiques, qu'elle les obligeait à mettre de l'ordre dans leur propre maison. Il nous a dit qu'un groupe de Pères Maryknoll venaient d'arriver des Etats-Unis pour redonner de l'énergie aux prêtres locaux.

Le missionnaire protestant insiste bien sûr davantage sur les œuvres que sur la foi. Ils construisent des hôpitaux et des écoles. Ils convainquent les Indiens de nettoyer leur hutte et de percer des fenêtres dans les murs. (En quechua le mot *propre* n'existe pas.) Ils insistent pour que leurs paroissiens cessent de boire de l'alcool et de mâcher de la coca. Dès que possible, ils abandonnent les sermons à leurs assistants indigènes qui font bien sûr une beaucoup plus forte impression sur leurs congénères indiens.

Tout cela est admirable, mais j'ai malgré moi le sentiment — il s'agit là d'une simple intuition —que le protestantisme ne convient pas vraiment au tempérament indien. Je crois les Indiens très dévots ; leur psychologie exige sacrements, sanctuaires et images pieuses. Les protestants accusent les catholiques de déformer la parole de Dieu, car ils coupent et interprètent la Bible. Mais les protestants tombent dans l'erreur contraire qui consiste à dire que tous les versets de la Bible sont également inspirés et littéralement vrais, ce qui doit être très déroutant pour de nouveaux convertis. Quant à l'interprétation des textes, on ne fait pas plus dogmatique qu'un fondamentaliste protestant. Son enseignement abonde en citations adroitement détournées. Et puis je crois que l'éthique protestante est beaucoup trop rigide lorsqu'elle s'applique à des peuples primitifs. Lorsque tant d'actes et d'habitudes sont qualifiés de péchés, comment peut-on s'attendre à ce qu'un Indien distingue ce qui est vraiment mal de ce qui est simplement répréhensible socialement ou mauvais pour la santé ? Quelle est la différence entre mentir et fumer une cigarette ? A cet égard, les catholiques sont beaucoup plus raisonnables. Ce qui me rappelle que Rowe note un fait très intéressant dans son livre : l'ivresse était un acte rituel pour les Incas — ils ne s'enivraient que pendant les cérémonies

266

religieuses, en des occasions bien précises. Les premiers missionnaires espagnols s'en prirent donc à la boisson en tant que culte païen, et non comme à un vice. Rowe ajoute que l'ivresse rituelle est toujours pratiquée parmi les Indiens des hauts plateaux. Je me demande si les protestants le savent. Je doute que cela ait un sens quelconque pour notre missionnaire. Un péché est un péché.

20 janvier. Nous avons quitté Cuzco hier matin à sept heures et demie. Comme il n'y a qu'un seul train par semaine, il est toujours bondé. Si vous ne trouvez pas de place dans le wagon-restaurant, alors c'est tant pis pour vous, car on ne sert de repas nulle part ailleurs. Et puis, ses grands fauteuils en cuir capitonné — pareils à ceux du fumoir d'un vieux club londonien désargenté — sont beaucoup plus confortables que les bancs durs et ordinaires de la première classe. Tous les clients de l'hôtel ont reçu la consigne d'envoyer des chasseurs de bonne heure à la gare avec leurs bagages. Les gamins se sont donc rendus à la gare à l'heure dite pour installer les bagages dans les porte-bagages, mais ils n'ont pas réussi à conserver les places devant la ruée des touristes impitoyables. Caskey et moi avons réussi à occuper deux fauteuils parce que nous sommes descendus à la gare par le premier bus. Dans le train, en face de nous, une Américaine hurlait de rage sous prétexte qu'elle avait découvert un bagage inconnu au-dessus du siège dont elle venait de s'emparer.

« Sortez-moi ça d'ici ! » cria-t-elle au jeune chasseur intimidé qui lui obéit à contrecœur.

« Laissez-moi prendre les choses en main, dit-elle ensuite à ses amies. Vous allez voir. Comment *osent*-ils poser leurs paquets ici ? »

L'une de ses amies, qui paraissait légèrement plus civilisée, fut quelque peu gênée de s'apercevoir que le bagage en question appartenait à Al Johnson ; il s'était montré extrêmemnt poli et attentif envers elles pendant leur séjour à Cuzco. Avec sa bonne humeur habituelle, Johnson est parti sans la moindre plainte pour s'installer en première classe. A l'heure du déjeuner, les Penard ont courtoisement cédé leurs places à des voyageurs exclus jusque-là du wagon-restaurant. Un groupe de Français a fait de même. Mais les Américaines n'ont pas bougé.

A mi-chemin de la pente qui mène à La Raya, les roues du train se sont mises à patiner, la locomotive a poussé des ahanements désespérés, et j'ai pensé que nous n'arriverions jamais au sommet. Néanmoins, après deux faux départs, nous y sommes parvenus et avons dégringolé si vite de l'autre côté que nous avons rattrapé notre retard, réussissant ainsi à arriver pile à l'heure à Juliaca. Il y avait eu un gros orage, et le sol était couvert de grêlons. Le train a atteint Puno au coucher du soleil. Le lac et sa rive étaient baignés d'une lumière dorée surnaturelle qui a rapidement décliné. J'ai eu le sentiment d'avoir manqué une vision à quelques secondes près.

Les vapeurs qui traversent le lac Titicaca, de Puno à Guaqui en Bolivie sont étonnamment vastes —surtout quand on sait qu'il a fallu les transporter dans les Andes en pièces détachées avant de les réassembler ici. Les pièces du plus ancien (qui est toujours en service) sont arrivées à dos de mule, celles des autres en train. Tous ces bateaux ont été construits en Grande-Bretagne ; ils ont le même aspect et la même odeur que les vapeurs qui circulent sur la Manche. Cette traversée est néanmoins beaucoup plus longue. De Puno à Guaqui, il y a presque deux cents kilomètres, et le voyage prend toute la nuit.

Caskey et moi avons obtenu une cabine propre, récemment repeinte, et avons pris un excellent dîner à bord. Tous les touristes étaient très gais ; peut-être l'altitude y était-elle pour quelque chose. L'un d'eux nous a déclaré, sur un ton badin, que les Indiens avaient souvent des rapports sexuels avec leurs lamas, et que beaucoup d'entre eux souffraient de syphilis. Moyennant quoi, poursuivit ce plaisant convive, il existait autrefois une loi interdisant à un homme de s'occuper de ses lamas en l'absence de son épouse. Tout le monde, y compris les dames, a trouvé cela très amusant.

La traversée a été d'un calme absolu. Peu après l'aube, je suis monté sur le pont. Nous étions encore à bonne distance des terres. Les montagnes enneigées étaient roses face au soleil levant, le grand lac était d'un noir glacé, et l'air pur, impalpable et très froid. Lorsqu'on l'inhale à pleins poumons, il vous imprègne jusqu'au bout des doigts et des orteils. On se sent transformé, triomphant, presque démoniaque ; une créature inhumaine voyageant très haut par-dessus le monde des villes et des hommes. Il ne serait sans doute pas difficile de devenir fou dans ce pays. C'est le cadre idéal des illusions de grandeur.

Nous avons accosté à Guaqui peu après le petit déjeuner. Les douaniers se sont montrés tatillons avec l'appareil photo de Caskey et ma machine à écrire ; ils nous ont donné une foule d'instructions concernant les permis que nous devions solliciter à La Paz. Nous les avons écoutés d'une oreille distraite, car un porteur extrêmement négligent jetait avec violence le sac contenant nos céramiques de Pucara, et nous n'osions presque plus respirer. Une fois à bord du train, nous avons aussitôt vérifié l'état de nos animaux : aucun n'était cassé.

Au-delà du lac Titicaca, la terre rouge du plateau semble détrempée et lourde ; elle est irriguée par de nombreux cours d'eau marécageux. Les huttes indiennes sont surmontées d'un chaume hirsute, noirci par la fumée. Sur le pignon, on remarque souvent une croix tarabiscotée en fer-blanc, qu'un prêtre doit bénir (contre rétribution, bien entendu) chaque année ou tous les deux ans, car sinon elle perdrait son efficacité. On longe les ruines de Tihuanaco —le monolithe d'un portail, quelques terrasses brisées, des murs sans toit ; c'est tout ce qui reste de la capitale d'un empire très ancien, dont on ne sait presque rien avec certitude. On a émis l'idée hautement douteuse que ce serait le berceau de l'humanité dans l'hémisphère occidental. Les archéologues adorent fouiner par ici, et de nombreuses pierres de ce site ont été transportées dans des musées étrangers.

A cent kilomètres du lac, la plaine s'achève soudain. Par-dessus son rebord, on découvre une profonde vallée en fer à cheval, et La Paz à près de cinq cents mètres en contrebas. Ce spectacle vous laisse sans voix, car il se détache devant l'énorme montagne enneigée de l'Illimani qui masque le ciel au sud. L'Illimani est encore plus haut que le mont Pélion, s'il était empilé non pas sur l'Ossa, mais sur le mont Blanc.

Nous sommes arrivés à La Paz à une heure cet après-midi. J'écris ceci dans notre chambre de l'hôtel *Italia*.

9. Le Titicaca et La Paz.

23 janvier. Dans l'ensemble, l'*Italia* mérite tous les éloges. Il est bon marché — beaucoup moins cher que le prétentieux et sinistre *Sucre Palace*, qui attire presque tous les touristes. Ses chambres sont propres. La nourriture est assez bonne. Le service, néanmoins, est un peu approximatif, non que le personnel soit paresseux, mais parce qu'aucun de ses membres n'a de tâche précise. Lorsque vous sonnez, soit il n'y a aucune réaction, soit cinq domestiques se précipitent dans votre chambre. Les deux propriétaires italiens et le directeur viennois tiennent coûte que coûte à plaire à leur clientèle ; ils ne cessent de se bousculer tandis qu'ils courent en tous sens entre la cuisine, le bar et la salle à manger, remuant le contenu des casseroles, préparant des notes, servant des verres et portant des plateaux, dans un état de frénésie permanente. Les sanitaires sont propres, mais bizarres. Si vous désirez prendre une douche, il vous faut appeler le garçon qui détient la clef du disjoncteur du chauffe-eau. Cela ressemble à un poste de radio antédiluvien ; il y a deux ampoules à la lueur sinistre. On ouvre le robinet de la douche, le garçon tourne le bouton, l'eau commence à chauffer et à jaillir sur le sol de la salle de bains où une grande flaque se forme bientôt. Il faut finir de se laver avant qu'elle devienne brûlante et / ou provoque une grave inondation.

Un autre avantage de l'*Italia* est sa vue. L'hôtel se dresse sur une hauteur, et la fenêtre de notre chambre donne sur les deux tiers de La Paz. C'est une assez petite ville, dotée de cinq ou six modestes gratte-ciel, d'une belle église, San Francisco, et d'un beau boulevard, l'Avenida 16 de Julio — appelée d'habitude le Prado. Il y a très peu d'architecture coloniale. La plupart des bâtiments sont modernes et pourvus de toits en tôle ondulée. Une consigne gouvernementale veut qu'ils soient peints en permanence ; mais ce n'est pas le cas. De nombreuses rues latérales sont si raides qu'on a du mal à se tenir debout sur les pavés usés. Les Paceños ont appris à enchaîner de longues foulées, comme des patineurs. A cause de l'altitude, des pentes, de la rareté des ascenseurs et du manque de taxis, on est hors d'haleine la plupart du temps, et l'on envie les Indiens, qui, grâce à leurs poumons énormes, peuvent gravir la colline au trot sans manifester la moindre fatigue.

Jusqu'ici, les soirées sont humides et d'un froid mortel. Les nuages remontent la vallée et emplissent les rues jusqu'à ce qu'un incendie semble ravager la ville. A ce propos, le feu est un danger très mineur ici ; à quatre mille mètres, l'air ne contient pas assez d'oxygène pour alimenter un foyer important. La Paz est ainsi la seule capitale du monde occidental qui ne possède pas de caserne de pompiers.

Les distinctions sociales suivent le paysage, mais en ordre inverse. Tout en haut de la ville, sur la partie la plus raide de la colline, se trouve le quartier de Villa Victoria —une succession de terrasses occupées par de grossières maisons en terre battue, habitées presque exclusivement par des Indiens de race pure. Les Cholos, ou demi-sang, résident plus bas, conformément à leur statut économique. En descendant encore, on trouve le quartier des affaires, les bureaux du gouvernement, les restaurants et l'université. Encore plus bas commence le riche quartier résidentiel, avec ses villas et ses jardins murés, qui s'étend jusqu'à Obrajes, tout au fond de la vallée. Ce dernier quartier est parfaitement décevant, si vous recherchez de l'élégance. Il s'est constitué quelques immenses fortunes en Bolivie ; et même aujourd'hui, malgré des impôts beaucoup plus lourds qu'autrefois, il y a sans doute de nombreux hommes riches. Laissant de côté toute considération éthique, toute critique des moyens employés, on doit au moins exiger une chose de cette grande richesse : à savoir qu'elle crée un style, un luxe sophistiqué, un mode de vie raffiné —ne serait-ce que pour une poignée d'élus. Alors que les Indiens ont été spoliés et exploités, alors que la corruption règne et que les fonds gouvernementaux sont pillés — où sont les fruits et les fleurs de tous ces crimes ? A Paris peut-être, à Buenos Aires ou à New York. Mais certainement pas ici. La Paz ne possède aucun palais, ni Versailles ni San Simeon. Cette capitale n'a même pas un casino ou une boîte de nuit décente.

Nous avons passé presque toute la journée d'avant-hier en visites et à mettre nos papiers en ordre. Le directeur viennois nous a emmenés, avec Al Johnson, également descendu à l'*Italia*, au commissariat central pour obtenir nos permis de résidence. En chemin, nous avons traversé la Plaza Murillo, où se trouvent la cathédrale, le palais du gouvernement et le capitole. La façade du palais du gouvernement porte encore les traces des balles qui remontent à la révolution de 1946. Assez furtivement, le directeur nous a montré le lampadaire auquel fut pendu le cadavre du président Villaroel. J'y reviendrai plus tard.

Au bureau de l'immigration régnait une atmosphère d'oisiveté légèrement dolente. Nous avons eu le sentiment d'être des intrus impolis et agaçants. Le fonctionnaire qui s'est occupé de nos passeports a poussé un profond soupir en tendant une main lasse vers son tampon. Au-dessus de son bureau se trouvait cet avis : « Evitez les poignées de main —c'est une perte de temps. » Nous étions observés sans curiosité par un groupe d'officiers aux bottes impeccablement cirées. Où qu'on aille à La Paz, on rencontre l'uniforme. Les simples soldats portent des sandales, paraissent débraillés et misérables. Les officiers sont sveltes et tirés à quatre épingles, tels des héros de comédie musicale.

Nous avons obtenu nos permis assez vite, mais l'enregistrement de la machine à écrire et de l'appareil photo a semblé beaucoup plus compliqué. Le préposé nous a conseillé de consulter un avocat. Notre directeur, qui en connaissait un, nous a emmenés le consulter dans un petit bureau crasseux qui évoquait le cabinet d'un avorteur. Nous avons beaucoup parlé d'honoraires. Caskey, brusquement exaspéré, a déclaré qu'on nous exploitait et que nous ferions mieux de nous renseigner auprès du consulat américain. Je n'étais guère optimiste ; les consuls sont des gens occupés, qui se soucient rarement de vos problèmes mineurs. Mais celui-ci, M. Morton Pommerans, se révéla être une brillante exception à cette règle. Ayant entendu notre récit, il prit son chapeau, nous fit monter dans sa voiture, nous emmena aux services des douanes, et régla tout en un quart d'heure. Il n'y eut rien à payer. J'étais si ravi que j'ai à peine réussi à le remercier. Malheureusement, ce fleuron de sa profession repart dans trois semaines pour les Etats-Unis, afin de travailler dans le privé.

Nous sommes ensuite passés à la Légation britannique, pour nous présenter à Harold Osborne, premier secrétaire commercial et ami de Cyril Donnelly. Osborne est musicien, collectionneur d'instruments de musique et photographe enthousiaste. Il a enseigné la philosophie des valeurs à Cambridge et écrit plusieurs livres. Nous sommes ensuite allés au centre culturel américain, qui occupe les deux étages supérieurs d'un immeuble de bureaux et possède une vue superbe sur l'Illimani ; là, nous avons rencontré son directeur, Frederick Drew, et sa femme. Drew connaît encore mal son travail, car avant il travaillait dans les assurances. Il est jeune, beau et plein d'énergie ; il tient beaucoup à ce que le centre ait du succès. Nous avons enfin rendu visite à Kenneth Wasson, qui connaît Lincoln Kirstein, ressemble en moins formidable au général Marshall, et réalise des films documentaires. Tous ces gens semblaient sincèrement contents de nous voir, et nous avons eu le sentiment que notre séjour à La Paz allait être très agréable.

Les Wasson nous ont invités à dîner le soir même. Mme Wasson, qui est française, possède une belle collection d'objets en argent et de céramiques indiennes, dont quelques poissons en argent, d'une facture exquise et à la queue articulée, conçus pour être portés en broche. Répondant à mes questions, Wasson nous a appris beaucoup de choses sur la révolution de 1946. Je vais encore enrichir son compte rendu par des informations obtenues depuis grâce à d'autres sources.

Les troubles ont vraiment commencé en 1943, lorsque le colonel Gualberto Villaroel a renversé le régime du président Peñaranda pour instaurer une dictature militaire. Il s'agissait là d'un *coup d'Etat** banal en Amérique du Sud, rapide et sans effusion de sang. Pendant quelque temps, le gouvernement de Villaroel n'a pas été reconnu par les Etats-Unis. Puis le colonel a déclaré son soutien à l'effort de guerre allié, et Washington a reconnu sa légitimité. Petit à petit il est devenu de plus en plus répressif. Villaroel n'était pas un mauvais homme, mais il tolérait les agissements d'un chef de la police sadique — un homme sensible et cultivé, « dont on s'attendait, comme dit Wasson, à ce qu'il rentre chez lui tous les soirs pour écouter du Mozart. » Peut-être consacrait-il ses soirées effectivement à la musique, mais il passait ses journées à superviser exécutions, tortures et arrestations illégales. L'une de ses spécialités consistait à contraindre ses prisonniers à boire des huiles lubrifiantes. Les Paceños, qui n'ont pourtant pas

---

(*) En français dans le texte.

le cœur trop délicat, furent bientôt excédés ; ils furent particulièrement choqués par l'assassinat d'un vieux sénateur populaire, nommé Luis Calvo, qu'on avait battu avant de le jeter dans un précipice.

Comme si souvent en Amérique du Sud, ce furent les étudiants de l'université qui entamèrent la révolte finale. Ils mirent à sac le quartier général de la police et s'emparèrent d'armes. Après plusieurs jours de combats de rue sporadiques, certains membres de l'armée prirent parti pour eux ; ces soldats portaient leur casquette à l'envers pour montrer qu'ils avaient changé de camp. Les rebelles sortirent quelques-uns de leurs morts et les allongèrent sur le trottoir devant les légations américaine et britannique, en criant :

« Quelles sont vos intentions ? »

A ce moment-là, presque tous les membres du cabinet de Villaroel s'étaient réfugiés dans diverses ambassades étrangères. (A cause des hasards de la vie politique sur ce continent, tous les ambassadeurs sud-américains reconnaissent le droit d'extra-territorialité.) L'avion privé de Villaroel l'attendait sur l'aéroport du plateau, mais son optimisme et son obstination le poussaient à rester à La Paz, dans le palais du gouvernement. Il s'y trouvait seul avec un aide de camp le dimanche 21 juillet, quand une foule énorme se massa devant, sur la Plaza Murillo. Toutes sortes de gens prirent part à cette manifestation —des soldats, des étudiants, des employés, des ouvriers, des Indiennes en châle, des grandes bourgeoises en manteau de fourrure. Un char léger enfonça les portes du palais, et la foule se rua à l'intérieur. Le président et son aide de camp furent abattus, mutilés, jetés du balcon, traînés jusqu'aux réverbères, et pendus. Aujourd'hui encore, on peut acheter des photos illustrant tout cet épisode, y compris d'affreux gros plans des cadavres.

L'archevêque s'était mal comporté. Il était sans doute la seule personne neutre dotée d'une influence suffisante pour interrompre l'effusion de sang. Mais il eut peur —si peur qu'il ne permit même pas qu'on place le cadavre de Villaroel dans la crypte de la cathédrale. Finalement, ce fut le corps diplomatique étranger qui procéda à ses funérailles.

En attendant, les membres du cabinet restaient coincés dans les ambassades. Des groupes d'étudiants montaient la garde devant ces bâtiments ; un ministre eut même le culot de leur tirer la langue et de les insulter du haut d'une fenêtre. Plus tard, quand la colère se fut un peu calmée, on fit sortir clandestinement ces ministres hors de La Paz, et ils partirent à l'étranger, où ils résident depuis en exil.

Le chef de la police, quant à lui, se fit prendre. Il passa quelques semaines en sécurité dans une cellule de prison. Mais la foule y fit irruption, s'empara de lui et l'amena à travers la ville jusqu'à la Plaza fatale, où on le somma de prononcer un discours pour défendre sa vie. Ce qu'il fit —après avoir demandé une bouteille de Coca-Cola, qu'on lui donna —, mais sa plaidoirie ne fut pas jugée assez convaincante. On le pendit donc aussi.

Après la mort de Villaroel, les maisons de ses amis et collaborateurs furent pillées — parfois pour le simple plaisir de détruire, parfois très systématiquement ; il y avait un homme, par exemple, qui dévissait soigneusement et conservait les portes. Lorsque l'ordre fut restauré, et que le nouveau gouvernement appela la population à rendre les armes et les munitions volées, il n'y eut presque aucune réaction. Aujourd'hui encore, il existe sans doute à La Paz de nombreux arsenaux privés. Voici une histoire vraie. Un gentleman, qui avait ouvertement sympathisé avec le régime de Villaroel, jugea prudent, quand la révolution éclata, de quitter la capitale pour plusieurs semaines. A son retour, il découvrit avec horreur que son bureau était en ruine, le mobilier fracassé, et le plafond criblé de balles. Il pensa aussitôt que les révolutionnaires en avaient après lui. Il s'agissait sans doute d'un avertissement : il devait s'en aller. Il ferait mieux de prendre le prochain avion pour le Pérou... Alors son majordome, constatant le désespoir de son maître, lui avoua la vérité en s'excusant platement. Il n'y avait pas lieu de s'inquiéter. C'était un simple accident. Le résultat d'une négligence banale. Il était sorti en laissant ses petits-enfants seuls dans la maison. Ils avaient découvert sa mitraillette — et qu'elle était chargée.

« Alors vous comprenez, Señor... Eh bien... vous savez comment sont les enfants... »

Au cours de ce voyage, bon nombre de gens différents nous ont dit qu'il était très difficile et fatigant d'obtenir un visa pour l'Argentine. Selon eux, il fallait fournir toutes sortes de certificats, payer un examen médical spécial, puis attendre plusieurs semaines. L'un de nos informateurs ajouta même que le consulat argentin de La Paz était particulièrement déplaisant et récalcitrant, à cause de préjugés anti-américains.

Eh bien, hier matin, dans la salle des douches, j'ai engagé la conversation avec un petit homme chauve et souriant aux yeux vifs, qui s'est présenté comme étant le docteur Mosquiera, un urologue qui avait travaillé à New York, et qui retournait dans sa ville natale, Buenos Aires. On l'avait bien traité aux Etats-Unis, me dit-il, et à l'avenir il désirait faire tout son possible pour aider les Américains du Nord. Cet après-midi, par le plus grand des hasards, nous nous sommes à nouveau rencontrés au consulat argentin. Il m'a accueilli comme un vieil ami, nous a présentés au vice-consul, qu'il a, semble-t-il, tellement convaincu de notre importance que nous devons obtenir nos visas sur-le-champ, sans plus de formalités. C'est à croire que cette ville nous porte chance.

Ce matin, Al Johnson est parti pour le Chili. Lui aussi a bénéficié d'une chance inouïe. Un précieux carnet de notes, contenant d'innombrables données qu'il avait réunies, a disparu avant-hier. Il en a bien sûr été très malheureux. Nous lui avons dit au revoir avant d'aller au consulat américain pour réclamer notre courrier. Un employé, qui savait que nous étions des amis de Johnson, a sorti le fameux calepin, qu'on venait de trouver là. L'avion de Johnson aurait déjà dû être parti, mais il avait du retard. Nous avons donc retrouvé notre ami au bureau de la compagnie d'aviation.

Johnson nous a raconté qu'il avait été réveillé à l'aube par les cris d'une femme dans la rue, juste sous sa fenêtre. On n'y voyait goutte, mais deux hommes étaient apparemment en train de la violer. Plusieurs autres faisaient cercle autour de la scène, qu'ils regardaient avec grand intérêt. Quand tout fut terminé, la femme remit de l'ordre dans sa tenue, puis ils partirent tous les trois ensemble, apparemment les meilleurs amis du monde. Il s'agit peut-être simplement d'une manifestation de l'esprit ludique des Indiens — car nous sommes au début du carnaval.

24 janvier. A La Paz, le carnaval est précédé par la foire d'Alacitas, qui se tient sur la Plaza San Pedro. (C'est aussi sur cette place que se trouve la prison hors de laquelle le chef de la police de Villaroel fut emmené pour être pendu.) Nous avons visité la foire hier avec Mme Wasson, et à nouveau aujourd'hui avec Osborne.

Elle est dédiée à Ekeko, un dieu domestique indien. On peut acheter des effigies en plâtre de ce dieu dans de nombreuses échoppes. C'est un petit personnage au nez rouge et au sourire joyeux, affublé de tout un assortiment d'ustensiles de cuisine miniatures, de pièces de monnaie, de pelotes de laine, de minuscules sacs de sucre, de café, de sel, de riz et de farine ; une espèce de Père Noël bolivien. Ekeko a la réputation d'apporter la prospérité et de réaliser les vœux. Si vous achetez une maison, une vache ou une brebis miniature à la foire d'Alacitas, vous en aurez une vraie avant la fin de l'année. Il y a aussi des modèles réduits d'automobile et d'avion, destinés aux optimistes invétérés.

Par ailleurs, il existe toutes sortes de marchandises de taille normale à vendre : ponchos et tapis en laine de *vicuña*, argent filigrané, fruits et bonbons, instruments de musique, costumes et masques de carnaval. La plupart des vendeurs sont des Indiennes, emmitouflées dans d'innombrables châles et jupons, et qui portent des chapeaux melon marron ou noirs, extrêmement élégants, bordés de soie. Les femmes *cholas* se distinguent par leurs jupes en soie aux couleurs slendides.

La foire s'étend dans les ruelles autour de la Plaza. Ici, l'on trouve les auberges indigènes les plus pauvres et les moins chères ; leurs cours, pleines de bagages empilés très haut, sont entourées de galeries de chambres minuscules et puantes. Dans une échoppe, nous avons vu les embryons de lamas séchés que les Indiens enterrent sous leur maison en guise de porte-bonheur. Mme Wasson nous a recommandé de ne pas les examiner de trop près, de peur que notre mauvais œil d'étranger ne réduise leur magie à néant et ne mette leur propriétaire en colère.

Osborne prend des photos partout où il va. Si besoin est, il est toujours prêt à payer ses modèles. Mais les autorités n'apprécient guère la photographie de rue, car elles redoutent que celle-ci ne crée une mauvaise image de la Bolivie à l'étranger. L'autre jour, Osborne photographiait des vendeurs dans la rue quand un policier l'aborda pour lui dire :

« C'est interdit. Vous avez seulement la permission de photographier les marchés.

— Mais *c'est* un marché, objecta Osborne. Regardez : ils vendent de la marchandise.

— Ce n'est pas un marché, dit le policier. Ils

restent simplement assis une minute, pour se reposer. »

27 janvier. Avant-hier, Caskey a pris le car des skieurs jusqu'au mont Chacaltaya. Je ne l'ai pas accompagné, ne me sentant pas à la hauteur de l'altitude. La piste la plus élevée est à plus de cinq mille six cents mètres ; la plus haute du monde.

Les pistes du Chacaltaya sont ouvertes toute l'année. Leur site a été choisi par Raul Posnansky, le fils d'un archéologue local, après une prospection méticuleuse. Il fonda un club incluant plusieurs ingénieurs, qui travaillèrent gratuitement à la construction de la route. Le chalet du club et les remontées mécaniques furent inaugurés en 1943. Deux ans plus tard environ, Posnansky fut tué par une avalanche alors qu'il faisait de l'alpinisme.

Selon Caskey, la dernière partie de la route jusqu'au chalet est assez terrifiante. Le frère de Mme Wasson a vu une Jeep avec plusieurs personnes tomber dans le ravin, il y a quelques mois, et il a passé des heures à explorer la paroi de la falaise pour repérer les corps désarticulés. Il a finalement trouvé une tête décapitée... Quant aux pistes de ski, elles n'ont pas l'air idéales pour les débutants ; elles sont très raides et se terminent dans les cailloux. Mais un nombre croissant de Boliviens, tant des garçons que des filles, ont appris à skier là-haut.

Caskey est revenu très impressionné, par la vue magnifique — qui par-delà le lac Titicaca rejoint les montagnes situées de l'autre côté de la frontière chilienne —, et par l'énergie des

skieurs ; malgré leurs efforts à cette altitude
énorme, ils ont chanté pendant tout le retour
— des succès du jazz, des airs folkloriques boliviens, *Oh ! Susanna* en anglais, *Yankee Doodle*
en espagnol.

J'ai rendu visite au recteur de l'université San
Andrés, le docteur Hector Ormachea Zalles,
ainsi qu'au docteur Abel Alarcon, le professeur
de rhétorique. Le docteur Alarcon est un vieux
monsieur charmant qui ressemble à s'y méprendre
à l'acteur Vladimir Sokoloff. Il a enseigné à
l'université de Californie du Sud, et publié plusieurs romans, dont un intitulé *California the
Beautiful*. San Andrés est une vraie université,
et non une école technique ; on y enseigne les
sciences sociales, exactes et politiques, la bio-
logie, le droit, la philosophie et les lettres. Le
docteur Zalles m'a montré le plan d'un bâtiment
très impressionnant en forme de gratte-ciel, qui,
espère-t-il, sera terminé dans cinq ans. Ici, l'enseignement est presque gratuit. Mais actuellement, il n'y a pas assez d'étudiants, loin de là.

Grâce au docteur Alarcon, j'ai rencontré deux
de ces derniers qui parlaient anglais : Pedro Val-
divia et Freddy Reynolds. (Des ancêtres britanniques et irlandais ne sont pas rares dans les
familles latino-américaines.) Ces deux garçons
avaient vécu la révolution de 1946, mais seulement comme spectateurs. Ils m'ont dit être certains que le soulèvement étudiant avait été soigneusement organisé par des agitateurs adultes.
Sa cause immédiate fut l'arrestation et la torture
de plusieurs étudiants qui avaient protesté contre
l'intrusion du gouvernement dans les affaires
de l'université. On organisa alors une réunion

286

pour exiger leur libération. A la fin de cette réunion, l'un des étudiants bondit sur ses pieds, tira un coup de revolver en l'air et cria :

« A la Plaza Murillo ! »

Tout le monde le suivit. Lorsqu'ils atteignirent la Plaza, les policiers tirèrent d'abord à blanc. Les étudiants les attaquèrent. Les soldats arrivèrent et commencèrent par tirer des balles réelles au-dessus de leurs têtes. Quelques étudiants —le noyau organisé de la résistance — sortirent des revolvers et ripostèrent. Alors la tuerie commença.

Pedro et Freddy s'intéressent davantage au sport et à la danse qu'à la politique. Tous deux appartiennent à des clubs de jeunes. Il y a beaucoup de tels clubs à La Paz, et quelques-uns portent des noms anglais : *Family, Splendid, Danger, Always Ready, The Strongest*, etc. Ces deux garçons m'ont fait l'impression d'être des amis assez intimes, mais lorsque Pedro a dû nous quitter, tous les deux ont retiré leur chapeau. Les étudiants adoptent entre eux la politesse la plus guindée, comme des vieillards.

Aujourd'hui, la presse annonce qu'un complot dirigé contre le gouvernement par des éléments de l'ancien parti de Villaroel vient d'échouer. Les comptes rendus sont inquiétants, mais assez flous ; ils sont peut-être exagérés délibérement. Il semble qu'on ait vainement tenté de s'emparer de la Plaza Murillo et des bureaux du gouvernement, pendant que presque toute la population était réunie à la foire d'Alacitas. Mais apparemment le gouvernement prend les choses au sérieux, car il a placé des gardes autour des mines d'étain et organisé un contrôle des papiers sur la route du plateau. Il faut maintenant avoir un permis spécial pour quitter la ville. On dit que le principal agitateur serait un dirigeant syndical nommé Lechin, mi-*cholo* mi-turc, qui défendrait une espèce de programme national-socialiste.

Le nouvel ambassadeur chinois a fait déposer une énorme gerbe de fleurs — ou plutôt un drapeau chinois composé de fleurs — au pied de la statue de Bolivar sur le Prado. Depuis deux jours, une foule est massée en permanence autour du monument et regarde toutes ces fleurs avec émerveillement.

29 janvier. Ai fait une conférence sur Hollywood au centre culturel américain. Lorsque j'ai demandé s'il y avait des questions, les gens ont paru beaucoup plus intéressés par les trucages, les prises de vues sur maquettes et la rétroprojection que par la vie privée des vedettes. Un homme, un astrologue, a conclu de son horoscope qu'il deviendrait un grand écrivain à condition de pouvoir pénétrer dans un studio de cinéma. Après tout, pourquoi pas ? Ce processus me paraît assez fiable, quoiqu'en sens inverse. J'ai vu Hollywood pousser des écrivains vers l'astrologie.

31 janvier. Ce matin, nous sommes partis pour le lac Titicaca. Les deux autres passagers de notre voiture de location étaient des inconnus, mais qui nous ont agréablement surpris. L'un d'eux était un Anglais, Alec MacGregor, qui vit à Rio. L'autre était son beau-frère, un Franco-Brésilien âgé de dix-huit ans nommé Alain Costilhes. Ils ont été des compagnons de voyage tout à fait plaisants.

Il faisait un temps splendide. De gros nuages blancs avançaient au-dessus du plateau, et tous les pics enneigés étaient visibles — certains brillaient au soleil, d'autres étaient obscurcis par l'orage. Tout en brinquebalant à travers la plaine, nous avons évoqué l'assassinat de Gandhi, la crise russe et la bombe atomique. MacGregor nous a décrit la vulgarité et la corruption des classes supérieures de Rio ; la haute société brésilienne, dit-il, ne pense qu'à l'argent et à de riches mariages. Presque tous les sujets que nous avons abordés étaient infiniment tristes et déprimants ; pourtant, nous étions tous très gais. Par une telle matinée et dans un cadre aussi somptueux, on ne peut échapper à une joie enivrante.

La route monte longtemps parmi les collines basses qui entourent le Titicaca, puis redescend vers la rive. Ici le lac rétrécit en un chenal, le détroit de Tiquina, qui relie la partie principale et septentrionale du Titicaca à sa partie sud, beaucoup plus petite. De gros bateaux ventrus aux voiles taillées dans des sacs de sucre transportent voitures et passagers vers la péninsule de Copacabana. C'est un endroit splendide, fertile et abrité, avec le village de Tiquina en face de vous sur le versant d'une colline verdoyante de l'autre côté de l'eau bleu foncé. Il y a deux petites îles à l'entrée du détroit. Une illusion d'optique fait qu'elles paraissent flotter à un ou deux mètres au-dessus de la surface du lac.

Tiquina possède un hôtel assez confortable, où l'on mange bien, et qui est tenu par un Allemand. Avant de déjeuner, il nous a fallu attendre la fin d'un énorme banquet de mariage. La mariée est la fille du maire de La Paz. Les futurs mariés et leurs invités sont maintenant partis à Copacabana pour la cérémonie religieuse qui aura lieu demain. Comme ils vont remplir l'hôtel de Copacabana, nous allons passer la nuit ici. Cet après-midi, nous avons fait de la voile ; mais sans aller aussi loin que nous l'aurions aimé, car nos marins tenaient absolument à rester à bonne distance des vedettes des douaniers boliviens et péruviens qui patrouillent sur le lac pour empêcher la contrebande.

J'ai ensuite bavardé avec le directeur allemand. Il est parfaitement écœuré, il déclare qu'un étranger ne peut pas tenir un hôtel ici. Les autorités le soumettent à toutes sortes de tracasseries. Le directeur allemand de l'hôtel de Copacabana a déjà été contraint de vendre, et un Bolivien a pris sa place. Le malheureux pense qu'il devra bientôt partir.

A notre arrivée, un journaliste américain, Theodore Arter, séjournait à l'hôtel et se reposait dans son lit. Notre chauffeur, avec une brutalité stupéfiante, l'a obligé à se lever et à plier bagages, disant qu'il devait partir tout de suite pour Copacabana parce qu'il n'y aurait pas de voiture pour l'y emmener demain matin. L'endroit où le pauvre Arter dormirait à Copacabana était apparemment le cadet des soucis du chauffeur. Arter, qui est gros et avenant, a pris ces tribulations avec beaucoup de philosophie. Il nous a dit avoir voyagé dans le monde entier et être habitué à l'inconfort. Après son départ, nous nous sommes sentis assez coupables. La seule raison pour laquelle on ne peut pas nous forcer ainsi la main, c'est que nous formons un groupe qui pourrait causer quatre fois plus de dommage que le pauvre Arter.

Histoires brésiliennes. Au beau milieu d'une liaison passionnée, qui dure déjà depuis longtemps, l'amant décide un jour de faire une agréable surprise à sa maîtresse en lui achetant un bouquet de fleurs. Mais elle interprète ce geste de travers : elle pense qu'il essaie de rompre. Sans plus attendre, elle l'abat d'une balle de revolver... Il y avait à Rio un pochard très violent qui terrorisait les boîtes de nuit. Désobéir à ses caprices les plus insignifiants n'était guère conseillé. Un soir, une fille osa lui refuser une danse. Il lui tira une balle dans la jambe... Les étrangers disent : « Le Brésilien riche est un singe tombé d'un cocotier dans une Cadillac. »

3 février. Une trentaine de kilomètres séparent Tiquina de Copacabana. La route serpente à travers des collines modestes mais très abruptes, entre lesquelles on a de merveilleux points de vue sur le lac. Sa couleur change constamment, adoptant toutes les nuances et les ombres du ciel.

Puis on franchit un escarpement, et l'on aperçoit la ville en contrebas, qui s'étend le long du rivage plat, près d'une grande colline volcanique. Toute la vallée est extrêmement cultivée, avec des terrasses incas sur les pentes, et cet endroit a le charme ensoleillé de l'Italie — le charme des lieux paisibles habités depuis longtemps. Copacabana a toujours été un centre de pèlerinage. Les Incas embarquaient ici pour se rendre dans l'Ile sacrée du Soleil. Et avec la venue du christianisme, la ville acquit une Vierge miraculeuse, qui devint célèbre dans toute l'Amérique du Sud sous le nom de Vierge du Lac.

L'hôtel *Copacabana* se donne volontiers des airs de luxe ; mais actuellement il est plutôt miteux, presque en ruine. Lorsque nous y sommes arrivés — avant-hier matin —, tous les invités étaient à l'église pour la cérémonie du mariage. Nous avons trouvé Arter passablement hébété par le manque de sommeil. On l'avait installé avec sept autres personnes dans une chambre exiguë donnant sur des w.-c. bouchés et infects qui furent utilisés pendant toute la nuit. En plus de ces problèmes, il y avait de fréquentes explosions venant de la colline voisine, où des fêtards allumaient des charges de dynamite assez puissantes pour faire trembler les fenêtres. Ces explosions ont retenti à intervalles irréguliers pendant toute la journée et la nuit ; elles ont seulement cessé hier après-midi, sans doute parce que les artificiers se sont retrouvés à cours de munitions.

Le directeur bolivien paraissait complètement démoralisé. Il courait en houspillant son personnel zélé mais presque imbécile ; chacun de ses ordres contredisait le précédent. Les invités du mariage avaient manifestement eu raison de lui ; mais il devait encore s'occuper du cocktail et du petit déjeuner du lendemain. Avant la fin de cette épreuve, il était manifestement inutile de lui demander un repas, et encore moins des chambres. Nous sommes donc sortis nous promener en ville.

Hormis sa belle église, Copacabana est une petite bourgade très pauvre et sale. Rien n'a été repeint depuis longtemps. A environ un mètre vingt du sol, les murs de terre battue le long des rues exhibent des marques marron laissées par tous les corps qui les ont éraflés en passant. Les caniveaux étaient pleins d'ordures, et il a fallu nous frayer un chemin parmi des tas d'excréments à demi-desséchés.

La *fiesta* — raison de notre visite — avait commencé depuis un certain temps déjà. Des centaines d'Indiens avaient quitté leurs villages sur tout le plateau pour descendre en ville ; et d'autres arrivaient sans cesse, entassés dans de vieux camions grinçants. Sur la place de l'église, il y avait une rangée d'échoppes et, à deux de ses angles, d'étranges échafaudages de bambou peint, décorés de fleurs en papier, de timbales d'argent, de cuillers et de fourchettes entrecroisées. (Les Wasson disent que cette exposition d'argenterie caractérise toutes les *fiestas* sur le haut plateau bolivien.) En dessous d'un de ces échafaudages, on avait construit une espèce d'autel, avec de grands chandeliers dorés, une nappe blanche, et un morceau de tissu rouge sur lequel étaient posées des feuilles de coca. Les costumes étaient encore plus somptueux que ceux que nous avions vus à l'Alacitas. Le jaune, l'écarlate et le bleu dominaient ; et sur les marches de l'église se trouvait un groupe de mendiants qui tenaient des instruments à cordes et portaient des ponchos dont l'exquise couleur vieux rose passée aurait ravi n'importe quel costumier de théâtre. Nous avons vu une femme porter sur son dos une poupée de taille humaine au lieu d'un bébé. Je suppose qu'il s'agissait d'un charme contre la stérilité.

Les danses ont bientôt commencé. Des groupes

de musiciens jouant du tambour et de la flûte de pan ont attiré mon attention. Il portaient des chapeaux à grandes plumes et des vestons pailletés coupés comme ceux des toreros. Derrière eux, des couples se formaient et se déplaçaient lentement autour de la place, à tout petits pas, très graves, presque cérémonieux, joignant parfois les mains et exécutant des tours en forme de huit. Les petites femmes fortes, aux épaules étroites et aux hanches larges, avec leur chapeau melon tout neuf, leurs châles et leurs nombreux jupons tourbillonnants, semblaient comme hypnotisées par le rythme de leurs propres mouvements. Leurs larges visages en sueur étaient placides, sans expression. De toute évidence, elles pouvaient continuer à danser ainsi pendant des heures.

Les groupes de corrida étaient beaucoup plus bruyants et animés. Les « taureaux » sont joués par des hommes masqués portant un tricorne et de longues mèches de faux cheveux qui leur tombent sur les épaules ; ils se déplacent affublés d'un engin en bois et en cuir de vache, muni d'une tête de taureau et de vraies cornes. Les « toreros », équipés de bottes et d'éperons, sont armés de fouets et d'épées de bois. Leur jeu est très brutal. Les toreros roulent dans la poussière et se font violemment écharper. De temps à autre, un taureau charge la foule en jetant à terre le plus grand nombre de spectateurs possible.

L'une des caractéristiques les plus agréables de cette fiesta était l'absence de toute barrière entre le sacré et le profane. Les allées et venues étaient incessantes entre l'église et la place. Les danseurs, qui transpiraient encore après leurs efforts, pénétraient sans cesse dans le sanctuaire, s'agenouillaient quelques instants devant l'image de la Vierge, puis ressortaient pour danser et boire encore. Devant l'église se trouve un grand calvaire en pierre, décoré pour l'occasion avec des guirlandes en papier ainsi que des personnages en carton représentant le Christ, Marie et les deux larrons. Au pied des croix, un groupe d'Indiens avait organisé un pique-nique ininterrompu. Pour une raison mystérieuse, ils s'étaient tous couverts de confettis.

Caskey et moi avons pris la décision téméraire de gravir la colline volcanique. Elle est abrupte à tout endroit, et à cette altitude l'effort nous a mis les poumons en feu. J'ai fini la dernière partie de l'escalade à quatre pattes —posture appropriée, car à chaque tournant du sentier on découvre un petit sanctuaire signalant l'une des stations du Chemin de Croix.

Tous les invités du mariage sont repartis pour La Paz dans l'après-midi. On aurait dit que leurs chambres avaient été ravagées par une armée de barbares enragés, venus avec leurs chevaux.

Comme nous dînions, l'électricité ne cessait de s'éteindre ; la *fiesta* avait manifestement gagné la centrale électrique. Arter, MacGregor et Alain ont parlé du Brésil. Malgré toutes leurs critiques, je ne peux m'empêcher de penser qu'il s'agit sans doute du pays d'Amérique du Sud le plus excitant et le plus intéressant, et je crois qu'ils l'aiment vraiment. Comme j'aurais aimé avoir le temps d'y aller !

Nous sommes ensuite retournés sur la place.

Elle était plongée dans l'obscurité, hormis une rangée de lanternes contenant des bougies allumées, disposées sur le mur de l'église, et une guirlande d'ampoules colorées autour du calvaire. Nous avons dû rester très près les uns des autres pour ne pas nous perdre dans le labyrinthe noir de la foule. Une section de cuivres s'était jointe aux tambours et aux flûtes de pan, si bien que le vacarme était assourdissant. Tout le monde était ivre. Le ciel nocturne, où chaque constellation se détachait avec une clarté parfaite, évoquait un planétarium. Pour la première fois, nous avons vu la trop célèbre Croix du Sud, allongée très bas au-dessus des toits, tel un petit cerf-volant.

Il y a ensuite eu des fusées. Mais les Indiens se sont bientôt lassés de les diriger vers le ciel, si bien qu'ils se sont mis à viser leurs amis, de l'autre côté de la place. Comme lesdits amis avaient eux aussi des fusées à tirer, un inquiétant duel d'artillerie s'est engagé. Par miracle, personne n'a été grièvement blessé. Après cela, les gens se sont enroulés dans leurs couvertures, puis couchés dans les endroits les plus bizarres pour dormir.

Notre nuit elle aussi a été troublée — et pas seulement par les tirs de dynamite. Les fenêtres de l'hôtel donnent sur une galerie extérieure, ce qui permet à tous les clients de l'hôtel et aux membres du personnel de se pencher pour nous examiner. Ils ne se sont guère gênés, multipliant même les commentaires intéressés jusqu'à ce que Caskey claque la fenêtre si violemment qu'il a bien failli couper le nez d'un curieux. Le pauvre MacGregor a eu encore moins de chance que nous, car sa chambre incluait des toilettes. Ces dernières étaient apparemment tombées dans le domaine public. Lorsqu'il ferma sa porte à clef, des inconnus indignés tambourinèrent dessus en exigeant d'entrer.

Hier matin, les danses ont repris. Il y a eu plusieurs nouveaux personnages masqués, qui n'appartenaient ni aux orchestres, ni aux groupes de corrida, mais opéraient indépendamment, comme des arlequins. L'un d'eux représentait un chat patelin et sinistre ; un autre, un lion jaune vif. Le chat ne cessait de se voiler la face avec ses pattes et de s'accroupir pour effrayer les enfants. Le lion poursuivait et pinçait les filles. J'ai remarqué que même les adultes avaient un peu peur d'eux, comme s'ils incarnaient une sorte de magie totémique.

A certains moments, la foule des danseurs nous avalait. Au milieu d'elle, dans le sifflement des flûtes de pan et le tonnerre des tambours, je prenais conscience d'une espèce d'excitation étrange et très ancienne — à cent lieues de la stimulation superficielle d'un carnaval moderne. Malgré le rythme envoûtant, aucun des spectateurs indiens ne remuait les épaules ni ne tapait du pied. La musique avait un effet beaucoup plus profond que cela. Peut-être les tambours scandaient-ils les battements de leur cœur ou leurs mouvements péristaltiques. Leurs visages, comme ceux des danseurs, étaient impassibles. Il survit sans doute ici comme un écho de l'atmosphère des rituels incas.

Les Indiens — d'habitude si timides et méfiants —semblaient parfaitement accepter notre présence, voire l'accueillir avec chaleur. On nous poussait, on nous palpait, on nous poursuivait, des Indiens ivres nous étreignaient même, comme n'importe qui d'autre. En fin d'après-midi, la phase larmoyante du repentir commença. Des femmes, accroupies dans un coin, sanglotaient sur leur dernière bouteille vide, ou bien s'agenouillaient devant le grand autel de l'église, en larmes. On avait tiré un petit volet sur le sanctuaire de la Vierge ; elle n'était plus là. Les sanctuaires ont toujours besoin de se « reposer » ainsi après une grande cérémonie religieuse. On pense à une banque où aurait été effectuée une lourde ponction.

Hier soir, la place était quasiment déserte. Presque tout le monde était rentré chez soi. Il ne restait plus qu'un petit groupe de danseurs ivres morts, qui s'agitaient à la lumière vacillante d'une unique bougie.

Ce matin, nous retournons en voiture à La Paz.

6 février. Kenneth Wasson nous a invités, Caskey et moi, à l'accompagner à Oruro, une ville minière située à un peu moins de deux cents kilomètres au sud de La Paz, où il veut filmer le carnaval et le célèbre festival de la Diablada. Caskey et lui sont partis en train ce matin. J'ai décidé de rester ici. Voilà maintenant plusieurs jours que je me sens malade ; sans doute les effets néfastes de l'altitude. Principaux symptômes : je me réveille sans pouvoir respirer à trois heures du matin — penché par la fenêtre, je cherche à retrouver mon souffle ; je souffre aussi de palpitations, de gaz, d'angoisses inexplicables, comme à Bogota ; et puis je traverse la rue ou descends une volée de marches un peu raides avec une timidité de vieillard — comme si mes os étaient devenus très fragiles ; je souffre aussi de pessimisme global, de paresse et de misanthropie.

Ai pris le thé avec le docteur Georg von Terramare, le dramaturge autrichien. Sa femme, l'actrice Erna Terrel, et lui-même vivent ici depuis avant la guerre. En fait, il y a tellement de réfugiés autrichiens à La Paz que von Terramare a pu trouver une distribution et un public pour une pièce qu'il a écrite en dialecte viennois et mise en scène lui-même, autour du personnage de la danseuse Fanny Elssler. Néanmoins, je ne crois pas que ses amis et lui soient aussi heureux ici que les Schneider à Quito. Et cela ne m'étonne guère. Malgré le temps souvent très clément et la splendeur immuable de l'Illimani, cette ville a quelque chose d'hostile et de sinistre. J'imagine les Indiens assis au bord du plateau, les yeux baissés vers elle comme des condors, en attendant qu'elle meure... Mais sans doute ces idées noires sont-elles un nouvel effet de l'altitude.

Ai passé la soirée au club anglo-américain ; un autre refuge pour exilés. Il y a d'habitude une partie de dés au bar, entre de riches Paceños et des membres de la Mission aérienne américaine.

« J'ai ce truc vraiment célèbre... A l'envers... Allons, calmez-vous... »

Les Paceños rient poliment et comprennent environ un mot sur vingt ; leur excellent anglais scolaire n'inclut aucun argot postérieur à 1914. J'ai parlé avec un réfugié ayant un accent prononcé d'Europe centrale, et qui m'a assuré qu'il était britannique — un ingénieur britannique travaillant dans l'une des mines d'étain.

« Parfois, quand je suis là-haut, j'ai l'impression de devenir fou. Personne à qui parler. Les Indiens ne sont rien que des animaux ... Ensuite, je redescends en ville et je vois un film. C'est tout ce que nous avons — Bette, Ingrid ou Rita — mais c'est pour nous une grande chance. Elles nous permettent de tenir le coup. Dites-leur donc ça quand vous serez de retour à Hollywood. Oui, répétez-leur ça, mon vieux. »

8 février. Hier matin, j'ai décidé d'aller rendre visite aux pères Maryknolls qui s'occupent d'une mission dans le quartier indien de Villa Victoria. Vu de près, c'est encore pire que je ne l'imaginais. Le taxi que j'avais pris à l'hôtel a dû s'arrêter à la lisière du quartier ; ensuite, je me suis frayé un chemin entre des fondrières pleines de boue. La moitié des maisons seulement, ai-je appris ensuite, ont l'électricité, et aucune n'est chauffée. Le système des égouts est des plus rudimentaires.

Un garçon m'a guidé jusqu'à la maison du père James Flaherty. Elle ne différait pas des autres, mais l'intérieur était propre et bien meublé. Le père Flaherty est un jeune homme au teint frais et à forte carrure, sans doute un joueur de football américain. Il m'a aussitôt plu tout en éveillant mon respect. On devine en lui une impressionnante réserve de puissance. Nous avons tout de suite abordé le sujet de l'Eglise en Amérique latine. Le père Flaherty a nié que les missionnaires Maryknolls fussent venus ici pour la « réformer » ; dans les circonstances présentes, il ne pouvait pas vraiment dire le contraire. En revanche, il a reconnu la justesse de la plupart des critiques protestantes. Il m'a prêté un livre, *Call for Forty Thousand (Quarante mille de plus)* par le père John J. Considine, qui, me dit-il, évoque ce problème bien mieux que lui-même ne saurait le faire. Je l'ai lu hier soir. Voici quelques-uns des points forts de cet ouvrage :

Son livre est intitulé ainsi parce qu'il croit (après une tournée d'inspection détaillée) qu'en Amérique latine le vrai problème est le manque de prêtres. Un tiers des catholiques du monde habitent ce continent. Si l'on compte un prêtre pour deux mille âmes, alors il en faudrait au moins quarante mille de plus.

Il souligne, à plusieurs reprises, que la situation actuelle est bien pire que pendant la période coloniale. Lorsque les mouvements d'indépendance apparurent dans les divers pays d'Amérique latine, les prêtres espagnols se faisaient souvent expulser parce qu'on les indentifiait à l'impérialisme espagnol. (En réalité, les jésuites espagnols défendirent très souvent les Indiens contre la politique réactionnaire de Madrid.) Les évêques durent ordonner tous les postulants indigènes qui se présentaient, et il s'agissait souvent d'hommes de qualité et d'éducation médiocres. Par ailleurs, une législation anti-cléricale —surtout en Equateur — interdisait aux prêtres d'accomplir tout travail social et limitait leur rôle aux devoirs sacramentaux. Selon le père Considine, devenir prêtre ou nonne est aujourd'hui considéré comme une déchéance sociale. Tous ces facteurs réunis ont contribué à abaisser le niveau moyen de la prêtrise.

Il se montre extrêmement juste envers les protestants, disant qu'il ne croit pas que leurs convertis soient achetés ou imaginaires ; et il est d'accord avec le missionnaire que nous avons rencontré à Cuzco pour déclarer que le protestantisme a aidé les catholiques à ne pas trop déchoir. Lorsque des religieuses se plaignirent de l'altitude à Puno, leur évêque leur rappela que les adventistes s'occupaient d'un excellent hôpital à Juliaca, ville située légèrement plus haut que Puno, avant d'ajouter :

« Les épouses du Christ peuvent sans doute en supporter autant que les femmes des missionnaires protestants ? »

Le père Considine n'explique pas précisément où il espère trouver ces quarante mille prêtres supplémentaires, mais il fait comprendre au lecteur que la première fournée viendra forcément des Etats-Unis. Cela soulève bien sûr le même problème que la présence de techniciens, de médecins, d'ingénieurs et d'architectes américains en Amérique latine. Comment seront-ils reçus par les populations locales ? N'entendra-t-on pas encore la vieille rengaine contre la pénétration de l'impérialisme yankee ? Et les communistes ne s'en serviront-ils pas comme d'un nouvel argument contre l'Eglise ? Cela paraît certain. Actuellement, écrit le père Considine, le parti communiste a tendance à laisser les protestants tranquilles, pour concentrer ses attaques sur les catholiques en tant qu'ennemis historiques du progrès. Mais cette situation changera.

Aujourd'hui, j'ai invité le père Flaherty à déjeuner, et nous avons parlé de ce livre. Flaherty n'est certes pas optimiste à tout crin, mais on dirait que la situation présente ne le déprime pas trop non plus. Pour lui, la conversion originelle de l'Amérique du Sud au christianisme durant les XVIᵉ et XVIIᵉ siècles constitue aujourd'hui un avantage douteux. Car, lorsque l'influence de l'Eglise s'affaiblit ensuite, les Indiens retombèrent dans un paganisme extrêmement complexe. N'ayant plus de prêtre à leur disposition, il continuèrent néanmoins de célébrer les sacrements catholiques, mais en les mêlant à des rituels et des superstitions incas — si bien qu'aujourd'hui il est presque impossible de démêler les uns des autres. Il serait plus facile de repartir à zéro. Il ne peut pas faire grand-chose avec les personnes âgées ; elles refusent de se confesser. Il travaille donc surtout avec les jeunes.

Après le déjeuner, le père Flaherty m'a emmené en voiture à Obrajes, et un peu plus loin. A l'inverse du plateau, cette vallée paraît presque tropicale. Elle est abritée par des pitons et des tuyaux d'orgue rocheux brillamment colorés en bleu, vert ou écarlate par l'oxyde de fer. En se retournant, on aperçoit La Paz, qui ne semble plus être au fond d'un bol, mais assez haut sur un plateau, avec le ravin de l'Obrajes tout en bas. Le père Flaherty me dit que, jusqu'ici, il n'a pas trop souffert de l'altitude. La plupart des prêtres étrangers en pâtissent néanmoins, et un règlement stipule qu'ils doivent passer un mois chaque année à Cochabamba, une ville située mille trois cents mètres plus bas. Il habite La Paz depuis cinq ans déjà. Je lui ai demandé combien de temps il comptait y rester encore.

« Oh ! me répondit-il sur un ton anodin, je crois que j'y resterai jusqu'à ma mort. »

Qu'un jeune homme se retire dans un monastère trappiste, et les gens frissonnent d'effroi. Mais s'ils devaient choisir, je crois que la plupart préféreraient Notre Dame de Gethsémani à Villa Victoria.

Nous sommes rentrés en ville à temps pour voir le défilé du carnaval. Les Drew m'avaient proposé de le regarder derrière les fenêtres du centre culturel. Le Prado était couvert de Paceños. Venaient en tête les clowns masqués, appelés *Pepinos*, avec leur costume rayé, qui traçaient comme un fleuve blanc entre les berges noires des spectateurs. La police doit vous délivrer un permis pour porter ce déguisement, et il faut agrafer le numéro de ce document sur le dos ou le devant du costume, afin de pouvoir identifier les destructeurs de la propriété. Les *Pepinos* sont armés d'un bâton en carton, semblable à un éventail plié, nommé « tue ta belle-mère ». Ils s'en servent pour gifler les jeunes filles. Ces dernières leur rendent souvent coup pour coup, jusqu'à ce qu'une bagarre éclate. Afin de ne pas être reconnus, les *Pepinos* affectent une voix de fausset.

Suivent des groupes d'Indiens, la plupart en costumes assortis, qui dansent une sorte de farandole dont la longue ligne ondulante avance lentement. Ils sont suivis par le gros du défilé — pages, plaisanciers, toreros, cavalières, dames victoriennes, hommes déguisés en jeunes filles *cholas*. Toute cette procession descend jusqu'à l'université, puis se disperse peu à peu. Mais les Indiens continuent de danser sur tout le versant de la colline, jusqu'au soir, et les *Pepinos* écument la ville. Comme j'accompagnais le père Flaherty vers sa voiture, l'un d'eux lui a crié quelque chose d'une voix de fausset. Le missionnaire, qui avait manifestement compris, a souri et m'a dit :

« D'habitude, en période de carnaval, je reste chez moi. Certains habitants sont tellement excités qu'on leur casserait volontiers la figure. »

9 février. Le carnaval se poursuit, mais dans le plus grand désordre. Il est presque aussi chaotique que je le prévoyais. De brèves danses échevelées ici ou là, et une bastonnade occasionnelle des *Pepinos*. Le temps froid et humide en est peut-être responsable.

En face de notre hôtel, de l'autre côté de la rue, se trouve une maison avec une petite fenêtre derrière laquelle trois enfants restent assis toute la journée. Une dame, qui enseigne au centre culturel américain, s'intéressa à eux et découvrit que leur mère les enfermait par mesure de sécurité pendant qu'elle allait travailler à l'extérieur. L'enseignante leur acheta donc quelques jouets et des masques de carnaval.

Un peu plus loin, au croisement, il y a un agent chargé de la circulation, monté, comme tous ses collègues dans cette ville, sur une estrade en bois. Voyant une Indienne lui faire une grande scène, j'ai demandé ce qui se passait. Apparemment, elle croyait qu'il était là pour vendre de la bière et elle était furieuse de constater qu'il ne pouvait pas lui en donner.

Cet après-midi, Caskey est revenu d'Oruro. Ce voyage lui a beaucoup plu et il pense avoir fait de bonnes photos. Grâce à l'influence de Wasson, ils ont réussi à pénétrer dans l'arène avec les danseurs et à les photographier de près.

La Diablada est une danse symbolique qui représente la victoire du Bien sur le Mal, des anges sur les démons. Ces derniers portent un collant rose, des bottes rouges et blanches décorées de dragons et de serpents, des capes en velours ornées de fils d'argent, de pièces de monnaie et de fragments de miroir. Ils arborent de longues perruques blond filasse qui leur tombent sur les épaules. (Il est peut-être significatif que les blonds, plus typiques d'une race étrangère, jouent le rôle des méchants.) Leurs masques sont terrifiants — et curieusement tibétains : grandes cornes, yeux globuleux, denture féroce et acérée. Les anges ont des ailes, une robe blanche, un casque, une épée ondulée et un bouclier. Ce dernier accessoire est un enjoliveur de voiture. De nombreux danseurs dépensent toutes leurs économies annuelles pour leur costume. Pour les louer, ils vendent l'ensemble de leur récolte, voire même la vache familiale. Seuls les hommes participent à la danse proprement dite. Leurs femmes s'occupent de les nourrir et de les désaltérer pendant les pauses.

La procession commence dans les faubourgs de la ville. Là, les groupes s'assemblent. En tête du défilé viennent des ânes chargés d'objets en argent — assiettes, bols, couteaux, fourchettes, cuillers, croix et pièces de monnaie. Chaque famille manifeste ainsi sa richesse, et les plus fortunés s'exhibent dans des camions américains décorés d'argenterie.

Ils se rendent d'abord à l'église, où anges et

démons s'agenouillent côte à côte pour se faire bénir par le prêtre, puis ils pénètrent dans l'arène. Chaque ange doit maintenant tuer sept démons, qui représentent les sept péchés capitaux. La paresse avance d'un pas traînant vers son destin et meurt avec un bâillement voluptueux. La colère attaque en rugissant. La luxure lance une œillade à son bourreau. La gourmandise brandit une bouteille de bière, et la vide avant de s'écrouler. Quand tous ont été vaincus, il ne reste plus qu'un huitième personnage — incarnation de la Féminité charnelle, en jupe de velours écarlate. Alors que l'ange est sur le point de la tuer, elle tombe à genoux, implore le pardon et est graciée.

Après la Diablada, les danseurs sont reçus en grande pompe par le préfet dans sa demeure. Cette cérémonie, telle que la décrit Caskey, doit être à la fois grotesque et belle : la vieille salle d'audience, avec ses murs roses, ses miroîrs baroques et ses portraits coloniaux, et puis les danseurs, qui portent toujours leurs costumes somptueux, mais sans masque, exhibant leurs visages d'Indiens sombres et burinés. Caskey m'a dit que la soirée a atteint son apothéose lorsque le préfet a invité la Féminité charnelle à danser. Celle-ci était incarnée par un gros homme aux pieds énormes, des pieds que le préfet a eu beaucoup de mal à éviter.

12 février. Comme nous quittons La Paz demain, le moment est venu de résumer les informations et les impressions tirées de mes entretiens avec les Wasson, les Drew, les Osborne et quelques autres.

La Bolivie a une superficie égale à plus de deux fois celle de l'Espagne, avec une densité de population d'environ cinq habitants au kilomètre carré. Ce pourrait être un pays très riche, même sans ses mines ; car l'immense région des terres basses, située au-delà des montagnes, produit du sucre, du café, du thé, du caoutchouc, de la quinine, du riz, du bois, du bétail et du pétrole. Et pourtant, à cause du mauvais état des routes et du prix des transports, les habitants de La Paz mangent de la viande argentine, mettent de l'essence d'origine étrangère dans leurs voitures, et bâtissent avec du bois importé. Quatre-vingt-dix pour cent des devises étrangères proviennent des exportations de minerais, surtout d'étain. Cela implique que les mineurs indiens —moins de deux pour cent de la population —assurent la survie économique de la Bolivie.

Qu'arrivera-t-il lorsque le prix de l'étain chutera ? Une crise majeure — à moins qu'entre-temps on n'ait pris des mesures pour exploiter d'autres ressources. Il faudra construire des routes. Il faudra réorganiser de fond en comble l'agriculture sur le plateau (où la terre est excellente). Il faudra encourager l'émigration vers les basses terres sous-peuplées. Tous ces projets sont infiniment plus ambitieux que les travaux d'Hercule. Peut-on les mener à bien pendant qu'il en est encore temps ? Cela paraît extrêmement douteux. Presque tout le monde dit que le gouvernement actuel, sous la présidence d'Enrique Hertzog, est honnête et dévoué au bien public. Mais sa position n'est pas très bien assurée, et les difficultés sont énormes.

Le problème fondamental est celui des In-

diens ; avec les *cholos*, ils constituent quatre-vingt-
cinq pour cent de la population. Actuellement,
la plupart d'entre eux ne contribuent en rien à
l'économie nationale ; ils produisent à peine assez
pour leurs propres besoins. La Bolivie leur appartient, car ils sont la majorité. Mais comment
pourraient-ils en prendre conscience, comment
pourraient-ils coopérer, à moins de gouverner ?
Comment pourraient-ils gouverner avant d'être
éduqués ? Et comment pourraient-ils être éduqués
tant que subsistera l'impasse culturelle actuelle ?

La haine raciale, nous a-t-on dit, est très forte
—encore pire qu'à l'époque coloniale. Elle explose de temps à autre en soulèvements, émeutes
ou incidents isolés — ainsi l'an dernier, lorsqu'un
groupe d'Indiens a pillé une ferme de Blancs,
tuant les hommes et violant les femmes. Les
communistes et les autres extrémistes qui prô-
nent la révolution ressemblent à des savants en
train de jouer avec l'atome ; ils risquent de
provoquer une réaction en chaîne qui submergera
leurs propres objectifs et les détruira. De toute
évidence, les chances d'un changement progressif
et pacifique sont très minces. Néanmoins, les
réformateurs modérés doivent travailler et espérer. L'alternative est trop affreuse pour être
envisagée.

Les grands domaines du haut plateau sont
aujourd'hui organisés sur une sorte de modèle
féodal. L'Indien travaille trois ou quatre jours
par semaine pour son seigneur, en échange d'un
lopin de terre. Quelques-uns sont assez riches
pour payer d'autres Indiens qui accomplissent
ces corvées à leur place. Mais aucun n'a la
moindre part de bénéfice. Cet arrangement est

néfaste pour toutes les parties concernées, y compris le seigneur, car il aboutit à une production minimale. Les fermiers les plus clairvoyants le comprennent, et préféreraient donner d'emblée une parcelle de terre aux Indiens. Mais ils ne peuvent pas le faire, car le gouvernement les taxerait de la même manière, sachant très bien qu'il est exclu de réclamer des impôts aux Indiens. En plus des grands domaines, il existe aussi un certain nombre de communautés indiennes indépendantes qui cultivent leurs terres sur le mode de la coopérative, sans produire de surplus pour l'exportation. Jusqu'ici, toute tentative pour modifier cette situation a échoué.

Quant aux routes qui aboutissent aux basses terres, on pourrait les construire sans trop de difficultés. La main-d'œuvre est bon marché, et depuis la période inca les Indiens ont prouvé leurs talents de bâtisseurs de routes, même sur les terrains les plus difficiles. Mais le problème de l'acclimatation est beaucoup plus grave. Un Indien du haut plateau ne survit pas longtemps au niveau de la mer. (Les hommes qui ont attaqué la ferme dont j'ai parlé plus haut n'ont pas été exécutés ; cela aurait risqué de choquer l'opinion publique. On les a simplement déportés dans la jungle, où ils mourront presque sûrement en moins de deux ans.) Si l'on veut exploiter les basses terres, il faudra donc faire venir des immigrants étrangers.

Il y a quatre ans, le gouvernement bolivien et l'Institut des Affaires inter-américaines, l'I.I.A.A., ont entamé une collaboration pour un programme de santé publique. L'I.I.A.A. a commencé par tout payer ; ensuite, les Boliviens se sont mis à partager les dépenses. On a construit des cliniques et des laboratoires, l'hygiène a été améliorée, des bourses ont été créées aux Etats-Unis pour former des médecins et des infirmières. Actuellement, tout se passe très bien. Un fonctionnaire de l'I.I.A.A. m'a confié :

« Voilà vingt ans que je travaille pour l'Oncle Sam, et c'est le premier programme auquel je participe où les dollars arrivent vraiment là où on en a besoin, c'est la première fois qu'ils ne restent pas collés aux mains des *politicos*. »

Inutile de le dire, Washington ne soutient pas ce projet par pur amour de son voisin. En plus de l'impact de ce projet sur l'industrie médicale — les médicaments, le matériel chirurgical et les matériaux de construction américains représentent des millions de dollars —, les Etats-Unis ont besoin des métaux, du caoutchouc et du pétrole boliviens. De meilleures conditions sanitaires entraînent une production accrue et constituent une contre-propagande efficace pour enrayer le communisme. Washington désire la stabilité politique et accepte de payer pour cela — mais peut-être pas assez cher.

En attendant, d'autres gouvernements étrangers manifestent un vif intérêt pour ce pays. Les Britanniques, nécessairement — car presque tout l'étain bolivien part vers leurs fonderies. Les Argentins — parce que Peron attend le bon moment pour former son bloc sud-américain. Les Brésiliens — parce qu'ils craignent Peron, ne veulent pas d'un satellite argentin à leurs portes, et qu'ils aimeraient ouvrir des routes commerciales vers les basses terres boliviennes. On dirait donc que le sort de la pauvre Bolivie risque de se régler à l'étranger.

Pour couronner le tout, ce malheureux pays est affligé d'un nationalisme des plus virulents. Les Boliviens semblent détester et redouter tous leurs voisins. Ils ont leurs raisons, bien sûr ; la haine en trouve toujours. Il y a la défaite militaire, restée non vengée, par le Paraguay dans la guerre du Chaco. (Mais qui peut bien vouloir le Chaco ?) Il y a l'affront inoubliable et impardonnable que lui a fait le Chili en s'emparant du débouché de la Bolivie vers le Pacifique. (Mais les Chiliens ont ensuite dû construire à leurs propres frais un chemin de fer reliant La Paz à Arica ; et les taxes portuaires sont beaucoup moins élevées que ce que les Boliviens paieraient s'ils s'occupaient de ce port.) Au moins, la Bolivie n'est plus obligée d'entretenir une marine. (« Il est incroyable, dit Caskey, qu'ils n'en aient pas créé une sur le lac Titicaca. ») L'armée constitue un lourd fardeau. Beaucoup trop importante pour une simple force de police, beaucoup trop faible pour impressionner les Argentins, elle opère une ponction constante sur les finances de la Bolivie. Et puis l'état-major est d'une extravagance absurde. Les conseillers américains pour l'aviation doivent les dissuader de commander toutes sortes d'équipements coûteux qu'on ne pourrait jamais utiliser sur aucun des aéroports existants... Mais on ne se sent pas le droit de critiquer, ni de manifester sa supériorité. Nous souffrons tous de cette maladie infecte et humiliante. L'état de la Bolivie est seulement un peu plus grave que celui de la plupart des autres pays.

10. La Ville et les plaines

17 février. Nous voici à Buenos Aires. Nous avons quitté La Paz vendredi en début d'après-midi, il y a quatre jours. Les Wasson nous ont accompagnés à la gare. Désolés comme nous l'étions de leur dire au revoir — ainsi qu'aux Drew et aux Osborne —, nous ressentions néanmoins une joie presque indécente à l'idée de partir. Nous nous étions lassés, affreusement lassés du gigantisme inhumain de ces montagnes, de ce sombre plateau hanté par ses fantômes incas, de cette atmosphère étrange, raréfiée, maniaco-dépressive. Nos nerfs, nos muscles et notre chimie gastrique se révoltaient enfin ouvertement contre les tensions de ce voyage en montagnes russes, réclamant sans honte un peu de confort vulgaire, de cuisine nationale et un urbanisme solide en terrain plat. Alors que le train démarrait, Caskey s'est mis à danser une joyeuse petite gigue en chantant :

« Adieu, La Paz ! Bonjour, Buenos Aires ! »

Nous avions l'impression d'aller à un cocktail excitant.

Inutile de dire que nous avons eu tout le temps de nous calmer. Pendant le restant de la journée, le train a traversé un paysage désertique et morne balayé par des bourrasques de pluie. Les rares villages semblaient plus sales et plus pauvres que ceux que nous avions déjà vus. Ici, la vie paraissait avoir atteint le fond de la misère. En dehors d'un asile ou d'une prison, j'imagine qu'aucun endroit ne saurait être pire. J'ai été soulagé lorsque la nuit est tombée, lugubre et froide, sur ce décor sinistre, et m'a dispensé de penser avec culpabilité à ses habitants. Afin de les oublier, nous avons invité Olga Orozco, qui voyageait dans le même wagon que nous, à partager notre bouteille de whisky. C'est une jeune et très séduisante poétesse argentine, que nous avons rencontrée chez les Wasson à La Paz. Le whisky a duré plus longtemps que notre conversation, mais nous avons néanmoins passé une soirée agréable.

Le lendemain matin, nous entamions déjà la lente descente du plateau. Il y avait un grand fleuve entouré de falaises roses et dorées. Au-dessus d'elles, les mesas paraissaient sculptées en formes architecturales massives, telles des fortifications ou des villes entières. Les vallées sont devenues plus verdoyantes, nous avons vu les premiers vergers et jardins. Plus le train roulait lentement, plus je dévorais vite les romans policiers que nous avions achetés à La Paz. Je me suis bientôt aperçu avec effroi que je n'aurais vraiment pas assez de lecture pour tout ce voyage.

Nous avons atteint Villazon, la ville-frontière, au coucher du soleil. C'est une bourgade sans caractère, située sur une étendue terne et nue. Par toutes ses fenêtres, la misère au cynisme désespéré scrute les passagers confortablement installés dans leur train bien éclairé, comme pour leur dire :

314

« Vous ne descendrez bien sûr pas ici — et pourquoi diable le feriez-vous ? Nous n'avons rien à vous offrir. Nous partirions aussi, si nous le pouvions. »

Il y avait beaucoup de soldats dans les rues, mais la frontière proprement dite ne semblait pas gardée du tout. La Quiaca, sur le côté argentin, est à peu près aussi pauvre, mais avec une différence notable : on ne sent pas ce même désespoir passif. Contrairement à tout ce qu'on nous avait dit, les formalités douanières furent brèves et courtoises. Le douanier voulait seulement savoir si nous possédions quelque chose appelé *Timay* ; j'ai enfin deviné qu'il voulait parler de *Time Magazine*. Il est interdit depuis décembre, lorsque cette revue a publié une plaisanterie assez déplacée, dont les parents du général San Martin faisaient les frais. (L'an dernier, leurs dépouilles mortelles furent rapatriées d'Espagne en Argentine, et à nouveau enterrées à Buenos Aires. Lors de cette cérémonie, l'un des spectateurs aurait dit : « L'année prochaine, je parie qu'ils vont faire revenir son cheval. »)

Les Argentins choisirent de considérer cette remarque — ou plutôt la publicité que *Time* lui avait accordée —comme une insulte nationale. Ils sont incroyablement susceptibles, surtout avec les Etats-Unis. Il faut toujours se rappeler de dire : « Je suis américain du Nord », et non : « Je suis américain », de peur de donner l'impression de vouloir mettre la main sur tout l'hémisphère occidental.

Dimanche matin, la poussière a fait son apparition. Nous descendions régulièrement à travers un paysage semi-désertique, couvert d'innombrables cactus, vers les plaines. Il s'est alors mis à faire très chaud. Sans cesse, nous ouvrions les fenêtres pour avoir un peu d'air, et nous les refermions presque aussitôt afin d'éviter l'étouffement. Même lorsque les fenêtres étaient fermées, la poussière s'infiltrait dans le compartiment, à travers le châssis, par les ventilateurs et sous la porte. Elle s'est frayé un chemin jusque dans nos bagages, et elle dessinait le contour de nos fesses sur le cuir des banquettes. Au wagon-restaurant, elle imprégnait les aliments. C'est toujours ainsi, nous dit-on, pendant les mois d'été. Nous avons choisi le pire moment de l'année pour faire ce voyage.

Le soir, nous roulions dans la pampa, les immenses terres plates couvertes d'herbe, où la nature est lourde, paresseuse et riche. Des hommes trapus et basanés, en large pantalon blanc et bottes de cheval à soufflets, munis de couteaux dans des fourreaux argentés et de mouchoirs noués autour du cou, dans le style gaucho. Un bétail doux et paisible : de véritables quartiers de viande ambulants. De riches pâtures et des champs de tournesols monstrueux —cultivés pour leur huile. A un moment, nous avons traversé un nuage noir de criquets. Plusieurs de ces insectes sont entrés par la fenêtre et se sont mis à bondir dans le compartiment comme des jouets mécaniques aux mouvements saccadés.

Pendant la journée d'hier, dernier jour de notre voyage, le train est devenu de plus en plus bondé. A notre table, nous avons bavardé avec deux passagers qui parlaient anglais. Très fiers de tout ce qui était argentin, ils louaient leur pays avec un enthousiasme naïf et provincial. Les Américains du Nord ont sans doute été ainsi, il y a trente ou quarante ans, lorsque les Etats-Unis étaient encore un Jardin d'Eden idyllique, d'où la culpabilité et le doute étaient bannis.

Nous sommes arrivés très tard à Buenos Aires, vers dix heures et demie du soir. Berthold Szczesny nous a accueillis à la gare. Il nous y attendait depuis plusieurs heures. Il a jailli de la foule comme un chien de berger fou de joie, multipliant claques dans le dos et poignées de main, avant d'essayer de porter tous nos bagages à la fois, puis il nous a fourrés dans une voiture pour nous conduire à tombeau ouvert à Beccar, le quartier où il habite.

Ce cher Berthold ! Depuis que je le connais —cela fait maintenant presque vingt ans —, il a à peine changé. Quand j'ai fait sa connaissance, à Berlin, il avait dix-huit ans et était inconscient, téméraire, irresponsable au point de friser la folie, le crâne bourré de bêtises plus romantiques qu'un journal pour midinettes. Il n'avait pas le sou. Lorsqu'il gagnait de l'argent, il le dépensait aussitôt —offrant des tournées dans les cafés, ou achetant quelque article chic qui l'avait séduit dans une vitrine. Il voyagerait dans le monde entier, me disait-il alors ; il deviendrait l'amant de splendides aristocrates ; il vivrait les aventures les plus stupéfiantes ; enfin, il posséderait une voiture, une maison avec piscine, où il m'invitait par avance à rester aussi longtemps que je le voudrais. Je me moquais bien sûr, et lui répondais que oui, j'en serais ravi. Et maintenant, nous y sommes.

Si je commençais à évoquer toutes les aventures de Berthold, je devrais prévoir un ouvrage à part. Et même alors, je ne pourrais faire justice à son style de conteur. Il a été chauffeur de locomotives, boxeur, barman, cow-boy. Il s'est embarqué pour l'Amérique du Sud en qualité de passager clandestin. Il a aidé des réfugiés allemands à entrer en Angleterre. Il a été emprisonné par la Gestapo. Et — du moins rétrospectivement —, il a aimé chaque seconde de ces aventures. La joie qu'il prend à ses propres expériences se mêle d'une espèce de détachement admiratif, comme s'il les lisait dans un chef-d'œuvre classique. La Saga Szczesny est en fait un mélange subtil et parfaitement inconscient d'événements potentiels, vraisemblables et réels. Par tempérament, Berthold est un artiste.

Il faut néanmoins que je relate l'une de ces anecdotes. Elle appartient, dirais-je, à son dernier style, car elle remonte seulement à l'été dernier, alors qu'il se trouvait à New York. Loin d'être le passager clandestin et désargenté d'autrefois, mais toujours aussi romantique et impulsif, il avait quitté Buenos Aires en avion sur un coup de tête. Par une belle soirée tiède, il déambulait seul dans la 54e rue Est. Il passa devant l'entrée du *El Morocco*. Il avait souvent entendu ce nom. Il décida de jeter un coup d'œil à l'intérieur.

« Je n'étais pas ivre, tu comprends. J'avais bu un martini — peut-être deux. Disons deux, tout au plus. J'entre donc dans ce bar et je regarde autour de moi. Tout est très élégant. Les fauteuils et les divans sont recouverts de cette matière — rayée, vois-tu — comme un zèbre. Mon vieux, je trouve ça vraiment chic !

J'avise donc une table et m'y installe, puis je demande au garçon de me servir un cognac. »

(Tandis qu'il me raconte son histoire, les yeux de Berthold brillent d'une admiration étonnée. Ce sont les yeux du jeune Berlinois pauvre qui contemple avec ravissement son *Doppelgänger* plus âgé, le jeune homme bien habillé et sophistiqué, qui commande un verre dans une célèbre boîte de nuit new-yorkaise.)

« Il n'y a pas beaucoup de clients au bar, et bientôt je remarque l'un d'eux. C'est un jeune type blond. Malgré sa pâleur, il n'a rien d'extraordinaire. Il porte un costume bleu foncé. Il est tranquille. Très correct. Il me regarde sans arrêt, et je le regarde tout aussi souvent. J'ai l'impression de l'avoir déjà vu quelque part. Et comme de juste, au bout d'un moment, il se lève et s'approche de ma table.

"Je crois que nous nous connaissons", lui dis-je.

"Bien sûr que nous nous connaissons, me répond-il. Vous m'avez enterré en Afrique." »

(Berthold marque une pause, sourit calmement pendant trente secondes environ, afin d'accentuer le mystère de la dernière réplique. Il possède un excellent sens du rythme.)

' « Alors je l'ai reconnu... Il se trouve que j'ai autrefois été chauffeur sur un bateau allemand. Un vrai fer à repasser. Nous remontions le fleuve Gambie. En Afrique — sur la côte Ouest. Mon vieux, quelle chaleur ! Je croyais n'avoir jamais vécu pire aventure. Alors les membres de l'équipage se mettent à avoir la fièvre, la malaria. L'un d'eux l'avait déjà eue, et il est bientôt à la dernière extrémité. Je me

319

souviens que nous remontions un affluent très étroit. Nous avons dû en sortir à reculons, car il n'y avait pas moyen de faire demi-tour pour le redescendre. Alors ce type qui en était au dernier stade de la malaria, voilà qu'il meurt. Le capitaine décide de l'enterrer sans plus attendre. Je descends donc à terre avec deux autres marins, nous l'enterrons, et sur la tombe nous posons un tas de grosses pierres. Nous avons fait cela, comprends-tu, pour empêcher les indigènes de venir le déterrer...

» Eh bien, ce type, celui que nous avions enterré — je ne me rappelle pas son nom, dommage — le voilà debout devant moi, en costume bleu, au beau milieu de la salle de l'*El Morocco* ! Et il me dit :

"Vous m'avez enterré en Afrique."

» Ce qui était la stricte vérité. Il ajoute bientôt :

"Ne dites à personne que vous m'avez vu. Car je suis ici en permission." »

(Berthold marque encore une pause. Cette fois, il attend que je lui demande : "Et *toi*, que lui as-tu répondu ?")

« Ce que *je* lui ai répondu ? Mon vieux, qu'aurais-tu répondu à ça, *toi* ? Je te le dis, Christoph, j'avais la langue comme un morceau de plomb. Et je sentais tout mon corps soudain glacé. Je ne sais pas comment je suis ressorti dans la rue. Par bonheur, j'avais déjà payé mon cognac, car si le garçon m'avait réclamé le prix de ma consommation, j'aurais pris mes jambes à mon cou. Je n'aurais pas supporté le moindre contact avec quiconque. Quitte à avoir toute la police de New York à mes trousses, je me serais sauvé le plus vite possible... Ensuite, j'ai marché pendant des heures. J'ai cru devenir fou. Puis je suis rentré à l'hôtel, et je n'ai pas fermé l'œil de la nuit.

» Le lendemain matin, je crois que je me suis dit : mon vieux, il faut que tu retournes à l'*El Morocco* ce soir. Et s'il est là, tu iras le voir et tu le frapperas au visage, de toutes tes forces. Alors, s'il a un visage — si ton poing rencontre un obstacle quelconque, vois-tu — tu lui paieras des dommages et intérêts, tu lui donneras cent dollars, ou bien cinq cents — quelle importance ? Mais il faut que tu le frappes — pour être sûr...

» Ce soir-là, je retourne donc à l'*El Morocco*. Et il est là. Assis au bar, comme la veille. Je m'approche de lui, prêt à le frapper. Je crois qu'il ne me voit pas venir. Mais alors que je suis tout près de lui, il se retourne avec un air furieux.

"Je vous l'ai déjà dit, me lance-t-il, je suis en permission. Je ne veux pas être dérangé."

» Il me dit ça très calmement, et il reste assis là à me regarder dans le blanc des yeux. Je ne peux rien faire. Je me sens pris de faiblesse, je deviens aussi inoffensif qu'un bébé. Je pivote sur mes talons et ressors du bar...

» Je suis retourné plusieurs fois à l'*El Morocco*. Mais il n'était plus là. Je ne l'ai jamais revu. »

Quoi qu'on puisse penser de cette histoire, une chose est certaine : Berthold lui-même y croit dur comme fer. Il est même prêt à discuter toutes sortes d'explications rationnelles, mais parfaitement improbables. Cet homme n'était peut-être pas mort lorsqu'ils l'ont enterré. Il s'est peut-être débattu sous les pierres, avant de réussir à rejoindre New York et l'*El Morocco*. Mais comment expliquer sa colère devant Berthold ? Eh bien, il s'agissait peut-être d'un espion — disons un agent nazi infiltré aux Etats-Unis. Mais dans ce cas, pourquoi s'est-il présenté ? Eh bien, peut-être que... Non, aucune explication ne tient debout.

Assis en face de moi, souriant, un verre de whisky à la main, Berthold contemple avec satisfaction le vaste salon élégant, le grand danois couché à ses pieds, le phonographe et ses disques, les tableaux de Pedro Figari et de Diego Rivera, les dessus-de-lit en cuir tanné, mes romans sur l'étagère (purs témoignages d'amitié, car Berthold ne connaît pas assez bien l'anglais pour les lire), la Jeep garée sous un arbre dans le jardin, et la piscine qu'on aperçoit à travers les baies vitrées. En plus de tout cela, ses biens immédiatement visibles, il y a une petite usine, où l'on taille la pierre, dans un autre quartier de la ville, et dont il est actionnaire... Secouant la tête avec un étonnement amusé, il énonce la conclusion du dernier chapitre de la Saga Szczesny, et c'est aussi un commentaire général :

« Vraiment, Christoph... quand je pense à notre période berlinoise... et que je nous vois tous les deux ici... eh bien — qui l'eût cru à cette époque ? »

19 février. Berthold nous a emmenés visiter Buenos Aires. On dit souvent des grandes villes qu'elles sont « internationales », mais j'imagine que Buenos Aires est vraiment la ville la plus internationale du monde. Sa population — du moins dans les quartiers d'affaires — est aux trois quarts un mélange de Britanniques, d'Allemands et de Latins (presque autant d'Italiens que d'Espagnols). Ses banques et ses bureaux ont une atmosphère absolument britannique ; cela évoque la majesté massive et solvable du Londres victorien. Beaucoup de restaurants sont allemands ; on y sent une abondance de *Gemütlichkeit*, comme à Munich ou Berlin avant 1914. Quant à ses boulevards et à ses maisons privées, ils appartiennent au Paris d'il y a quarante ans.

Mais cela ne veut pas dire que Buenos Aires et ses habitants n'ont rien de typique. Bien au contraire. Car tous ces éléments étrangers ont été fondus et transformés en une entité indigène unique, aussitôt reconnaissable. Beaucoup de villes s'étendent sur une vaste superficie, mais Buenos Aires, plus qu'aucune autre que j'ai visitée, vous donne une impression d'espace. L'espace pour l'espace. L'espace généreux et naturellement offert. L'espace dilapidé avec une espèce de munificence impériale. On ressent ici une infinie liberté de mouvement, sensation qui correspond évidemment aux dimensions de l'estuaire et de l'océan tout proches, ainsi qu'à l'immensité des plaines environnantes. L'autre caractéristique de cette ville est la pesanteur. Les bâtiments publics sont surchargés de statues pesantes ; leurs arches, portes et escaliers sont larges et massifs. Les gens, malgré leur vivacité et leurs proportions souvent harmonieuses, semblent étrangement lourds, comme rivés au sol. Leurs visages — indépendamment de leur race

— ont une expression placide, légèrement bo-
vine. Cela n'est guère surprenant, compte tenu
de la quantité de viande qu'ils mangent. (Le
mois dernier, plus de quarante mille tonnes ont
été consommées dans cette seule ville !) Si vous
allez dans un restaurant et que vous commandez
un plat de foie ou de rognons, le garçon vous
demandera :

« Et ensuite ? »

On sert souvent deux ou trois steaks empilés
l'un sur l'autre, telles des galettes. On remarque
de minces jeunes filles qui les ingurgitent, comme
une bagatelle.

Buenos Aires paraît à la fois très moderne et
très vieux jeu. Les nouveautés resplendissent
dans ses magasins qui mettent leur point d'honneur à exhiber le dernier cri en matière de
vêtements, de meubles, d'automobiles ou de publicité —au point qu'on se demande si l'on n'a
pas détruit toutes les marchandises âgées de
plus de cinq ans pour faire place aux nouvelles.
Et pourtant, comme je l'ai dit, le style architectural appartient à une époque bien antérieure,
où le luxe était grave, sûr de lui, à l'abri de
l'angoisse ou de la mauvaise conscience. L'élégance authentiquement contemporaine, européenne, qui consiste à utiliser des tissus bon
marché, à rendre les vieilleries chic, serait ici
choquante et impensable. Par ailleurs, Berthold
nous assure que les conventions sociales (comme
dans d'autres pays d'Amérique du Sud) sont
restées rigides. Il y a très peu de cafés où une
jeune fille de bonne famille puisse se rendre
sans chaperon, et elle ne peut y aller que pendant les heures prescrites de l'après-midi. Toute

manifestation d'intérêt un peu prolongée de la part d'un homme est considérée comme compromettante, à moins qu'elle n'aboutisse promptement à une proposition de mariage. Cela s'accompagne inévitablement de l'auguste institution masculine de la double vie. Tout jeune homme qui se respecte doit avoir un passé à présenter avec lui devant l'autel. Après le mariage, bien sûr, commencent les vraies réjouissances — car on est alors en position de « trahir » et d'« être trahi » … Ces gens vivent toujours dans le cadre immuable d'un vieux roman français.

Les quais s'étendent sur des kilomètres —tout le long des eaux marron foncé de la rivière Plate. Leurs installations sont à la même échelle impressionnante que les immeubles de la ville. Il y a en particulier un énorme silo à grains, magnifique et moderne, que Caskey a passé beaucoup de temps à photographier. Depuis la fin de la guerre, le gouvernement a acheté toutes sortes de surplus et de matériel militaire périmé au Canada et aux Etats-Unis. Dans les rues proches des quais et sur tous les espaces disponibles, on voit des avions, des tracteurs, des cars, des Jeeps, des barges de débarquement amphibies et d'étranges machines éléphantesques déjà démodées et archaïques, conçues pour quelque mission mortelle aujourd'hui désuète et oubliée. On a le sentiment que c'est un achat irresponsable, indifférent à la qualité ou à la quantité. Tout cela est à vendre, au premier particulier venu, assez fou pour désirer les acquérir sans pouvoir d'abord les examiner ; car cela est interdit avant l'achat. Même extérieurement, presque tout ce matériel est en très mauvais état ; et il restera probablement là pendant des années. Mais qui s'en soucie ? Certainement pas les étrangers qui ont débarqué toute cette ferraille inutile en Argentine. Certainement pas les politiciens argentins qui se sont rempli les poches avec leurs commissions. Et sans doute même pas les victimes de leur malhonnêteté, les contribuables ; car ce pays peut se payer le luxe de l'extravagance.

C'est là le point essentiel, nous dit Rolf Katz : ici, la vie est toujours incroyablement facile. La terre et les pâtures merveilleusement fertiles rendent l'élevage et les cultures presque automatiques. La nature travaille pour vous. Les Argentins n'ont jamais eu la moindre expérience de la pénurie. Ils sont donc politiquement apathiques et aisément contentés.

Rolf Katz est encore un de mes vieux amis berlinois. Il vit ici depuis une dizaine d'années, après une émigration progressive loin de l'Europe, via Paris et Londres. C'est un économiste ; et l'une des très rares personnes que j'aie jamais rencontrées qui ait réellement lu, étudié et digéré Marx. Il est maintenant directeur d'un bulletin hebdomadaire appelé *The Economic Survey*, disponible en espagnol et en anglais. C'est la seule publication de ce genre en Argentine, et elle bénéficie d'une excellente réputation auprès du gouvernement et des cercles boursiers — même si ses conclusions sont souvent peu flatteuses. Rolf est toujours scrupuleusement exact, critique et sincère.

Hier soir j'ai dîné avec lui. Cette soirée a ressemblé de manière si frappante à celles d'autrefois dans son appartement des faubourgs berlinois, qu'à certains moments je me suis senti à nouveau jeune — le garçon ignare posant ses questions naïves, auxquelles répondait le grand oracle, doux et puissant fumeur de pipe assis en face de lui dans un fauteuil confortable. Les joues pâles et bien en chair de Rolf, ses yeux bleu foncé, son petit nez bien dessiné et sa bouche ferme ont la beauté de l'honnêteté intellectuelle. C'est un authentique homme de réflexion. Mon ignorance et mes raisonnements maladroits l'amusent, comme toujours. Il sourit avec indulgence. Serrant sa pipe entre ses dents blanches et régulières, il commence à parler dans son allemand rapide et indistinct, en émettant d'étranges bruits de bulle :

« Non, Christopher — je te prie de m'excuser de dire cela — mais ta question est à nouveau mal formulée ; si nous voulons aboutir à une compréhension élémentaire de ce problème, il sera indispensable d'examiner non seulement ses aspects économiques et quasi économiques, mais aussi ses facettes socio-politiques — et, pour ce faire, nous ne devons surtout pas perdre de vue le fait que... »

La voix poursuit sans interruption. J'écoute avec une grande attention, car l'expérience m'a appris que, tôt ou tard, Rolf dira quelque chose d'assez simple et précis pour que je puisse le comprendre.

Sur un seul point, je trouve que Rolf a changé. Ses prévisions sont aussi tranchées que d'habitude, et à juste titre, car bon nombre d'entre elles se sont révélées exactes. Mais il a perdu beaucoup de son dogmatisme politique. Il ne croit plus à l'Etat socialiste planifié, ni en un

Etat où tous les pouvoirs seraient entre les mains du gouvernement. Il s'excuse de citer la maxime éculée de Lord Acton, mais déclare néanmoins : « Le pouvoir corrompt toujours. »

Le capitalisme est peut-être une saleté, mais c'est une saleté relativement inoffensive ; on peut au moins maintenir l'ordre à ses frontières en cultivant avec vigilance les libertés individuelles et le droit constitutionnel. Autrement dit, l'« action marginale » constitue la seule sphère où l'on puisse encore se rendre utile... Il est étrange et assez touchant d'entendre cet aveu dans la bouche de Rolf, car je sais qu'il a sans doute abouti à cette conclusion à contrecœur et la mort dans l'âme. Cela donne une idée du désenchantement d'un esprit honnête. Après vingt ans de dialectique, finir dans le même bateau qu'Aldous Huxley !

21 février. Hier, nous sommes partis en voiture avec Berthold et Tota Cuevas de Vera pour passer le week-end dans l'*estancia* de cette dernière, nommée El Pelado ; quatre heures de voyage à partir de Buenos Aires. Le domaine a une superficie de 344 km^2 —, c'est un grand ranch pour la région ; au sud, en Patagonie, les élevages de moutons sont encore plus vastes.

Tota est une vieille amie de Maria Rosa Oliver et de Victoria Ocampo (que nous verrons dans quelques jours) ; nous l'avons rencontrée pour la première fois l'été dernier à New York, et nous l'apprécions déjà beaucoup. Bien qu'elle ait des enfants adultes, elle a gardé quelque chose de la petite fille timide ; son sourire joyeux mais inquiet paraît supplier ses aînés d'être gentils avec elle. Il est parfaitement ridicule de penser à elle comme à une comtesse — *La Señora Condesa* —, mais elle a épousé un noble espagnol, et son nom occuperait une demi-ligne si je le transcrivais en entier.

El Pelado signifie *Le Chauve*. Le ranch porte ce nom parce qu'il était autrefois sans arbres ; mais il y a maintenant des bois autour de la maison, et de grands arbres sur la pelouse — chênes anglais et cèdres. La maison, assez vaste, a de grandes pièces hautes de plafond ; mais elle n'est guère prétentieuse ni imposante. En fait, je suis un peu déçu ; je m'étais attendu à quelque chose de beaucoup plus splendidement vulgaire.

Tota nous a fait visiter les lieux. Son ranch ressemble à une petite république agricole autonome. Des centaines de personnes y vivent certainement — des employés, des locataires, ou encore des fermiers indépendants, propriétaires de leurs propres terres. (Car le gouvernement Peron a ordonné à de nombreux grands propriétaires terriens de vendre une portion de leurs domaines, qui doit être subdivisée en petits terrains.) A El Pelado, on élève du bétail, des chevaux, des cochons, des moutons et des poulets. On cultive du maïs, des fruits et des légumes. Il y a une tannerie et une fabrique de parfum, ainsi qu'une laiterie qui non seulement produit du lait, du beurre et du fromage, mais aussi des matériaux de base pour l'industrie du plastique. Il y a même une gare ferroviaire privée, d'où part un train hebdomadaire de fruits et légumes à destination de Buenos Aires.

Lorsqu'on se promène en voiture dans ce ranch,

on a l'impression d'être en plein océan à bord d'une embarcation minuscule. Sous le ciel gigantesque, dans cette immensité plate, on se sent presque submergé par la terre. Partout, il y a des oiseaux. Des bandes d'émeus sauvages détalent, des perdrix s'envolent dans un grand froufrou d'ailes, des pluviers décrivent des cercles en criant, des chouettes grises et des faucons sont perchés sur les clôtures. De menues tornades de papillons jaunes assaillent la voiture et nous obligent à nous arrêter presque. Tota nous dit que les sauterelles sont déjà passées ici cette année. Leur arrivée crée toujours un état d'urgence. Les hommes sont contraints de sortir pour les tuer au lance-flammes.

Cet après-midi, elle nous a fait visiter le ranch d'origine, avec sa tour de guet où une vigie était autrefois postée en permanence, afin de déjouer les attaques surprises des Indiens. Il n'en reste quasiment plus aujourd'hui sur les plaines argentines, mais ils habitent toujours les montagnes et la Tierra del Fuego. L'Argentine, comme les Etats-Unis, a presque liquidé le problème indien. Et à peu près de la même manière.

Nous nous sommes arrêtés pour regarder des hommes équarrir un bœuf qu'ils venaient de tuer. Le soleil se couchait, et ses rayons rasants sur les pâturages transformaient la carcasse de l'animal en un objet magnifique et surnaturel — un versant de montagne argenté, hachuré de torrents de sang sombre et doré. Un génie impressionniste en aurait tiré un tableau somptueux.

Les hommes ont accueilli Tota avec respect, mais sans la moindre trace de servilité. Leur attitude était détendue et amicale. L'atmosphère du ranch est traditionnelle, conservatrice, mais certainement pas féodale. El Pelado est une entreprise lucrative, dont tout le monde partage plus ou moins la prospérité. Quant à Tota, elle connaît très bien l'agriculture, et elle prend très au sérieux ses responsabilités. On ne peut certes pas la classer dans la catégorie des propriétaires fonciers perpétuellement absents de leurs domaines.

D'ailleurs, du simple point de vue matériel, on a peine à imaginer existence plus agréable. Le climat est délicieux. La terre, abondante. Ici, les hommes et les femmes ne sont pas riches ni très cultivés, mais ils mangent et boivent bien, ne renâclent pas à travailler, et profitent de leurs loisirs. Leurs enfants ainsi que les animaux sont solides et pleins de santé. A une époque plus heureuse, tous ces bienfaits seraient passés pour une espèce de minimum vital ; mais en comparaison de la misère actuelle du monde, ils paraissent énormes. Aujourd'hui, des centaines de milliers de personnes considéreraient sans doute El Pelado comme un établissement incroyable, une sorte d'utopie. Malheureusement, de telles utopies dépendent de leur environnement ; elles ne peuvent survivre indéfiniment au milieu du chaos. Soit le contexte mondial s'améliorera, et donnera naissance à d'autres El Pelado ; soit il périclitera, et détruira les rares fermes comparables qui subsistent encore.

28 février. Nous voici à Mar del Plata, en compagnie de Victoria Ocampo. Nous sommes arrivés avant-hier, dans la Jeep de Berthold.

Mar del Plata est la principale station bal-

331

néaire d'Argentine. Elle se trouve sur un cap, face au sud-est, à trois cent cinquante kilomètres environ au sud de Buenos Aires. J'ai toujours du mal à comprendre la géographie d'une région que je n'ai pas encore visitée ; je découvre donc avec stupéfaction qu'ici nous sommes déjà un peu au sud de Melbourne en Australie.

Le Sud — ce leitmotiv très évocateur de la poésie européenne prend ici, en Argentine, un sens passablement différent. Au lieu de sous-entendre les harmonies familières du soleil, des palmiers, du vin, de la chaleur, de la mer bleue, du ciel éclatant et *das Land, wo die Zitronen blühen,* il introduit la thématique sinistre de la désolation, du vent, de la tempête et de la glace, du mystère de l'Antarctique. Ou bien, si vous ne voulez pas donner dans le drame, ce terme suggère au moins la solitude particulière de cette extrémité méridionale du continent, qui pointe vers une immense mer froide où il n'y a plus d'autres terres dans cette partie du monde, sinon les régions polaires.

Sur (Sud) est le nom de la revue littéraire que Victoria Ocampo possède et dirige. Il s'agit probablement de la meilleure publication de toute l'Amérique du Sud dans ce domaine. On critique parfois *Sur* parce qu'elle n'est pas spécifiquement argentine ; elle contient en effet un grand nombre de traductions, et certains numéros sont entièrement consacrés à la littérature d'un seul pays. Pourtant, le nationalisme de ceux qui critiquent Victoria frise sans doute la bêtise s'ils s'imaginent sérieusement que l'Argentine à elle seule pourrait fournir assez de textes intéressants pour qu'une telle revue subsiste. En tout état de cause, telle n'est pas l'intention éditoriale de Victoria. Elle s'intéresse autant à faire connaître des écrivains contemporains étrangers en Argentine qu'à présenter les écrivains argentins au reste du monde.

Pour le meilleur comme pour le pire, Victoria est une aristocrate — sans peur, généreuse, impérieuse, exigeante. Son hospitalité est absolue. Si elle le désire, elle fera venir ses invités de l'autre bout de la terre, elle les régalera pendant des mois, puis elle les renverra chez eux. Elle sait ce qu'elle veut, et elle l'obtient. Elle sait ce qu'elle aime, et n'est pas avare d'éloges. Elle se moque des modes, vestimentaires comme intellectuelles. A une soirée élégante, elle portera un turban, un luxueux manteau de fourrure, des bijoux, un pantalon et des chaussures de plage. Lorsqu'elle a faim, elle mange ; et peu lui importe que ses invités soient à l'heure ou pas. Elle préfère le français à l'espagnol, et écrit d'habitude dans cette langue — moyennant quoi on l'accuse de xénophilie. Elle riposte en restant en Argentine, à une époque où le gouvernement voit d'un œil de plus en plus mauvais elle-même et ses semblables. Il lui serait pourtant très facile d'aller vivre à l'étranger.

C'est une femme corpulente et solide, aux gestes décidés. La grande fleur blanche qu'elle porte souvent sur son manteau paraît naturellement associée à son visage lisse et coloré ; comme une fleur épanouie et son fruit. Elle est d'une beauté extraordinaire — même si, comme toutes les beautés juvéniles célèbres, elle imagine que la maturité et le changement l'ont enlaidie. Derrière le vernis superbe de son assurance, elle est d'une sensibilité émouvante.

Le premier après-midi qui a suivi notre arrivée, Victoria annonça qu'elle voulait nous montrer la ville. Elle passa à l'acte avec une rudesse pleine d'entrain dont je faillis, au sens propre, ne pas me relever. Elle avait une façon de s'emparer de votre bras pour vous entraîner dans la direction requise, qui vous donnait l'impression d'être un assassin sous escorte policière, qu'on ramenait sur le lieu du crime pour une reconstitution. Mais, dans le cas présent, le malheureux prisonnier était innocent. Je ne reconnais en effet aucune responsabilité dans la pesanteur ennuyeuse qui caractérise Mar del Plata. Tout cela est pimpant, bien ordonné, respectable, municipal, sans imagination ni couleur locale, et dépourvu du moindre charme.

Le casino ressemble à un immeuble gouvernemental — comme il se doit, car le gouvernement en est propriétaire. Son atmosphère n'est ni vulgaire ni amusante, comme certains bouges de Las Vegas, ni d'une élégance impressionnante, comme à Monte Carlo ou à Estoril. Les joueurs s'agglutinent autour des tables, tels des badauds prenant d'assaut le comptoir des soldes. Il n'y a pas de chaises. Le plus souvent, il faut tendre le bras par-dessus une épaule pour miser, sans même apercevoir la roulette ni les numéros. Je trouve ce genre de jeu aussi inintéressant que les paris sur les chevaux lorsqu'on ne va pas au champ de courses. Mais peut-être suis-je exagérément amer. Ces trois derniers jours, Berthold, Caskey et moi avons perdu beaucoup d'argent.

En plus de nous-mêmes, il y a trois autres invités, Tota, Angelica Ocampo, la sœur de Victoria, et une poétesse, Maria Rosa Oliver.

Je connais maintenant Maria Rosa depuis plusieurs années. Nous nous sommes rencontrés à l'occasion d'une visite qu'elle fit à Hollywood pendant la guerre. Certains de ses muscles sont paralysés, si bien qu'elle ne peut pas marcher, mais il est impossible de la considérer comme « une infirme ». Son fauteuil roulant est devenu une partie intégrante de sa personnalité, au point que sans lui elle paraîtrait incomplète. Si j'étais caricaturiste, je dessinerais seulement ses merveilleux yeux foncés, son sourire éclatant et les deux roues.

De tous les gens que j'ai rencontrés de par le monde, je crois que Maria Rosa est la personne avec qui l'on parle le plus facilement. Où qu'elle aille — et elle a beaucoup voyagé en Europe et en Amérique du Nord —, l'intimité paraît être son élément naturel. On devient aussitôt son ami, sans le moindre préliminaire. L'extraordinaire, c'est qu'on ne le regrette jamais. Beaucoup de femmes, et quelques hommes, savent arracher les confidences, faire naître un sentiment de familiarité chez de parfaits inconnus ; mais presque tous ces gens vous laissent avec un fâcheux arrière-goût de trahison. Cela parce qu'eux-mêmes se contentaient d'un flirt superficiel ; et qu'en réalité, ils ne s'intéressaient guère à vous. Le contraire est vrai de Maria Rosa, elle est sincèrement et absolument fascinée par les gens qu'elle rencontre. En lui parlant, on fait cette expérience étrange et rare, que j'ai essayé de décrire ailleurs dans une nouvelle, d'un contact en dessous de la surface de la personnalité convenue. Deux voyageurs humains anonymes (qui, pour des convenances de police, de douanes ou d'autres bureaucraties, se décrivent temporairement sous les noms de Maria Rosa Oliver et de Christopher Isherwood) font une brève halte commune, retirent le masque de leur identité, et comparent les notes prises sur leurs pérégrinations respectives.

A cause des limitations physiques de son existence, Maria Rosa a réfléchi profondément et avec compassion aux limitations moins évidentes, mais souvent beaucoup plus astreignantes, qui conditionnent l'existence humaine. Elle manifeste une grande sagesse politique et psychologique. Et puis elle a appris à vivre sous la contrainte, à accepter sa situation humaine — à en faire réellement une vertu, un avantage. Cette acceptation va si loin au-delà de la simple résignation, ou même du courage, qu'il est impossible de la plaindre, et impertinent de l'admirer. On en arrive à l'envier. Son existence paraît si limpide et douillette, si ordonnée et intéressante, si lumineuse et positive. Dès que son beau visage expressif et que sa menue silhouette animée entrent en glissant dans une pièce, tout le monde devient plus joyeux.

Victoria désapprouve la consommation d'alcools forts et refuse catégoriquement d'en servir à ses invités. Mais nous sommes tous arrivés ici les bras chargés de bouteilles de whisky. Chaque soir, avant le dîner, nous nous retrouvons dans la chambre de Maria Rosa pour boire un ou deux verres. La première fois, Victoria est entrée. J'ai craint un éclat, mais je me trompais. Victoria a souri, s'est assise et a commencé de nous examiner avec la meilleure humeur pos-

sible. Pourquoi buvions-nous ? Où était le plaisir ?
Quelle impression cela faisait-il d'être ivre ? Nous
avons seulement pu lui conseiller d'essayer elle-
même.

Victoria nous a emmenés visiter deux des plus
grosses *estancias* de la région, La Armonía et
Chapadmalal. Ce sont deux pièces de musée,
mais dans des styles fortement contrastés. La
Armonía ressemble à la villa estivale d'un millionnaire du Newport d'Henry James. On s'installe sur une terrasse, des domestiques en livrée
et gants blancs vous servent un thé ou un whisky
soda, votre regard dépasse des pelouses immaculées pour admirer un lac ornemental et découvrir
parmi les ajoncs la statue d'une jeune fille tenant
un livre. Comme à Versailles, il y a un faux
moulin à vent. Tous les après-midi, la maîtresse
de maison part faire le tour de son domaine
dans une victoria miniature tirée par deux chevaux gris mouchetés, accompagnée par un jeune
laquais en costume de Gaucho, monté sur un
poney, et qui galope devant elle pour ouvrir les
portails. J'ai trouvé cet endroit fascinant, mais
légèrement bizarre. On a l'impression d'un lieu
irréel — d'un décor décrit ou imaginé, plutôt
que vu. Suis-je bien en Argentine ? se demande-
t-on. Suis-je bien en 1948 ? Peut-être pas. Mais
dans ce cas, où suis-je ? Et quelle année sommes-
nous ? Et que fais-je ici ? C'est peut-être moi
qui me suis aventuré dans le rêve d'un autre ?
A moins que je n'existe purement et simplement
pas... Maria Rosa nous rassure : La Armonía a
souvent cet effet sur ses hôtes. Toute inquiétude
est donc superflue.

Chapadmalal n'a strictement rien d'irréel ni

d'inquiétant — mais, à sa manière, cette *estancia* est tout aussi étonnante. Après avoir traversé des bois majestueux, on arrive devant une authentique maison de campagne britannique — une demeure gothique victorienne, entourée de parterres de fleurs et d'écuries. Chapadmalal est un paradis équestre ; c'est ici que vivent certains des plus beaux étalons du monde. Ils mènent une existence de prima donna dans des boxes immaculés comme des vitrines, servis par un valet anglais.

Notre hôtesse, la Marquesa de Salamanca, paraissait beaucoup plus britannique qu'espagnole. Cette gracieuse douairière, pleine de générosité et d'amour pour ses chevaux, parle en effet un anglais parfait. Des trophées de courses ou de concours d'élevage encombrent sa majestueuse salle à manger : médailles, plaques, énormes coupes d'argent où l'on pourrait aisément donner son bain à un bébé. Dans l'un des salons se trouvent des trophées d'un autre genre : photos de la noblesse européenne, dédicacées de formules affectueuses.

« N'est-ce pas la reine d'Espagne ? » demandai-je à moitié pour plaisanter, en montrant la photo d'une dame grandement embellie par des perles et des aigrettes.

« Non, ce n'est pas celle-là, me répondit la Marquesa avec désinvolture. Attendez... oui, elle est là-bas. »

Après le thé, elle nous a fait visiter la ferme. Nous avons regardé de jeunes veaux grassouillets téter les pis des vaches nourricières, ou s'ébattre maladroitement dans leur enclos. La Marquesa et Caskey ont parlé de chevaux ; elle a appris avec ravissement qu'il avait grandi dans un haras du Kentucky. Elle nous a dit qu'en Argentine les chevaux n'étaient pas dressés comme dans les autres pays. Moyennant quoi, ils sont beaucoup plus doux, ils ne ruent ni ne se battent presque jamais. Le style équestre aussi est assez différent. On ne se sert pas du mors. On pose simplement les rênes sur l'encolure du cheval pour lui indiquer de quel côté on désire aller.

Le caractère exotique et « transplanté » de ces deux *estancias* est peut-être dû au fait que, comme d'autres fermes, celles-ci se dressent dans un paysage dépourvu de spécificité — une étendue plate, le soleil, l'herbe et le vent. C'est une toile vierge sur laquelle il faut tout peindre soi-même, à commencer par les lignes générales du tableau. La nature ne fournit aucun décor, ne produit aucun indice. Darwin a exprimé l'opinion qu'ici on ne pourrait jamais faire pousser d'arbres ; en planter est donc devenu une obligation patriotique. Les bois ont été cultivés aussi soigneusement que des orchidées, et leurs propriétaires en sont très fiers.

3 mars. Ce matin, je suis rentré à Buenos Aires en voiture avec Victoria. Caskey et Berthold nous ont suivis un peu plus tard, dans la Jeep. Nous sommes partis de très bonnne heure, avant l'aube, et nous avons vu le soleil se lever, énorme et embrasé, au-dessus de l'horizon de la pampa. Toute la plaine paraissait fumer et se gonfler sous la brume rasant le sol, d'où de rares bosquets d'arbres noirs émergeaient comme des îles. Le chauffeur conduisait à cent quarante à l'heure, ce que j'ai détesté — car cette route a beau être droite, elle est trop étroite, et ce voyage m'a rompu les nerfs pour plusieurs mois. Quant à Victoria, elle paraissait assez indifférente. Afin de lui faire comprendre qu'elle devrait ordonner au chauffeur de ralentir, j'ai dit :

« C'est le genre de route qui a tué Lawrence. »

Mon allusion a fait chou blanc, mais elle nous a permis d'aborder l'un des sujets préférés de Victoria. Car T. E. Lawrence est son héros depuis des années. Elle ne l'a jamais rencontré — l'accident de moto qui lui coûta la vie eut lieu avant qu'elle en ait eu l'occasion —, mais elle connaît sa famille ; d'ailleurs, l'un des frères de Lawrence doit arriver ici demain ou après-demain, pour habiter chez elle. Victoria a écrit un livre sur Lawrence ; bref et plein de citations, mais très pénétrant.

Tandis que nous séjournions chez elle, Caskey et moi avons lu son exemplaire de *The Mint*, le roman encore inédit que Lawrence a écrit sur l'*Air Force*. Caskey m'a intéressé — tout en froissant quelque peu Victoria — en trouvant ce roman insipide. En sa qualité d'ancien soldat, il ne juge pas qu'un camp d'entraînement mérite autant d'attention. Je ne suis pas d'accord avec lui — je crois qu'à eux seuls, une demi-douzaine de passages descriptifs font de *The Mint* un livre unique —, mais je vois bien que ce roman laisse sur sa faim. Lawrence a omis tant d'éléments de son propre passé que le côté tragique de la situation centrale en devient presque incompréhensible. Je peux combler les vides — le drame du prince déguisé en gueux, du commandant arabe en uniforme de simple soldat —, parce que Lawrence et sa légende appartiennent aux Anglais de ma génération. Cela est bien sûr impossible à Caskey. Je doute qu'aujourd'hui *The Mint* tienne encore le coup. Il faut déjà savoir tellement de choses sur l'auteur avant d'ouvrir son livre.

Victoria voue un véritable culte à Lawrence — comme une mère, elle aime sa témérité adolescente ; comme une religieuse, elle aime son austérité et la profondeur de sa réflexion ; comme une femme, elle aime son malheur. Pour ma part, je ne suis pas sûr d'avoir la moindre affection pour lui — et puis, tout cela n'a aucun sens. Car d'une certaine manière, je suis beaucoup plus proche de lui que Victoria ne pourra jamais l'être. Il fait partie intégrante de mes propres contradictions. Ce sont ses défauts qui me lient à lui — son instabilité, son masochisme, cette espèce d'orgueil inversé proprement insensé. Comme Shelley et Baudelaire avant lui, il a souffert intimement des névroses de toute son époque. Et j'ai appartenu à cette époque. Je ne pourrai donc jamais échapper à Lawrence.

Alors que nous arrivions enfin en trombe à Buenos Aires, après une douzaine de collisions évitées de justesse, nous avons eu un très léger accrochage, à mon immense soulagement. Depuis que j'avais parlé de Lawrence, je savais que cela devait arriver. Maintenant, un pare-chocs était cabossé, et la malédiction rompue. Victoria, qui n'avait jamais eu de telles prémonitions, fut agacée, ce qui se comprend aisément. Elle réprimanda sévèrement le chauffeur. Croisant le regard du coupable, je lui adressai un clin d'œil.

11. Quelques réflexions à Buenos Aires

23 mars. Revenant sur ces trois dernières semaines, je découvre que mon journal s'est réduit
à une demi-douzaine de mots par jour — la liste
nue des gens qui nous ont invités à déjeuner
ou à dîner. Il faut donc maintenant que j'essaie
de résumer mes impressions sur toute cette période en les classant dans diverses rubriques.
C'est urgent, car le 27 nous embarquons sur un
bateau français à destination du Havre. Nous
devons faire escale à Montevideo, Rio et Dakar,
mais seulement pour quelques heures à chaque
fois — si bien que je n'ai pas l'intention d'inclure
nos éventuelles aventures là-bas dans ce journal.
Du Havre, nous rejoindrons Paris ; de Paris,
l'Angleterre ; de l'Angleterre, New York ; et
de New York, nous rentrerons en Californie.
De fait, nous avons encore devant nous plus
de la moitié de notre voyage. Penser à tous ces
kilomètres qui nous attendent m'épuise par
avance.
  L'hospitalité de Berthold nous fait honte à
tous les deux. Je n'ai jamais connu un hôte
comparable. Beaucoup de gens disent « faites
comme chez vous », ou « la maison est à vous »,
mais Berthold prend ces formules au pied de la
lettre. Ainsi, nous devons nous garder d'admirer
ses tableaux, ses livres, ses vêtements ou ses

bibelots, de peur qu'il ne nous les offre. Sans cesse nous devons faire attention pour qu'il ne paie pas nos notes de teinturier, nos cigarettes, nos tickets de bus, nos consommations dans les bars, et ce que nous désirons acheter dans les boutiques. Plusieurs fois, nous avons dû l'empêcher de préparer notre petit déjeuner pour nous le servir au lit.

Il a manifesté la plus charmante de toutes ses gentillesses le jour où nous sommes partis visiter son usine avec lui. L'un de ses employés, un certain Angel Paviglianitti, consacre ses loisirs à la composition de poèmes de circonstance qu'il récite lors de mariages, d'anniversaires ou d'autres cérémonies. Il en a fait une sorte de profession, et sa facilité, due à une longue pratique, est stupéfiante. Quelques jours avant notre visite, Berthold l'a chargé de m'écrire un poème de bienvenue — en fournissant bien sûr tous les détails personnels indispensables. (La maison de Berthold se trouve dans la Calle Rivadavia. La Nollendorfstrasse est la rue où j'habitais à Berlin. Le *Cosy Corner* était un bar berlinois que Berthold, Auden et moi-même fréquentions souvent. Le *Richmond* est un café à la mode, situé dans la Calle Florida, l'une des principales rues commerçantes de Buenos Aires.)

Ce poème m'a été offert à mon arrivée à l'usine. En voici une traduction approximative :

De la rivière Spree
Jusqu'à la vallée de la Plata,
Reliant la Nollendorfstrasse
A la Calle Rivadavia,
La vie met fin à vingt

344

Années de séparation
Et aujourd'hui — si loin de mon pays ! —
Je te retrouve à nouveau, mon ami.

Te rappelles-tu, Chris, ces soirées
Au bon vieux *Cosy Corner* ?
Aujourd'hui nous les répéterons
Dans la Florida au *Richmond* ;
Et comme par le passé,
Avec un whisky bien tassé
Nous retrouverons les jours heureux
En effaçant toutes ces années.

Dans les venelles de la bohème
Adolescente nous nous promènerons,
Regrettant les illusions
Et les rêves d'antan.
Aujourd'hui que le monde t'applaudit
Et que la gloire est ton lot,
Tu n'as sans doute pas oublié
Qu'un jour tu me donnas une leçon d'anglais ?

Et pendant tout ce temps
Où nous fûmes séparés,
La gloire de ton nom, mon ami Chris,
Etait comme un phare brillant
Qui atteignait ces côtes pour illuminer
Un trésor caché
Parmi les nombreuses pages dorées
De ton livre, *Adieu à Berlin*.

J'aimerais pouvoir écrire quelque chose pour
Berthold en échange de ce poème. Mais mon
allemand n'est plus ce qu'il était ; et puis, je
devrais rédiger ce poème en espagnol, car mon

ami vient de se fiancer avec une jeune Argentine. (Malheureusement pour nous, le mariage n'aura lieu que plusieurs semaines après notre départ.) Je suis néanmoins certain que, le moment venu, Angel Paviglianitti s'en tirera beaucoup mieux que moi.

L'autre jour, Caskey a vécu une aventure assez curieuse. Nous étions convenus de nous retrouver au consulat britannique, où nous devions obtenir nos visas pour l'Angleterre. Caskey, qui était seul, décida de s'y rendre en métro, moyen de transport qu'il n'avait jamais utilisé. Il se trompa de rame, et s'aperçut bientôt qu'il était perdu. Il descendit à une station — ce n'était pas l'heure de pointe, les lieux étaient assez déserts —, et il allait gravir l'escalier menant à la rue quand un jeune homme l'accosta. Caskey ne comprit pas ce que ce jeune homme lui dit, mais cela avait trait à de l'argent. La seconde suivante, il bondit sur la veste de Caskey, dont il arracha un grand pan de doublure, en même temps que la poche intérieure et le portefeuille de mon malheureux ami. Alors ils se battirent, roulèrent à terre, échangeant coups de pied et de poing jusqu'à ce que le jeune homme, plus musclé que Caskey, s'échappe, bondisse sur ses pieds et prenne ses jambes à son cou. Lorsque Caskey eut monté l'escalier et atteint la rue, son agresseur avait disparu.

Nous sommes tous deux arrivés à cette conclusion qu'il serait inutile d'avertir la police. D'autant que le portefeuille ne contenait pas beaucoup d'argent. Plus grave était la perte des papiers de Caskey — son permis de conduire, sa carte de sécurité sociale, etc. — documents que le jeune homme avait probablement jetés. Nous avons décidé de faire preuve de philosophie et d'oublier cet incident. « Les pertes furent plus importantes à la bataille de Mohacs. »

Commence alors la partie la plus curieuse de cette histoire. Un ou deux jours plus tard, la police nous a téléphoné pour nous avertir qu'on avait retrouvé le portefeuille dans la rue. Ils nous avaient joints, non sans mal, grâce à une adresse à Buenos Aires figurant sur la carte de visite d'un ami. Peu de temps après, Caskey se promenait dans le parc situé devant la gare quand le même jeune homme l'aborda. Il se montra très amical et désirait apparemment s'expliquer. Mais Caskey, qui était toujours très en colère contre lui, et qui de toute manière ne le comprenait pas, refusa de l'écouter. Moyennant quoi nous ne saurons jamais ce qui a poussé ce garçon à changer d'avis.

*
* *

Je me suis déjà rendu deux fois à la mission Ramakrishna, dans une ville nommée Bella Vista, à une heure de train de Buenos Aires. Swami Vijoyananda, qui la dirige, est malheureusement en voyage en Inde, mais je n'aurais pu recevoir accueil plus chaleureux. C'est le seul centre de Ramakrishna en Amérique du Sud ; il y en a treize aux Etats-Unis. Lors de son premier séjour ici, Swami Vijoyananda se heurta à maints obstacles. Il reçut des lettres de menace, et ses conférences furent interrompues par des provocateurs catholiques. Pour l'instant, la situation s'est améliorée, mais on ne peut prévoir quand ces persécutions absurdes risquent de reprendre. Et puis, d'un point de vue catholique, elles ne sont peut-être pas si absurdes que cela. Swami Vijoyananda et les quarante ou cinquante membres de sa congrégation ne constituent certes pas une force impressionnante, perdus qu'ils sont au beau milieu d'un pays officiellement et majoritairement catholique —un moine hindou parmi trois mille prêtres ! Mais la philosophie védanta enseignée par Vijoyananda est bel et bien un défi objectif à toute Eglise ou secte qui revendique le monopole de la vérité. Ce défi tient en cette croyance qu'on peut trouver la vérité spirituelle en maints endroits et sous de nombreuses formes. Si la mission se vouait exclusivement au culte de Shri Ramakrishna en tant que Fils de Dieu, on pourrait la qualifier de paganisme pur et simple. Mais que faire de gens qui déclarent que le Christ aussi était un Fils de Dieu, tout comme le Bouddha ou Krishna ? Que dire d'une philosophie qui n'essaie pas de vous convertir à un nouveau credo, mais tente de vous donner une meilleure compréhension du vôtre ? L'adepte du monopole religieux ne supportera évidemment pas cette tentative de construction d'une synthèse à l'échelle mondiale. En tout cas, cela est sans doute beaucoup plus déconcertant qu'un schisme ordinaire. Il n'est guère difficile de vaincre un opposant avoué, comme le missionnaire que nous avons rencontré à Cuzco ; tôt ou tard, sa propre haine lui fera commettre un faux pas. Mais comment vaincre un homme tel que Vijoyananda, qui vous aborde en ami, qui écrit des livres chaleureux et pleins de dévotion sur le Christ, et qui pourtant refuse catégoriquement de prendre parti dans vos querelles dogmatiques ?

J'imagine qu'un observateur étranger trouverait très excentrique et comique l'atmosphère qui règne à la mission de Bella Vista. Pour ma part, j'ai eu le sentiment de rentrer chez moi. Assis par terre en tailleur, devant le sanctuaire aux photos bien connues, et en écoutant les paroles sanskrites familières, je me suis senti de retour dans notre temple d'Ivar Avenue à Hollywood. Il n'y avait à mes yeux rien d'étrange ici. Lorsque la période de méditation s'est achevée et que nous nous sommes tous installés pour déjeuner, mon état d'esprit ne s'est guère modifié ; même si j'étais entouré de gens parlant seulement espagnol. Ici, les sourires polis et les amabilités contraintes n'ont pas droit de cité. Chacun savait pourquoi il se trouvait dans cette maison. Et nous étions tous très heureux d'être réunis.

Les disciples ont voulu avoir des nouvelles de Prabhavananda et des autres Swamis installés aux Etats-Unis. A quoi ressemblait le temple de Hollywood ? Combien d'étudiants occupaient les chambres de la maison ? Etaient-ils jeunes ou vieux ? Comment s'appelaient-ils ? Ne pourrions-nous leur envoyer des photos ? Derrière toutes ces questions, j'ai perçu une espèce de désenchantement. Ce n'est guère facile d'appartenir à un groupe aussi minoritaire, exilé dans le climat d'une tradition étrangère et potentiellement hostile, à des milliers de kilomètres de vos coreligionnaires les plus proches. En pareille situation, la haine permet de tenir le coup ; tout comme la certitude d'être dans son bon droit, et le zèle missionnaire. Peut-être aident-ils parfois les membres les plus faibles de la communauté. Mais j'en doute beaucoup. Il n'y a rien de plus facile à déceler que la bigoterie. Elle se lit dans le regard des gens, elle s'entend dans la tonalité dure et triomphale de leur voix. Regardant autour de moi, je n'ai vu que l'ouverture d'esprit, l'intérêt sincère. Ces hommes et ces femmes semblent parfaitement ordinaires, dépourvus de toute prétention. J'ai pensé aux membres d'une grande famille rassemblés pour un anniversaire. Et de fait, il y avait vraiment un anniversaire — celui de Shri Ramakrishna.

Eric Linton m'a accompagné lors de mes deux voyages à la mission. C'est un homme d'affaires britannique qui a presque toujours vécu à Buenos Aires. Aucun de ses associés ne paraît lui tenir la moindre rigueur de sa profession de foi originale. Mais il me dit qu'il n'en parle jamais à moins de trouver un interlocuteur réellement intéressé. Il a une immense admiration pour Vijoyananda. A force de parler avec Linton, je me suis fait une idée très vivante du caractère du Swami. C'est sans doute un homme extraordinairement gai, courageux et énergique. Sur les photos de lui que j'ai vues, il arbore cette expression à la fois sérieuse et comique que j'ai si souvent remarquée sur le visage des moines de l'ordre de Ramakrishna. Les Hindous ne se sentent pas liés par ce déplorable préjugé occidental qui veut que l'on traite obligatoirement les sujets sérieux avec sérieux ; ils ne confondent pas le rire avec la légèreté. Le génie spirituel propre à Ramakrishna s'est fréquemment exprimé par l'humour — non par des piques rusées ou intelligentes, mais par des clowneries scandaleuses, des bêtises d'enfant, des extravagances dignes des Marx Brothers. Au mieux, la plupart des chrétiens sont capables de se forcer à être gais. Les Hindous rugissent de rire, dansent et se roulent par terre. Bien sûr, tout cela est affaire de goût ; de telles simagrées ne sont pas pour tout le monde. Mais en Occident, ce genre de divertissements est une conséquence très négligée de la spiritualité. Alors qu'elle peut déplacer des montagnes. Elle est magnifiquement subversive, malséante, spontanée, déplacée, contagieuse. Oui, c'est là l'un des aspects les plus purs et les plus beaux de l'Amour.

*
* *

Le type originel du Gaucho — le cavalier sans feu ni lieu qui se bat avec son couteau, le solitaire romantique errant à travers les plaines — constitue une race aussi éteinte que le cowboy de l'Ouest. Mais sa légende — comme celle du cow-boy dans nos westerns — est restée très vivace. Elle est conservée dans tout son classicisme par le poème épique *Martin Fierro*, l'Illiade nationale de l'Argentine, dont la plupart des gens peuvent citer au moins quelques passages. Et la légende du Gaucho a sans doute quelque chose à voir avec le culte excessif du *Machismo*, la Virilité, toujours très en vogue

351

ici, même parmi les habitants de Buenos Aires.

Les Argentins ne sont certes pas les seuls à vouer un culte à ce mot stupide. Quiconque a jamais travaillé pour un studio de Hollywood en a entendu parler *ad nauseam*. N'importe quel scénariste a un jour rencontré un producteur qui lui a dit :

« Regardez, ce type dans votre histoire, faudrait qu'il soit un sacré gaillard, vous voyez ? Ce que je veux dire, c'est qu'il faut qu'il soit *quelqu'un*. Faut qu'il soit *viril...* »

Si le personnage en question est malheureusement un artiste ou un intellectuel, alors notre producteur voudra compenser son occupation frivole en le faisant participer à une rixe, galoper sur un fougueux étalon, défier la police ou, à tout le moins, gravir la façade d'une maison pour y entrer par le balcon. Il doit prouver qu'il est un Homme.

La conception de la virilité selon les Argentins est néanmoins quelque peu différente. Elle inclut deux concepts, l'honneur et la puissance sexuelle, qui ne sont guère à la mode aux Etats-Unis. L'idée qu'un homme puisse défendre son honneur — au sens où les Chinois parlent de leur « face » — est quelque chose que les Américains du Nord jugent un peu ridicule. Insulté, il se mettra en colère ou se battra, ou bien il fera semblant de se fâcher et d'intenter un procès ; mais il n'a pas le sentiment qu'on a violé une partie sacrée de son être et qu'il doit exiger réparation. Il ne comprend pas le code qui prescrit la confrontation formelle et la purification rituelle du duel. L'Américain ne se bat donc jamais en duel, l'Argentin, si.

Par ailleurs, si les Américains du Nord admirent la puissance sexuelle — et qui ne l'admire pas ? — ils reculent en puritains devant son excès. Le grand amant, le tombeur professionnel — à quelques exceptions près, adulées au niveau national —, est un type suspect. Au cinéma, il est souvent incarné par un malabar étranger aux cheveux gominés. Le héros de western est timide avec toutes les filles, et fidèle à une seule. Son appartenance à la sphère masculine se fonde sur la force et le courage physiques. A l'inverse, le néo-Gaucho urbain identifie la super-virilité à la puissance sexuelle — équation plutôt douteuse, car, ainsi que n'importe quel physiologue vous l'expliquera, on constate souvent la plus grande puissance sexuelle chez des hommes nerveux, irascibles et petits... Ce que les femmes ont à dire sur toutes ces bêtises, je l'ignore. Sans doute, comme leurs semblables sous d'autres latitudes, elles tirent le meilleur parti des choses, gardent leurs pensées par-devers elles, et sourient parfois pour elles-mêmes.

*
* *

Caskey a essayé plusieurs fois de se faire présenter à la Señora Peron. Convaincu qu'il s'agit d'une femme superbe, il veut la photographier à tout prix. Mais je crains qu'il n'en ait pas l'occasion. La plupart des gens à qui il a demandé de l'introduire auprès d'elle ont feint de ne pas le prendre au sérieux :

« Vous voulez voir Evita ? Mais pourquoi diable ? Non ! Vous plaisantez sans doute ? »

Derrière ces défilades et ces refus, je devine une attitude que je crois stupide et déplacée. De nombreux opposants au régime Peron — surtout ceux qui appartiennent aux classes supérieures — attaquent la Señora Peron à cause de son passé et de son humble origine sociale. Cela est non seulement snob et peu charitable, c'est politiquement ridicule. Le passé de la Señora Peron est ce qu'elle a de plus sympathique ; ses détracteurs feraient mieux de se concentrer sur ses activités présentes et à venir. Au fait, quel est ce fameux passé ? Evita aurait été une très mauvaise actrice radiophonique, qui réussit seulement à garder son emploi aux studios grâce à l'influence du colonel Peron, dont elle n'était pas encore l'épouse. Eh bien — si vous cherchez des exemples de mauvaises actrices qui ont continué à travailler grâce à leurs relations, inutile d'aller chercher aussi haut qu'un dictateur, ou aussi loin que Buenos Aires. Par ailleurs, il paraît qu'Evita aurait eu d'autres aventures amoureuses, d'innombrables aventures même... Mon Dieu, quelle horreur ! Exactement comme Sarah Bernhardt.

Non — le personnage sinistre n'est pas cette petite actrice obscure ; c'est la splendide, gracieuse et souriante Première Dame d'Argentine, l'épouse légale et la conseillère beaucoup trop influente du président Peron. Elle fut peut-être autrefois une mauvaise actrice, mais elle est aujourd'hui une démagogue extrêmement rouée. Elle a peut-être été vulgaire, bruyante et capricieuse ; aujourd'hui, elle est froidement vindicative, impitoyable et ambitieuse. Certains affirment même qu'elle désire peut-être devenir Présidente, à l'expiration du mandat de Peron. En effet, selon la Constitution actuelle, Peron ne peut se succéder à lui-même — mais il n'aurait bien sûr aucun mal à faire amender cette loi, s'il le désirait.

La Señora Peron est extrêmement rusée. Elle a construit sa personnalité comme celle d'une grande vedette, et elle en fait la réclame quotidienne à travers la presse et la radio, ainsi que par de fréquentes apparitions publiques. On voit sa photo partout en ville. Chacun peut admirer ses bijoux, ses toilettes et ses fourrures. Et comme toute vedette qui se respecte doit avoir ses animaux domestiques, elle s'entoure de chats. On nous a dit — j'ignore si c'est vrai — que chacun de ces derniers portait le nom d'une date célèbre de l'histoire de l'Argentine. J'aime à imaginer Evita parcourant les couloirs de sa résidence en lançant :

« 9 juillet, 9 juillet, 9 juillet — où es-tu ? Viens boire ton lait ! »

Nul doute qu'elle ne soit immensément populaire. Et sa stratégie de séduction des masses est psychologiquement très habile. Il s'agit, ainsi que je l'ai déjà dit, de la séduction opérée par la vedette, qui joue à la fois sur l'identification et l'admiration. Elle est leur Evita — une simple ouvrière —, l'une d'entre elles, leur mère, leur sœur, leur meilleure amie. Les snobs peuvent bien ricaner, détourner la tête d'un air dégoûté et attaquer sa réputation ; cela, tout bonnement parce qu'ils sont jaloux de la grande passion amoureuse qui existe entre l'Argentine et Evita. Et puis qu'ont-ils donc fait, eux, pour l'Argentine ? Par ailleurs, elle est toujours la Première

Dame de la nation, la représentante éblouissante de la richesse et de la puissance du parti, l'exemplaire fascinant de ce que n'importe quelle Argentine pourrait devenir, la projection de leurs rêves les plus chers. La Señora Peron connaît son public et sait ce qu'il veut. Elle ne commet pas l'erreur de feindre de s'excuser de ses privilèges. L'un de nos amis demanda un jour à sa cuisinière si elle ne désapprouvrait pas le luxe dans lequel Evita vivait.

« Oh, non, répondit la cuisinière d'un ton choqué. Bien sûr que non ! Il faut qu'elle ait tous ces bijoux. N'est-elle pas notre reine ? »

Le Président Peron, lui aussi, est l'objet d'une grande publicité, mais je n'ai pas réussi à me faire une idée très claire de sa personnalité. Et les gens avec qui j'ai parlé de lui sont très souvent en désaccord en ce qui le concerne. Certains le trouvent cultivé et intelligent, d'autres pompeux et stupide. Certains le considèrent comme l'ennemi le plus dangereux des Etats-Unis en Amérique du Sud, d'autres croient qu'il désire réellement l'amitié des Etats-Unis. Certains ont tendance à exagérer l'étendue de l'influence d'Evita sur lui, d'autres la minimisent. C'est un homme massif, lourd mais encore beau. Sur ses photos, il arbore souvent ce grand sourire radieux qui sied aux hommes politiques. « Est-ce que tout ça n'est pas formidable ? semble-t-il dire. Est-ce que nous ne faisons pas des merveilles ? Vous vivez tous sous le meilleur des régimes, n'est-ce pas ? En tout cas, c'est le meilleur pour moi. Je l'avoue bien volontiers — j'adore mon boulot ! »

Il est instructif de comparer le sourire de

Peron et la mine sombre, rongée par les soucis, de Hitler. Je me souviens de celle-ci sur les affiches électorales berlinoises de la fin 1932, au-dessus de l'inscription : « Hitler — notre dernier espoir. » Les nazis sont arrivés au pouvoir à une époque où la situation était catastrophique en Allemagne ; et en un sens, ce fut pour eux un avantage. Les gens s'attendaient à relativement peu de choses, ils étaient prêts à accueillir n'importe quelle amélioration, même temporaire ou spécieuse. Ils voulaient croire en quelqu'un ou en quelque chose. Ils désiraient un changement, quel qu'il soit. Peron, pour sa part, a dû s'appuyer sur un électorat qui se trouvait dans un état d'esprit assez différent. La classe ouvrière argentine était certes défavorisée, mais ni désespérée ni affamée. Il fallut la cajoler, la courtiser, mais surtout pas lui ordonner d'un ton cassant de se mettre au travail. Les Peron sont toujours l'oncle et la tante préférés de l'Argentine : on attend d'eux amusements et distractions, cadeaux et surprises exaltantes. En cas de crise grave, tout cela risque de se modifier. Ils seront soumis à des critiques beaucoup plus virulentes. Ils devront présenter des résultats positifs. Jusqu'ici ils n'ont pas affronté d'épreuve majeure.

Les gouvernements nazi et péroniste ne se ressemblent pas vraiment. Peron est à la tête d'une oligarchie, une sorte de puissante monarchie déguisée en république, mais il ne s'agit pas d'un régime totalitaire. Peron n'a mis sur pied aucun Etat policier. La machine de son parti n'est pas très organisée. Ses mesures répressives sont indirectes et discrètes, ni brutales ni appliquées au grand jour. Les journaux d'opposition sont achetés ou menacés d'une réduction de leurs pages d'actualités. Les imprimeurs de littérature anti-péroniste risquent de se voir informés par les autorités qu'ils devront fermer leurs ateliers parce qu'ils sont trop petits, ou insalubres, ou qu'ils ne satisfont pas aux derniers règlements en vigueur.

Lorsqu'on fait appel au terrorisme, les méthodes sont d'habitude hasardeuses, d'un amateurisme patent. Il y a par exemple eu le cas d'un journaliste politique qui osa s'en prendre à la politique économique de Miguel Miranda, le ministre le plus important de Peron. Un soir, peu de temps après la publication de l'article accusateur, deux hommes se présentèrent au domicile du journaliste, dans la banlieue de Buenos Aires. Ils lui déclarèrent être des policiers en civil, ajoutant qu'il devait les accompagner. Ils montèrent tous trois dans une voiture, et s'éloignèrent. Ce qui suivit fut une farce extraordinaire. Le journaliste, qui avait déjà vécu quelques situations similaires, comprit aussitôt que ces deux hommes n'avaient aucune envie de faire du zèle. On leur avait dit de le passer à tabac, et ils désiraient s'acquitter de cette corvée avec le minimum d'efforts et de désagréments pour eux-mêmes. Ainsi, lorsque l'un d'eux lui décocha une bourrade dans les côtes, le journaliste se laissa théâtralement tomber sur le plancher de la voiture comme s'il venait de recevoir un coup terrible. Le second policier lui donna alors un coup de pied très doux. Le journaliste, bien enrobé de nature, ne sentit rien, mais poussa des gémissements déchirants. Grandement encouragés, ses tortionnaires lui assenèrent quelques légères bourrades supplémentaires. La victime rugit de douleur et hurla des « Pitié ! » à fendre l'âme. Ensuite, ils l'abandonnèrent à son triste sort, considérant de toute évidence leurs brutalités comme largement suffisantes. Mais ils lui réservaient néanmoins un ultime châtiment. Le malheureux journaliste fut conduit à plusieurs kilomètres de la ville dans la campagne, descendu de voiture sans trop de ménagements, et se vit informé qu'il devrait rentrer à pied. Quelques minutes plus tard, un automobiliste s'arrêta et le prit à son bord. Il fut sans doute de retour chez lui avant même que ses tortionnaires aient eu le temps de rédiger leur rapport... Toute cette affaire a créé un certain scandale dans la presse. Le gouvernement, inutile de le dire, nia toute responsabilité dans ce « passage à tabac ». Et le journaliste, nullement effrayé, continua de publier ses critiques. Goering — eût-il été vivant et au pouvoir —, aurait certainement pouffé de rire et déclaré :

« Nous sommes plus au fait de ces choses en Allemagne. »

Evoquer les nazis me rappelle certaines rumeurs persistantes selon lesquelles plusieurs de leurs dirigeants se cacheraient ici. Hitler en personne, et Martin Bormann sont les deux criminels le plus souvent cités. On raconte qu'ils se seraient échappés de Berlin assiégé, qu'ils auraient ensuite rejoint la côte, puis l'Argentine à bord d'un *U-boat*. Quelques malheureux Argentins, qui furent ensuite assassinés de peur qu'ils ne parlent, auraient alors assisté à leur débarquement secret. On dit que les fugitifs vivraient aujourd'hui en Patagonie, dans une ferme de moutons. On hésite à croire à ce récit, ne serait-ce que parce qu'il constitue une variante de la légende de l'immortalité qui s'attache si souvent, tel un post-scriptum, à la disparition d'hommes célèbres. (On racontait ainsi que l'accident de moto de T. E. Lawrence avait été monté de toutes pièces afin de couvrir sa disparition au moment où il était entré dans les services secrets britanniques !) Mais si Hitler et ses comparses sont vraiment vivants, alors ils sont du même coup punis. Car leur existence dans cette ferme glacée, balayée par les vents, à des centaines de kilomètres de toute ville, doit être d'un ennui positivement dantesque. Je doute que des hommes de leur trempe puissent y survivre longtemps.

En tout cas, une chose est certaine : il reste beaucoup d'individus dans ce pays qui seraient prêts à collaborer à une telle évasion. La politique argentine en temps de guerre l'a prouvé — mais Washington désire actuellement tirer un trait sur le passé. Un observateur étranger m'a déclaré avec amertume :

« Pour tous les pays d'Amérique du Sud, la morale est qu'il faut toujours prendre parti contre les Etats-Unis en temps de guerre. En effet, si leurs ennemis l'emportent, vous êtes protégés. Et si les Etats-Unis l'emportent, vous serez de toute façon pardonné, et ils vous prêteront tout l'argent que vous voudrez, simplement pour vous faire honte. En fait, vous aurez même beaucoup plus d'avantages que leurs alliés. »

Ce même critique sévère reproche aussi à Washington de traiter l'Amérique du Sud comme un tout, d'encourager la conception du bloc du Bon Voisin sud-américain — préparant ainsi le terrain à la formation d'une fédération unie contre les Etats-Unis. Il croit que Peron a justement cette intention, et qu'il agira dès que les Etats-Unis seront occupés ailleurs, avec la Russie par exemple. Peron prendra d'abord le contrôle du Chili, de l'Uruguay, du Paraguay et de la Bolivie ; puis il tentera d'encercler le Brésil, et ainsi, peu à peu, deviendra le chef du continent.

Si telles sont réellement les ambitions de Peron — et il a déjà pris certaines mesures en ce sens, vers le premier groupe d'objectifs sus-mentionnés —, quelles sont ses chances de succès ? Sans doute pas très grandes. Bolivar découvrit combien il est difficile de rassembler les pays d'Amérique du Sud en une quelconque confédération. La plupart d'entre eux paraissent entretenir une profonde haine atavique envers les autres. Par ailleurs, si Peron sait manier une classe ouvrière d'origine presque exclusivement européenne, cela ne lui a guère appris à comprendre et à résoudre le problème indien dans les pays montagneux. Et puis tous ces pays sont loin de constituer un bloc économique naturel. Leurs économies ne sont pas complémentaires. Par exemple, l'étain bolivien peut seulement être fondu en le mélangeant avec du minerai malaisien, ce qui implique qu'il doit partir en Angleterre. Par ailleurs, les fonderies sont très difficiles à construire — et même à supposer que l'Argentine fabrique des feuilles d'étain, à quoi serviraient-elles ? L'Argentine, en effet, ne produit pas de boîtes de conserves. A l'intérieur du pays, on n'en a presque pas besoin. Et à l'extérieur, on n'en a absolument pas besoin. L'Argentine exporte sa viande en gros et congelée.

Peron a deux armes à sa disposition : les prêts et la propagande antiaméricaine. Je ne suis pas qualifié pour juger de l'efficacité politique des prêts, mais j'imagine très bien que certains gouvernements sud-américains les accueillent à bras ouverts pour entamer des enchères profitables en jouant l'Argentine contre les Etats-Unis, en soumettant ces deux pays au chantage afin de faire monter ces prêts sans jamais se décider de manière définitive. Quant à la propagande antiaméricaine, elle devrait être très efficace, mais jusqu'à un certain point — jusqu'à ce que l'Argentine devienne si puissante que ses voisins se mettent à la redouter et à la haïr encore plus que son ennemi.

Pour l'instant, la cible principale de la propagande péroniste est la Grande-Bretagne, et non les Etats-Unis. La pomme de discorde est l'Antarctique —ou, en tout cas, la partie de l'Antarctique située juste au sud du cap Horn — ainsi que les Malouines et les îles voisines. L'occupation britannique des îles Malouines est bien sûr l'objet de contestations argentines depuis plus d'un siècle. Chaque année, le gouvernement présente une protestation en bonne et due forme à l'ambassadeur britannique. Dans ce pays, il ne faut jamais oublier d'appeler ces îles les Malvinas ; employer un autre terme équivaudrait à une insulte nationale.

Récemment, la presse péroniste s'est remplie de proclamations exigeant que les Malvinas et une partie de l'Antarctique fussent reconnues territoires argentins. Dans cette revendication,

362

l'Argentine s'est alliée au Chili, qui espère aussi obtenir sa part du gâteau. On parle même de rapports selon lesquels on aurait découvert de l'uranium là-bas — auquel cas ce différend prendrait, bien sûr, de tout autres dimensions ; à condition qu'on puisse extraire cet uranium. Mais dans l'immédiat, il paraît très douteux que Peron désire vraiment récupérer les Malvinas, et encore moins l'Antarctique. Il se contente de stimuler le nationalisme argentin et de se gagner à peu de frais l'amitié des Chiliens. Je ne crois pas que tout cela inquiète beaucoup les Britanniques. Ils savent sans doute que Washington désire qu'ils restent aux Malouines, et qu'il les soutiendrait le cas échéant. Ils ont envoyé un croiseur dans ces parages afin de manifester leur présence, mais son arrivée, loin de susciter le moindre incident regrettable, a été à l'origine d'une modeste fraternisation. Car devant l'une des îles les plus petites, sur laquelle trois chasseurs de baleines argentins vivaient dans une hutte, le commandant britannique s'est dirigé vers la terre afin de protester solennellement contre leur présence, après quoi il les a invités à dîner. Sur une autre île, marins britanniques et argentins ont disputé un match de football. Ce n'est qu'ici, sur le continent, que l'émotion est vive. L'autre jour, dans un salon de beauté de Buenos Aires, une Anglaise s'est plainte de la manière dont on l'avait coiffée.

« Moi, je me moque que ça ne vous plaise pas ! s'écria le coiffeur en colère. Et les Malvinas, alors ? »

De nombreux chemins de fer argentins ont été construits par des compagnies anglaises qui, jusqu'à une date récente, en étaient propriétaires. Alors, le gouvernement argentin les a rachetés. Il s'agissait d'une opération commerciale normale, et il n'y a aucune raison de supposer que les Britanniques ont été lésés en l'affaire. Mais le bureau de la propagande péroniste a présenté cette transaction comme une grande victoire nationale sur l'infiltration économique étrangère. Toutes les gares ferroviaires et de nombreux immeubles arborent des affiches triomphales : « Peron a réussi ! » « Maintenant ils sont à nous ! » Le jour où les chemins de fer sont devenus propriété de l'Etat argentin, un Anglais de notre connaissance a rencontré l'un de ses amis argentins qui lui a déclaré, avec grand sérieux et une sympathie sincère :

« Vous devez vous sentir très triste ce matin. »

*
* *

Maintenant que je réfléchis rétrospectivement à tout ce voyage, je me demande : quelles sont mes impressions les plus profondes ? Que répondrai-je lorsqu'on me demandera :

« A quoi ressemble l'Amérique du Sud ? »

Je commencerai bien sûr par souligner que nous n'avons pas visité — même superficiellement — toute l'Amérique du Sud. Hormis une visite de quelques heures, nous n'aurons rien vu de l'Uruguay — un pays considéré par beaucoup comme la république la plus civilisée et la plus authentiquement démocratique de tout le continent —, et rien du Brésil — qui est sans doute un univers étonnant en soi, différent de tous les autres pays latins de cet hémisphère à cause de ses traditions portugaises et de sa grande minorité noire socialement intégrée. Nous n'avons pas été au Chili ni au Paraguay, ni dans aucune des trois Guyanes. Et nous pourrions difficilement prétendre à une grande connaissance du Vénézuéla. Malgré tout — et parce que les voyageurs sont supposés généraliser —, je vais jeter ma belle prudence aux orties. Mais il faudra toujours comprendre que je me réfère surtout aux pays que nous avons visités, et que, sauf mention contraire, j'exclus l'Argentine de mes commentaires.

Mon impression la plus profonde est que nous avons traversé un empire au dernier stade de sa dissolution. Certes, toutes ses provinces se sont révoltées depuis longtemps et ont établi leur indépendance. Jusqu'aux ultimes apparences de la domination madrilène ont disparu. Mais les nouvelles républiques ne sont pas encore vraiment libres, vraiment autonomes. Elles ne sont pas devenues des nations.

Si elles se sentaient réellement libres et autonomes, elles ne se méfieraient sans doute pas autant les unes des autres. Il leur serait naturel de constituer une confédération unie. Toutes ont en effet le même fonds culturel. Toutes, sauf le Brésil, parlent la même langue. Je crois que leurs soupçons se fondent sur leurs souvenirs de l'empire espagnol. Elles ont affreusement peur de se retrouver, une fois encore, sous la tutelle de quelque autorité centrale. Elles n'osent pas abandonner un iota de leur souveraineté particulière.

Afin de devenir des nations, elles doivent cesser

d'être des colonies. La nature œuvre d'ailleurs à ce grand projet, en mêlant peu à peu les races indienne et latine. Mais la nature travaille lentement. Et en attendant, une puissante marée de révolutions sociales balaie le monde — une marée que les communistes parmi d'autres tentent de diriger et de contrôler. Dans les pays coloniaux, cette révolte sociale des défavorisés doit également prendre la forme d'un soulèvement racial, si bien que la minorité au pouvoir court le réel danger d'être non seulement renversée, mais persécutée et liquidée, parce qu'elle est d'origine espagnole.

Les perspectives immédiates sont atterrantes. Des décennies de bouleversements. La férule des militaires. La férule de la rue. Des violences sans fin, seulement interrompues par des intermèdes de complet épuisement. L'intervention étrangère, peut-être, imposant pour un temps une discipline impopulaire. Et ensuite, d'autres révoltes, d'autres effusions de sang... Mais ne serais-je pas trop pessimiste ? Il existe des forces dans l'autre camp, qui œuvrent vers un développement et un changement pacifiques. Elles sont peut-être beaucoup plus fortes qu'elles ne paraissent. Ceci est particulièrement vrai de ces êtres étranges que sont les hommes et les femmes de bonne volonté, authentiquement désintéressés — médecins, infirmières, ingénieurs, architectes, enseignants, prêtres et pasteurs, spécialistes de toutes sortes, et jusqu'à un politicien de temps à autre —, tous ces gens qui accomplissent leur travail dans leur domaine. Ils sont dispersés, d'habitude obscurs, et comparativement peu nombreux, mais leur influence est incalculable.

C'est peut-être le manque de cohésion nationale qui rend une bonne part de l'art et de la
littérature sud-américains si largement imitatifs.
Les influences étrangères — mexicaines et euro-
péennes — sont trop fortes pour être bénéfiques.
Je crois même cela vrai de l'Argentine, mais
probablement pas du Brésil, où les éléments
raciaux et culturels ont été si bien fondus qu'un
style indigène est déjà possible. D'un autre côté,
cette focalisation excessive sur les cultures étrangères a produit quelques érudits extraordinaires.
Jorge Luis Borges, que nous avons rencontré ici
à Buenos Aires, en est un exemple. Il connaît
les littératures anglaises classique et moderne
comme peu d'Anglais ou d'Américains les connaissent, et il peut citer des paragraphes entiers des
auteurs les plus inattendus, qu'il émaille de commentaires très amusants et subtils.

Le code moral et le comportement des classes
supérieures sont strictement latins au sens premier du terme : une extrême politesse de surface, une attention exagérée portée par chacun
à sa réputation (on peut faire tout ce qu'on
veut, pourvu que les gens puissent continuer
de *prétendre* tout ignorer de votre comportement), et une attitude envers les femmes qui
est soit exquisement chevaleresque, soit incroyablement insultante, selon l'angle sous lequel on
la considère. Tout cela, inutile de le préciser,
je le déteste. Et je suis sûr qu'un jour viendra
où les Sud-Américains eux-mêmes s'en lasseront
et deviendront beaucoup plus spontanés. Déjà
— lorsque l'un d'eux comprend que votre compliment ou votre geste de courtoisie est *sincère*
—, il réagit avec un enthousiasme qui, s'il té-

367

moigne de l'insincérité de son comportement quotidien, n'en est pas moins touchant. Sa sensibilité est aiguë, tant à la louange qu'à la critique. (Les Argentins, ayant plus confiance en eux-mêmes, réagissent un peu différemment des autres ; mais ils sont tout aussi susceptibles.) Albert Franklin — dont le livre, *Ecuador : Portrait of a People*, est non seulement un classique, mais une œuvre particulièrement populaire en Equateur —, nous raconte qu'un jour où il devait passer quelques heures à Quito, les journaux avaient imprimé le gros titre suivant : « Notre Ami est dans la Capitale ! »

Le fléau de presque tous les Etats d'Amérique du Sud est l'armée — ou plutôt son état-major. L'armée est censée défendre le pays qui l'entretient, et rester à l'écart de la politique intérieure. Mais ici, c'est d'habitude l'inverse qui est vrai. Les officiers de l'état-major se distinguent rarement sur le champ de bataille, mais ils exercent un pouvoir politique décisif et assez irresponsable. Ils font et défont les présidents, ils écrasent les manifestations populaires, ils se divisent en factions et s'entre-déchirent comme des seigneurs féodaux. Au mieux, ce sont des parasites, des dépensiers nuisibles. Et il sera très difficile de s'en débarrasser. Une fois en place, ils ressemblent aux membres de la police secrète ; ils survivent aux révolutions et aux régimes. Et la plupart sont parfaitement inaptes à toute occupation d'intérêt public.

A l'arrière-plan il y a toujours l'Eglise catholique — parfois impopulaire et politiquement sur la touche, mais toujours très riche et extrêmement puissante. Son action passée est douteuse, son état actuel déplorable — et pourtant, à défaut d'une meilleure institution, il faut la soutenir. Elle représente au moins une aspiration vers des valeurs plus élevées. Elle empêche le mal d'empirer et retient les choses dans le cadre vague de son éthique. Et puis, de par sa nature même, elle renferme en son sein la possibilité perpétuelle de la régénération. Un jour, peut-être, elle renaîtra de son obscurantisme réactionnaire pour se poser en force dirigeante véritablement progressiste.

Les journalistes de passage ont noirci beaucoup de papier pour définir l'influence des communistes et des fascistes dans les pays d'Amérique du Sud. Je crois que ces termes sont souvent utilisés de manière très imprécise et trompeuse. Ici, comme ailleurs dans le monde, a lieu une révolution sociale. Cette révolution est un réajustement naturel d'équilibre, et elle est l'œuvre des masses, non des partis politiques. Certains de ces derniers — dont le parti communiste — prennent le train en marche et prétendent incarner cette révolution. Si deux partis, ou plus, revendiquent ce rôle dans un seul pays, ils finiront par s'opposer et se battre pour acquérir ce monopole. (Cette situation a existé au Pérou, par exemple, entre les communistes et les apristas.) Mais cette révolution est plus vaste que tous les partis réunis, et elle se poursuivra, avec ou sans eux. Un temps, ils l'aideront peut-être, avant de l'entraver. Ils l'encourageront peut-être à commettre des actes de violence superflus, à moins qu'ils ne lui évitent de les commettre. Toute intervention supplémentaire serait le simple fait de l'ambition personnelle d'hommes qui espèrent se retrouver au pouvoir lorsque la poussière et la fumée se seront dissipées.

Là encore, on retrouve ceux qui, tout naturellement, s'opposent à cette révolution parce qu'ils redoutent qu'elle ne leur prenne ce qu'ils possèdent actuellement. Ces gens constituent une minorité — sinon, aucun réajustement de l'équilibre social ne serait nécessaire. Néanmoins, même cette minorité est plus vaste que tous les partis qui prétendent la représenter. Et elle perdra, avec ou sans leur aide. La seule question qui importe est de savoir si cette défaite sera acceptée de manière civilisée — ainsi qu'elle l'est peu à peu en Angleterre —, ou si elle sera ajournée, à défaut d'être évitée, par des atrocités et des mesures répressives.

J'essaie de dire une chose — qui me paraît parfaitement évidente : ne perdons pas notre temps à coller des étiquettes, à nous préoccuper des affiliations partisanes et à compter les membres de chaque formation politique. Pareilles classifications et statistiques ne prouvent pas grand-chose. Prenez les apristas. Sont-ils socialistes, ainsi qu'ils le prétendent, ou bien fascistes, comme l'affirme le parti communiste ? Sans doute, potentiellement, un peu des deux — compte tenu des circonstances et de l'occasion. Et que dire, par exemple, du parti communiste péruvien — allié, en ce moment même, à la droite ? Le fascisme se juge aux actes.

La question de l'influence d'un parti prend seulement de l'importance lorsque l'on aborde les relations de ce parti avec les desseins impérialistes d'un gouvernement étranger. Les nazis, par exemple, ont soutenu certains partis en Amérique du Sud parce qu'ils espéraient un jour contrôler tout ce continent. Ils n'avaient aucun intérêt pour ces partis ni pour leur programme en tant que tels. Ils les considéraient simplement comme des moyens d'assouvir leur volonté de puissance. Aujourd'hui, on accuse le gouvernement russe de projets similaires. Si ces accusations sont fondées et que les Russes font réellement sentir leur influence à travers les partis communistes locaux, alors il serait beaucoup plus simple et plus exact de définir ces partis comme « pro-russes », car ils seront inévitablement contraints de trahir le communisme, le capitalisme, la classe ouvrière, les propriétaires fonciers, le pays tout entier, dans les efforts qu'ils feront pour obéir aux diktats capricieux de la politique étrangère russe.

Je crois en fait — malgré l'insuffisance des éléments dont je dispose — que l'influence russe en Amérique du Sud est actuellement très faible. Une influence nazie au grand jour n'existe évidemment pas ; son centre opérationnel a été détruit. Néanmoins, il doit y avoir encore beaucoup d'anciens nazis sur le continent, surtout dans les grandes colonies allemandes d'Argentine et du sud du Chili. Beaucoup d'entre eux n'ont probablement pas renoncé à leurs idées, nourrissent de nouvelles ambitions, et attendent une situation politique plus favorable pour se manifester ouvertement.

Mais je ferais mieux de couper court à ces spéculations d'amateur pour revenir à mon expérience concrète — à cet échantillon de l'Amérique du Sud que j'ai vu, touché, goûté, entendu et senti. Comment décrire tout cela ?

Au mieux, sans doute, par des contrastes —et les plus forts que je puisse trouver. Car c'est un continent fait d'oppositions, de contradictions stupéfiantes. Hautes montagnes enneigées dominant la jungle et la plaine tropicales. Glaciers surplombant des plantations de bananiers. Condors décrivant des cercles au-dessus des vaches. Passagers d'un avion apercevant des convois de lamas. Cadillac flambant neuve klaxonnant pour faire dégager les mules. Pin-up des réclames de Coca-Cola accrochées à des huttes de boue. Une jeune fille en chapeau parisien achète des œufs à une Indienne vêtue d'une couverture. Un nègre blond parle en espagnol à un Chinois rouquin. Un gamin crasseux, aux pieds nus, vend des billets de loterie avec une voix stridente dans un bar luxueux en faux style Tudor, où un pilote de ligne, originaire du Texas, boit des *pisco sour* avec un foreur hollandais. Un ancien officier de la R.A.F. transporte une bande d'Indiens chasseurs de têtes et une cargaison de cochons vivants le long d'un affluent de l'Amazone. Une église en marbre, avec ses autels d'or et d'argent, au milieu de taudis en terre battue. Une ruine vieille de mille ans, couverte de graffitis politiques. Un assassin sort discrètement de prison avec son gardien pour aller au bordel, puis au cinéma. Un professeur d'histoire, à peine revenu chez lui après une conférence à Harvard, est nommé ministre du cabinet, jeté en prison pendant un putsch militaire, exilé en Argentine, puis rappelé dans son pays et envoyé au Vénézuéla en qualité d'ambassadeur — tout cela en moins de six mois. Les descendants des Incas apprennent Marx, ou la

372

doctrine de la sainte Trinité, ou encore à réparer une Jeep. Les descendants des Conquistadors restaurent laborieusement un temple inca sous la direction d'un archéologue américain.

C'est une terre de violence. Tonnerre et avalanches dans les montagnes, inondations et orages spectaculaires dans les plaines. Les volcans explosent. La terre tremble et s'ouvre. Les forêts sont pleines d'animaux sauvages, d'insectes venimeux, de serpents à la piqûre mortelle. Les couteaux jaillissent pour un oui ou pour un non. Des familles entières sont assassinées sans raison. Les émeutes sont imprévisibles, sanglantes et souvent absurdes. Voitures et camions se percutent de plein fouet ou basculent dans l'abîme au milieu d'une indifférence à moitié suicidaire. Quelle énergie dans la destruction ! Mais quelle apathie lorsqu'il s'agit de réparer ou de construire ! Quel humour dans le désespoir ! Mais quel fatalisme devant la pauvreté et la maladie ! Le haussement d'épaules et le petit sourire cynique. Pas bon. Trop tard. C'est fini. Terminé. Cassé. Ils sont tous morts. Oubliez ça. Utilisez l'autre porte. Allez dormir dans une autre chambre. Jetez donc ça au caniveau. Attachez les deux bouts avec de la ficelle. Dressez une croix en souvenir des morts.

La jeune mère pourrie par la syphilis, le roi du bétail qui s'empiffre dans un restaurant français, le mineur indien qui détruit son corps tuberculeux avec de la coca, le maquereau miteux qui tire sur la manche du touriste béat, Atahualpa baptisé puis étranglé, Alfaro mis en pièces, Valencia traduisant Oscar Wilde au-dessus d'une cour pleine de violettes — s'agit-il là d'emblèmes significatifs de l'Amérique du Sud ? Non. Ce ne sont que diverses facettes du présent et du passé. De simples bulles à la surface de la marmite. Ce qui mijote à l'intérieur, avec des bruits aussi inquiétants, aucun contemporain ne le saura jamais. Une nouvelle race et une nouvelle culture, très certainement. Peut-être un type de sensibilité tout à fait différent, une approche originale de la vie, exprimée en termes inédits, dans une langue neuve. Mais quoi qu'il en soit, cela *cuit*. Et cela continuera de cuire, mystérieusement, dans le bruit et la fureur, tout au long de la sombre période qui s'annonce.

TABLE DES MATIERES

Achevé d'imprimer le 29 juillet 1990
sur les presses de l'Imprimerie A. Robert
116, bd de la Pomme - 13011 Marseille
pour le compte des Editions Rivages
27, rue de Fleurus - 75006 Paris
10, rue Fortia - 13001 Marseille

Dépôt légal : juillet 1990